सफ़ाई गंदा काम है

असग़र वजाहत

राजपाल

स्थापित 1912
100 वर्षों की
श्रेष्ठ प्रकाशन परम्परा
राजपाल

₹ 250
ISBN : 9789350643716

SAFAI GANDA KAAM HAI by Asghar Wajahat
मुद्रक : जी. एच. प्रिंट्स प्रा. लि., दिल्ली

राजपाल एण्ड सन्ज़
1590, मदरसा रोड, कश्मीरी गेट-दिल्ली-110006
फोन: 011-23869812, 23865483, फैक्स: 011-23867791
e-mail : sales@rajpalpublishing.com
www.rajpalpublishing.com
www.facebook.com/rajpalandsons

असग़र वजाहत

विख्यात साहित्यकार असग़र वजाहत बहुआयामी व्यक्तित्व हैं जिनके अनेक उपन्यास, नाटक, निबन्ध, कहानी-संग्रह और यात्रा-वृत्तान्त प्रकाशित हो चुके हैं। लम्बे अरसे तक वे जामिया मिल्लिया विश्वविद्यालय के हिन्दी विभाग में प्रोफ़ेसर और अध्यक्ष के पद पर कार्यरत रहे। 2009-10 में हिन्दी अकादमी ने उन्हें 'श्रेष्ठ नाटककार' के सम्मान से सम्मानित किया और 2012 में 'आचार्य निरंजननाथ सम्मान' से नवाज़ा गया।

विख्यात असग़र वजाहत के लेखों के बारे में लेखक सर्वेश्वर दयाल सक्सेना का कहना है, ''सामाजिक संरचना की उनकी समझ जितनी पक्की है, उतनी ही शिल्प की भी।'' गहरी सांस्कृतिक चिन्ताओं से उपजा असग़र वजाहत का लेखन कला की कसौटी पर आलोचकों द्वारा खूब सराहा गया है।

क्रम

भूमिका

इस पुस्तक में पाठक को तरह-तरह की गद्य रचनाएँ पढ़ने को मिलेंगी। ये सभी रचनाएँ पत्रिकाओं और समाचार-पत्रों में छप चुकी हैं। इनमें से अधिकतर दैनिक समाचार-पत्रों में सामाजिक, राजनैतिक और सांस्कृतिक मुद्दों पर लेख या टिप्पणियों आदि के रूप में छप चुकी हैं। सवाल पूछा जा सकता है कि एक रचनाकार रचनात्मक लेखन करने के बाद भी अखबारी लेखन क्यों करता है जबकि ये दो अलग प्रकार के लेखन हैं। क्या ऐसा होता है कि रचनात्मक लेखन से वह सन्तोष नहीं मिलता जो मिलना चाहिए। इसलिए रचनाकार अखबारी लेखन करता है या कोई और बात है। मेरे साथ यह होता है कि मैं लेखक और सामाजिक-राजनीति के सक्रिय कार्यकर्ता के बीच में घड़ी के पेन्डुलम की तरह अपने आपको आता-जाता पाता हूँ। समाज में सार्थक परिवर्तन देखने की प्रबल आकांक्षा कभी-कभी यह सोचने पर मजबूर कर देती है कि केवल कहानी, नाटक और उपन्यास लिखना काफ़ी नहीं है बल्कि बड़े स्तर पर सीधे हस्तक्षेप किया जाना चाहिए। यही कारण है कि मैं समाचार-पत्रों और पत्रिकाओं में साहित्येतर विषयों पर भी कलम चलाता रहता हूँ। हम सब जानते हैं कि अखबारी लेखन तात्कालिकता के इर्द-गिर्द घूमता है। लेकिन उसमें ऐसे सूत्र भी मिल जाते हैं जो समाज और देश को समझने में सहायक सिद्ध हो सकते हैं। मैंने पिछले 19-20 सालों में जो साहित्येतर लेखन किया है, जिसमें कुछ साहित्यिक लेख भी हैं, का एक संग्रह 'ताकि देश में नमक रहे' प्रकाशित हो चुका है।

इस संग्रह में लेखों और टिप्पणियों के अतिरिक्त कुछ दूसरे प्रकार की रचनाएँ भी हैं। उदाहरण के लिए एक दो यात्रा-संस्मरण हैं, हिन्दी-उर्दू तुलनात्मक अध्ययन पर केन्द्रित एक लेख है और प्रसिद्ध लेखक भुवनेश्वर की प्रसिद्ध कहानी 'भेड़िये' की पुनर्रचना आदि इस पुस्तक में मिलेंगे। भेड़िये की पुनर्रचना का काम बहुत रोचक और चुनौतीभरा था। बहुत कम रचनाएँ ऐसी होती हैं जो लेखक के अंदर पुनर्रचना का विचार उत्पन्न कर सकें। भुवनेश्वर जैसे अद्वितीय रचनाकार की कहानी भेड़िये एक अत्यन्त मार्मिक और महत्त्वपूर्ण कहानी है जो किसी भी रचनाकार को आकर्षित करने की क्षमता रखती है।

विविधता को एक आयाम देने के लिए इस संकलन में कुछ यात्रा-संस्मरण भी जोड़े गये हैं। यात्राओं के संबंध में मेरा यह विचार बहुत पक्का है कि यात्राएँ या पर्यटन एक गंभीर विषय है। इसकी गंभीरता इस प्रकार सिद्ध होती है कि यह केवल स्थानों को देखने तक ही सीमित नहीं है। मतलब यह है कि पर्यटन समाज को समझने और उसे सामने लाने का एक माध्यम है। आज सूचना प्रौद्योगिकी के विकास ने जानकारियाँ प्राप्त करना बहुत सुगम कर दिया है। इंटरनेट की दुनिया तमाम प्रकार की जानकारियों से भरी हुई है। आज घर बैठे देश-विदेश के चित्र ही नहीं देखे जा सकते बल्कि उनके बारे में अच्छी जानकारियाँ भी प्राप्त की जा सकती हैं। ऐसी स्थिति में यात्रा-संस्मरण लेखन और कठिन हो जाता है। यदि यात्रा-संस्मरण में केवल जानकारियाँ आ रही हैं तो उनका कोई महत्त्व नहीं है। आज यात्रा-संस्मरण का पाठक यह आशा करता है कि उसे यात्रा-संस्मरण से कुछ ऐसा मिलेगा जो कहीं और सरलता से नहीं मिल सकता। इसलिए यात्रा-संस्मरण का लेखक सामाजिक संबंधों, मानवीय रिश्तों, राजनैतिक उथल-पुथल, प्राकृतिक सुंदरता आदि के उन पक्षों की तलाश करता है जो दुर्लभ हों। उदाहरण के लिए पोर्ट ब्लेयर (अंडमान निकोबार द्वीप समूह) जाने वाले पर्यटक प्रायः स्थान और इमारतें देखते हैं, उन्हें इतिहास की सामान्य जानकारी मिलती है। लेकिन उन्हें वे जानकारियाँ नहीं मिल पाती हैं जो समाज से गहरा रिश्ता बनाने पर मिलती हैं। उदाहरण के लिए मुझे वहाँ दस रुपये का एक नोट देखने को मिला था जिसे जापानी सरकार ने जारी किया था।

नई दिल्ली

20.08.2015

—असग़र वजाहत

खण्ड-1

सामाजिक

सफ़ाई गंदा काम है

अगर मुझसे यह पूछा जाये कि पूरे संसार में किस देश के सफ़ाई कर्मचारी बहुत आत्मविश्वास और गरिमामय ढंग से काम करते हैं तो मैं कहूँगा, अमेरिका। अमेरिकी समाज एक विलक्षण समाज है, क्योंकि उसका इतिहास नया है और वहाँ सामंतवाद कभी नहीं था, इसलिए कई अर्थों में बराबरी और भाईचारा देखने को मिलता है। अमेरिका में मैंने ऐसे युवा, पढ़े-लिखे और आत्मविश्वासी सफ़ाई कर्मचारी देखे, जैसे योरोप में भी दिखायी नहीं पड़ते। यह पता चला कि अमेरिका के सफ़ाईकर्मी जाति के दबाव या परम्परागत आर्थिक शोषण के कारण सफ़ाई कर्मचारी नहीं बने। और दूसरी बात यह है कि वे हमेशा, सदा-सदा के लिए यह काम नहीं करते रहेंगे, जैसा कि भारत में होता है। अमेरिकी सफ़ाई कर्मचारी प्रायः युवा छात्र होते हैं जिनके सामने एक उज्ज्वल भविष्य का सपना होता है। इनकी तुलना भारतीय सफ़ाई कर्मचारियों से नहीं की जा सकती।

हमारे देश में सफ़ाई कर्मचारी कैसे होते हैं, यह बताने की आवश्यकता नहीं है। वे प्रायः अनपढ़, गरीब और कमज़ोर होते हैं। उनके सामने अपना पेशा बदल लेने की संभावना भी बहुत कम होती है। उन्हें समाज में न तो सम्मान मिलता है और न उनके साथ बराबरी का व्यवहार किया जाता है। यही नहीं, बल्कि उन्हें गंदा और अछूत समझा जाता है। वे जब सफ़ाई करने आते हैं, तो घरवाले या दूसरे लोग उनसे बचने की पूरी कोशिश करते हैं। आजकल तो नहीं, लेकिन सुना है प्राचीनकाल में लोग उनकी छाया से भी बचते थे।

सफ़ाई करने वाले को हमारा समाज गंदा या अछूत क्यों समझता है? सफ़ाई करने वाले के प्रति तो कृतज्ञता का भाव होना चाहिए। हमें यह मानना चाहिए कि सफ़ाई करने वाला घर और समाज की बहुत बड़ी सेवा कर रहा है और अगर वह ऐसा न करे तो बहुत बड़ी समस्या पैदा हो सकती है। लेकिन हमारा समाज सफ़ाई करने वाले को निम्न-से-निम्न स्तर का व्यक्ति मानता है।

सफ़ाई करने वाले के प्रति ही नहीं, बल्कि सफ़ाई के प्रति भी एक विचित्र दृष्टिकोण बन गया है। घर की सफ़ाई पर ज़ोर देने वाला समाज घर के बाहर, मोहल्ले,

शहर और देश में फैली गंदगी के प्रति पूरी तरह उदासीन दिखायी पड़ता है। शायद लोग यह समझते हैं कि घर के अन्दर की सफ़ाई पर्याप्त है। उन्हें यह नहीं मालूम कि पूरे देश की गंदगी कितनी भयानक समस्याएँ पैदा कर सकती है। घर के बाहर की सफ़ाई के प्रति उदासीन भारतीय समाज के मन में यह धारणा बैठी हुई है कि सफ़ाई करना गंदा काम है। यह निचले स्तर के लोगों का काम है। सफ़ाई करने वाला अच्छा व्यक्ति नहीं होता, वह गंदा होता है। यही नहीं, वातावरण की गंदगी उनकी चिंताओं के क्षेत्र से बाहर की चीज़ है।

इस संदर्भ में एक घटना का स्मरण हो रहा है। कुछ वर्षों के लिए मध्य योरोप के देश हंगरी के शहर बुदापेस्ट में मेरा निवास था। जाड़े के दिन थे। बर्फ़ गिरा करती थी। सड़कों की बर्फ़ तो महानगरपालिका साफ़ कर दिया करती थी, लेकिन फुटपाथ पर गिरी बर्फ़ को साफ़ करने का एक अलिखित पर बहुत महत्त्वपूर्ण नियम था। नियम यह था कि हर घर के सामने के फुटपाथ पर गिरी बर्फ़ को घर के लोग साफ़ करते थे। इस तरह फुटपाथों से बर्फ़ साफ़ हो जाया करती थी। एक दिन मैं अपने मित्र के साथ एक फुटपाथ पर चल रहा था और हमने देखा कि एक घर के सामने से बर्फ़ नहीं साफ़ की गयी है। मेरा हंगेरियन मित्र यह देखकर न केवल रुक गया बल्कि उसने उस घर के दरवाज़े पर लगी घंटी दबा दी जिसके आगे से बर्फ़ नहीं हटायी गयी थी। जब घर का मालिक निकलकर बाहर आया तो मेरे दोस्त ने उससे शिकायत की। घर का मालिक बहुत लज्जित हो गया और उसने माफ़ी माँगते हुए कहा कि वह सुबह के समय ही घर लौटा है और उसे बर्फ़ हटाने का समय नहीं मिल पाया है। वह हमारे सामने ही अन्दर गया और बर्फ़ हटाने का सामान लेकर आ गया और बर्फ़ हटाने लगा। मैंने सोचा कि यदि भारत में और विशेष रूप से उत्तर भारत में किसी से यह कह दिया जाये कि वह अपने घर के सामने के फुटपाथ की सफ़ाई करे तो क्या होगा? निश्चित रूप से झगड़ा, झंझट, मार-पीट और ग़ाली-गलौज होगी। जिस शहर में सड़क पर गाड़ियाँ चलाते हुए इतने भयानक झगड़े हो जाते हैं कि गोलियाँ चल जाती हैं, वहाँ किसी से सफ़ाई के लिए कौन कहेगा?

हम सफ़ाई को गंदा काम क्यों समझते हैं? मेरे विचार से इसका सबसे बड़ा कारण जातिवादी सोच-समझ है। आधुनिक होने की होड़ में लगा उत्तर भारत अब भी बुरी तरह जातिवाद के दलदल में फँसा हुआ है। हम आधुनिकता और जातिवाद को मिलाकर एक नयी खिचड़ी पका रहे हैं। इस संबंध में एक और रोचक प्रसंग याद आता है। कॉलेज की एक लड़की किसी लड़के के साथ कहीं चली गयी। दोनों प्रेम करते थे। जब उन दोनों को वापस लाया गया और लड़की के पिता ने कहा कि वे शादी की अनुमति देते हैं। तब लड़के ने कहा–"जी, मेरी शादी तो मेरे घर वाले ही करेंगे।" मतलब यह कि जाति के बाहर प्रेम तो हो सकता है, लेकिन शादी

जाति में ही होगी। ताकि लेन-देन का पूरा व्यापार चल सके। इसी जातिवादी मानस ने यह स्थापित किया है कि सफ़ाई गंदा काम है। अब सवाल यह उठता है कि यह मानस कैसे बदलेगा?

यह सब जानते हैं और समाचार-पत्रों में लगातार छपता रहता है कि देश में गंदगी और कूड़े की समस्या बहुत भयावह हो गयी है। शहरों में जितना कूड़ा निकलता है, उसे फेंकने या रखने के लिए जगह की कमी पड़ रही है। इससे भी बड़ी बात यह है कि पूरे देश में बड़े स्तर पर ऐसा कूड़ा फैल गया है जिसे अप्राकृतिक कहा जाता है। प्लास्टिक, पोलिथिन और दूसरे कृत्रिम पदार्थों से बनी पैकिंग के कूड़े ने भयानक तरीके से देश को जकड़ लिया है। रेल से यात्रा करते हुए यह देखा जा सकता है कि दिल्ली से कन्याकुमारी तक न केवल बस्तियों और शहरों में बल्कि रेल की पटरियों के किनारे इतना अधिक कूड़े का ढेर है कि उसकी सफ़ाई लगभग असंभव-सी लगती है। यह वह कूड़ा है जो प्रकृति के साथ मेल नहीं खाता, कभी प्रकृति में मिल नहीं सकता। इससे मुक्ति पाने का केवल एक ही रास्ता है और वह कहलाता है 'रिसाइकिलिंग' अर्थात् इस कूड़े को पुनः उपयोग में लाये जाने की प्रक्रिया अपनाना। लेकिन रिसाइकिलिंग एक कठिन और जटिल काम है जो अभी तक हमारे देश में बहुत प्रारम्भिक अवस्था में है। जितना अधिक कूड़ा है उतनी रिसाइकिलिंग नहीं हो पाती। परिणामस्वरूप कूड़ा पर्यावरण को दूषित करता रहता है।

कभी-कभी मैं सोचता हूँ कि आज से लगभग 40-50 साल पहले घरों और मोहल्लों में कूड़ा कैसा हुआ करता था? जिन लोगों ने वह समय देखा है, उन्हें याद होगा कि उस समय ऐसा कूड़ा हुआ करता था जो प्रकृति में मिल जाता था। उदाहरण के लिए सब्ज़ियों के छिलके, अनाज बीनने और छानने के बाद निकले छोटे-छोटे कंकड़ या खराब अनाज, पेड़ की सूखी पत्तियाँ, झाड़ू लगाने के बाद निकली धूल-मिट्टी, चमड़ा और लकड़ी के टुकड़े, मनुष्यों द्वारा विसर्जित मल-मूत्र, बचा हुआ खाना, कागज़, कपड़ा तथा लोहा-लंगड़ आदि पदार्थों से बना कूड़ा प्रकृति में मिल जाया करता था। शीशा और कागज़ की साधारण ढंग से रिसाइकिलिंग हो जाती थी। लेकिन आज कूड़े का स्वरूप बिलकुल बदल गया है।

आज का कूड़ा है क्या और क्यों है? कौन कूड़ा फैलाता है? इन सवालों के प्रश्न बहुत कठिन नहीं हैं लेकिन उन पर विचार किये बिना आगे नहीं बढ़ा जा सकता। कृत्रिम पदार्थों से बना पैकिंग मैटेरियल आज का प्रमुख कूड़ा माना जायेगा। इसके अतिरिक्त प्रकृति में न घुल पाने वाले अन्य पदार्थ भी इस कूड़े का हिस्सा हैं। अब सवाल यह पैदा होता है कि यह कूड़ा क्यों बनता है? आज यह क्यों आवश्यक हो गया है कि आप कोई भी चीज़ लेने जायें तो वह आपको पोलीथिन, प्लास्टिक आदि की पैकिंग में ही मिलेगी। क्या प्लास्टिक और पोलिथिन के बिना खाने-पीने की चीज़ों

या अन्य वस्तुओं को सफ़ाई से नहीं रखा जा सकता? ध्यान देने योग्य बात यह है कि आज का पूँजीपति अलग-अलग प्रकार से अपने माल का दाम बढ़ाकर उपभोक्ता से ज़्यादा पैसा वसूल करना चाहता है। आलू के चिप्स खरीदने वाले को आलू के चिप्स के ही पैसे नहीं देने पड़ते बल्कि उस पैकिंग के भी पैसे देने पड़ते हैं जिसमें आलू के चिप्स दिये जा रहे हैं। बेचने वाला दोनों पर अर्थात् आलू के चिप्स और पैकिंग पर अपना मुनाफा रखता है। यह फैशन बन गया है कि गैर-ज़रूरी तरीके से महँगी और चमकदार पैकिंग की जाये और उसके पैसे ग्राहक से वसूले जायें। कूड़ा फैलाने की इस प्रमुख प्रवृत्ति पर कोई रोक-टोक नहीं है।

आन्ध्र प्रदेश के समुद्र-तटों पर मैंने देवी-देवताओं की खण्डित मूर्तियाँ पड़ी देखी हैं। एक-दो नहीं बल्कि बड़ी संख्या में इन मूर्तियों को देखकर मैंने किसी से कारण पूछा था, तो बताया गया था कि विभिन्न त्योहारों के अवसर पर श्रद्धालु मूर्तियों को समुद्र में विसर्जित करते हैं। समुद्र की तेज़ लहरें इन मूर्तियों को तट पर पहुँचा देती हैं और धीरे-धीरे उनका एक बड़ा ढेर लगना शुरू हो जाता है। श्रद्धालु विसर्जित मूर्तियों को नहीं ले जाते। वे हर वर्ष नयी मूर्तियाँ विसर्जन के लिए लाते हैं।

देश की प्रमुख नदियों में भी उच्छिष्ट विसर्जित किया जाता है। इतनी बड़ी मात्रा में ये पवित्र सामग्री पवित्र नदियों में डाली जाती है कि उससे नदियों का स्वरूप बदलने लगता है। क्रिया-कर्म करने के बाद जले हुए मृत शरीर को नदियों में बहाने की भी प्राचीन परम्परा है। इस कारण भी नदियाँ दूषित होती हैं। पर यह आस्था का सवाल है। क्या आस्था और सफ़ाई के बीच आस्था की विजय होगी? बदलते हुए समय में और जनसंख्या के भयानक दबाव के कारण इस सवाल पर विचार करना आवश्यक है।

हमारे देश में सफ़ाई के लिए जो 'माइंड सेट' चाहिए वह अब तक नहीं है। इसके बहुत से कारण हो सकते हैं। लेकिन मुख्य कारण यही है कि हम आज तक सफ़ाई को गंदा काम मानते हैं।

हिजाब : पर्दे के पीछे क्या है?

ब्रिटेन के पूर्व विदेश मंत्री जैक स्ट्रा ने यह कहकर कि मुसलमान महिलाएँ अपना बुर्क़ा उतार दें, कोई नयी बात नहीं; पर एक ज़रूरी बात ज़रूर कही है। मुस्लिम समाज पिछले सौ साल से पर्दे की धार्मिकता, सार्थकता, नैतिकता और आवश्यकता पर तरह-तरह से अपनी प्रतिक्रिया व्यक्त करता रहा है। सबसे पहला और बड़ा सवाल यह है कि क्या पर्दा इस्लाम धर्म में आवश्यक माना गया है? क्या पर्दा धर्म का एक आवश्यक हिस्सा है? यदि हाँ, तो कैसा पर्दा धर्म का अनिवार्य हिस्सा है, इसकी कोई परिभाषा नहीं दी गयी है। इस्लाम धर्म के विद्वान यह कहते हैं कि महिलाओं की निर्लज्जता को इस्लाम बुरा समझता है तथा शालीन ढंग से कपड़े पहनने की सलाह देता है। इसलिए पर्दा करने या न करने से इस्लाम धर्म ख़तरे में पड़ जायेगा; ऐसा नहीं है। यदि ऐसा होता तो सारे संसार में फैले मुसलमान देशों की महिलाएँ एक तरह से एक प्रकार का पर्दा कर रही होतीं। लेकिन ऐसा नहीं है। मुसलमान औरतों को उनके मर्द अलग-अलग देशों में अलग-अलग तरीके से पर्दा कराते हैं या उसकी परम्पराएँ डाल रखी हैं।

भारत में मुस्लिम महिलाएँ ऐसा बुर्क़ा पहनती हैं जिसमें सिर से पैर तक औरत ढँक जाती है और आँखों के अतिरिक्त कुछ नहीं दिखायी देता। यह पर्दा या बुर्क़ा ईरान या अरब देशों में नहीं चलता। वहाँ सिर पर कपड़ा बाँधा जाता है और ऐसे कपड़े पहने जाते हैं कि शरीर ढँका रहे, लेकिन चेहरा पूरी तरह खुला रहता है। भारतीय मुसलमान इस पर्दे को पर्दा नहीं समझते जिसमें चेहरा पूरी तरह नज़र आता हो।

पाकिस्तान और भारत में ही नहीं संसार के दूसरे देशों में भी मुस्लिम समाज तेज़ी से पर्दा छोड़ रहा है। अफ़सोस है कि ऐसा कोई अध्ययन या आँकड़े उपलब्ध नहीं हैं, लेकिन पिछले पचास साल में कम-से-कम बड़े शहरों में मुस्लिम महिलाओं ने बुर्क़े से पीछा छुड़ा लिया है पर वे फिर भी मुसलमान हैं क्योंकि *क़ुरान* की हिदायत के अनुसार निर्लज्जता नहीं करतीं; बांग्लादेश की मुसलमान स्त्रियाँ साड़ी को इस तरह पहनती हैं कि निर्लज्जता नहीं हो पाती। पंजाब की औरतें सलवार-कुर्ता इस प्रकार पहनती हैं और ईरान की औरतें जीन्स, कोट पहनती हैं और स्कार्फ बाँधती

हैं कि *क़ुरान* के हुक्म की पाबंदी हो जाती है। इसलिए यह मानना कि पर्दे का कोई एक ही स्वरूप है और उसे मानने या न मानने से इस्लाम खतरे में पड़ जायेगा, ग़लत है।

योरोप में मुस्लिम महिलाएँ या कहना चाहिए, कुछ मुस्लिम महिलाएँ 'हिजाब' करती हैं। 'हिजाब' का शाब्दिक अर्थ शर्म या लज्जा है। व्यवहार में इसकी परिणति इस तरह होती है कि एक बड़ा और चौकोर रूमाल सिर पर इस तरह बाँधा जाता है कि सिर ढँक जाये तथा उसका एक हिस्सा छाती पर पड़ा रहे। यह कपड़ा प्रायः काले रंग का होता है। निश्चित रूप से हिजाब बाँधे लड़कियाँ या औरतें योरोपीय परिवेश में सवालिया निशान लगती हैं। मुख्य प्रश्न यह है कि योरोप में जन्मी पढ़ी-लिखी लड़कियाँ हिजाब क्यों करती हैं? शायद ऐसा भी नहीं कहा जा सकता कि उनके माता-पिता उन पर ज़ोर डालते हैं। यह भी नहीं कहा जा सकता कि वे हिजाब को धर्म का अभिन्न अंश मानती हैं। क्योंकि कोई भी पढ़ी-लिखी लड़की अच्छी तरह जानती है कि पर्दा इस्लाम के तीन बुनियादी सिद्धान्तों में नहीं आता। यह भी कुछ विचित्र और रोचक तथ्य है कि 'हिजाब' को महिलाओं की पुरानी पीढ़ी से अधिक नयी पीढ़ी अपना रही है जो अधिक आधुनिक, पढ़ी-लिखी और 'योरोपीय' है।

इस समस्या को समझने के लिए पिछले तीस-चालीस सालों में आये योरोप तथा मुस्लिम देशों के संबंधों तथा उससे जुड़ी राजनीति को समझना पड़ेगा। जिसने मुस्लिम समाज पर अपना गहरा प्रभाव डाला है। द्वितीय विश्वयुद्ध के बाद पश्चिम तथा अमेरिका द्वारा अरब क्षेत्र में इज़राइल की स्थापना तथा इज़राइल द्वारा क्षेत्र पर प्रभुत्व जमा लेने में पश्चिम का योगदान, अरबों का शोषण और विस्थापन एक ऐसा मुद्दा रहा है जिसने अंतरराष्ट्रीय मुस्लिम समाज को बहुत गहराई से आहत किया है। ईरान की लोकतांत्रिक सरकार का सी.आई.ए. द्वारा तख़्ता पलटा जाना और राष्ट्रीय नेता की हत्या, सऊदी अरब पर अमेरिका का आधिपत्य, तेल की संपदा पर अमेरिकी कंपनियों का कब्ज़ा, अफगानिस्तान में कट्टरपंथी मुस्लिम नेताओं को पश्चिम का समर्थन और बाद में विश्वासघात जैसी स्थिति पैदा कर देना, इराक़ पर अमेरिकी और योरोपीय आक्रमण, ईरान के अणु ऊर्जा कार्यक्रम पर पश्चिम का नकारात्मक रुख, सोवियत यूनियन के पतन के बाद एक ध्रुवीय राजनीति में अमेरिका का प्रभुत्व और मध्य एशिया के देशों में सेनाएँ उतार देना तथा अड्डे बना देना आदि राजनैतिक घटनाओं से योरोप के मुसलमानों की मानसिकता को जोड़कर देखने की आवश्यकता है। पश्चिम ने मुसलमानों के लिए राजनैतिक विरोध के रास्ते बंद कर दिये हैं और जब राजनैतिक विरोध के रास्ते बंद हो जाते हैं तो सांस्कृतिक प्रतिरोध का रास्ता ही बचता है। बड़ी सीमा तक सांस्कृतिक प्रतिरोध आत्मघाती होता है, इसमें भी कोई संदेह नहीं। योरोप में 'हिजाब' क्या सांस्कृतिक प्रतिरोध जैसा नहीं है?

जैक स्ट्रा जैसे लोग योरोपीय मुसलमानों के व्यवहार को एक स्वस्थ समाज में स्वस्थ नागरिक के व्यवहार जैसा चाहते हैं लेकिन समस्या तो उससे अधिक गहरी है और सूचना क्रांति के युग में यह और भावनात्मक बन जाती है। पश्चिमी देश इस संबंध में विचार कर सकते हैं कि एक स्तर पर धार्मिक कट्टरता से लाभ उठाकर दूसरे स्तर पर धार्मिक कट्टरता का विरोध नहीं किया जा सकता। जब पश्चिम को सोवियत यूनियन के विरुद्ध धर्मांध मुसलमानों का समर्थन चाहिए था तो बड़े स्तर पर योरोप और अमेरिका में कट्टर धर्मांध मुस्लिम नेताओं को वीज़ा तथा 'रेज़ीडेन्सी परमिट' दिये गये थे। बीस साल पहले बोया गया बबूल का पेड़ आम नहीं दे सकता।

इस्लाम का इतिहास साक्षी है कि समय-समय पर ऐसी प्रबुद्ध मुस्लिम महिलाएँ सामने आती रही हैं जिन्होंने पुरुषों के समान ही महत्त्वपूर्ण कार्य किये हैं। न केवल हम व्यापार करनेवाली मुस्लिम महिलाओं को देखते हैं बल्कि ज्ञान के दूसरे क्षेत्रों में भी हमें मुस्लिम महिलाएँ दिखायी पड़ती हैं। निश्चित रूप से ये महिलाएँ अपने कारोबार और काम के सिलसिले में पुरुषों से मिलती होंगी और इनका हिजाब या पर्दा उनके काम में बाधा नहीं बनता होगा। इस कारण हिजाब के समर्थकों को यह बात ध्यान में रखनी चाहिए कि हिजाब महिलाओं के विकास में बाधा न बने। भारत में मुस्लिम महिलाओं के लिए पर्दे का जो प्रावधान किया गया है वह निश्चित रूप से उनके विकास और काम में ही नहीं बल्कि स्वस्थ विकास में भी बाधा बनता है। कहा जाता है कि भारत के सामंतवाद और जातिवाद के प्रभाव के कारण पर्दे का एक ऐसा स्वरूप बन गया है जिसे इस्लामी मानदंडों के आधार पर भी उचित नहीं ठहराया जा सकता। इस संबंध में कई मुस्लिम विचारकों ने अपने मत व्यक्त किये हैं।

पर्दे या हिजाब की समस्या पर बहुत सहानुभूतिपूर्ण ढंग से विचार करने की आवश्यकता है। ऐसा नहीं लगना चाहिए कि पर्दा प्रथा के बारे में कुछ ऐसा कहा जा रहा है जो इस्लाम के सिद्धान्तों के विरुद्ध है।

खेल-खेल में : दिल्ली और बिल्ली

हमारा देश प्रतिभाओं का सम्मान नहीं करता। यही कारण है कि हमारे देश में प्रतिभाएँ इधर-उधर मारी-मारी फिरती हैं। लेकिन फिर भी प्रतिभाएँ तो प्रतिभाएँ होती हैं। वे जिस क्षेत्र में भी जाती हैं, वहाँ नाम पैदा करती हैं। वैसे तो अपराध के क्षेत्र में हमारी प्रतिभाएँ किसी दूसरे देश की प्रतिभाओं से पीछे नहीं हैं, लेकिन हाल ही में एक ऐसा खुलासा हुआ है जिसने चकित कर दिया है। दुःख यह है कि प्रतिभा का नाम सामने नहीं आ सका है। प्रतिभा के गुण को पहचानने वाले विशेषज्ञ का नाम प्रकाशित हो गया है। चंडीगढ़ के सेंट्रल फोरेंसिक साइंस लेबोरेटरी में यह खोज की गयी है कि एक भारतीय अपराधी ने ऐसा रिवॉल्वर बनाया है जिससे किसी भी कैलीबर की गोली दागी जा सकती है। यह क्षमता साहित्यकारों में तो आम-तौर पर पाई जाती है कि एक ही लेखक कविता, कहानी, उपन्यास लिख लेता है, लेकिन रिवॉल्वर में ऐसा गुण प्रायः नहीं पाया जाता। जिस भारतीय अपराधी ने यह रिवॉल्वर बनाया है उसने बड़ी सूझबूझ, कलात्मकता और वैज्ञानिकता से दुनिया का ऐसा पहला रिवॉल्वर बनाया है जिसमें ए.के. 47 से लेकर सामान्य रिवॉल्वर तक की गोलियाँ फायर की जा सकती हैं। इस रिवॉल्वर का इस्तेमाल हिमाचल प्रदेश के ऊना जिले की एक हत्या में हुआ था और तब से यह रिवॉल्वर रहस्य बना हुआ था। अभी हाल में ही इसका खुलासा हुआ है। मैं सोचता हूँ कि हमारा अपराधी शोधकर्ता अमेरिका में होता तो शायद किसी बड़ी कंपनी में लाखों पीट रहा होता। इसी कंपनी के रिवॉल्वर हमारे देश में आयात किये जा रहे होते। अजब किस्मत का खेल है।

दिल्ली देश का दिल है। पूरे देश में रक्त का संचार दिल्ली से होता है। दिल्ली का अनुकरण पूरे देश में होता है। अभी हाल में ही दिल्ली निवासी एक बुजुर्ग ने अपनी बेटी के खिलाफ पुलिस में रिपोर्ट लिखाई है। बुजुर्ग का कहना है कि लड़की न केवल उनके साथ मार-पीट करती है बल्कि उन्हें जान से मार देने की धमकी भी देती है। बुजुर्ग का यह भी कहना है कि उनकी लड़की 'गलत कार्यों' में लिप्त है। इस कारण बुजुर्ग अपनी बेटी से अपने संबंध तोड़ चुके हैं। पर बेटी इस पर तैयार नहीं है। इसे क्या कहेंगे? पिता के प्रति बेटी का प्रेम? प्रेम बड़ा 'डिमांडिंग'

होता है। बेटी पिता के साथ दुर्व्यवहार करती है, जान ले लेने की धमकी भी देती है, पर फिर भी चाहती है कि पिता उसके साथ रहें। पिता स्पष्टवादी हैं। उन्हें पता नहीं कि उन्हें गाँधीवादी कहा जा सकता है या नहीं; पर इतना तो है कि वे अहिंसक हैं जिसका कारण उनकी उम्र और बेटी की जवानी हो सकती है। पर हमें दूसरों पर शक करने का कोई अधिकार नहीं है। दिल्ली के पुलिस उपायुक्त ने बुज़ुर्ग की शिकायत ले ली है। यह जानकर थोड़ा आश्चर्य हुआ है, क्योंकि दिल्ली पुलिस इस तरह के मामलों में बहुत अधिक संवेदनशील हो जाती है। कहते हैं—एक औरत दिल्ली पुलिस के किसी थाने में गयी। वह रपट लिखाना चाहती थी कि उसके पति ने उसे मारा है। दरोगा जी ने औरत से कहा, "ठीक है, तू रपट लिखा रही है, तो लिख ली जायेगी, पर एक बात बता।"

"क्या?" औरत बोली।

"तेरा आदमी तुझे न पीटता, तो क्या पड़ोसिन को पीटता?"

"काये को? पड़ोसिन को काये को पीटेंगे?" औरत आँखें तरेरकर बोली।

दरोगा ने कहा, "जा घर जा।"

दिल्ली में एक और घटना घटी, पर उसे 'ग्लोरीफाई' नहीं किया जा सकता। निंदा ही की जा सकती है। एक रिटायर्ड फ़ौजी ने अपने बेटे को गोली से उड़ा दिया। यह घटना अगर सीमा पर हुई होती और बेटा शत्रु सेना का अधिकारी होता तो बात दूसरी होती। उस स्थिति में पिता को परमवीर चक्र दिया जाता। लेकिन स्थिति यह न थी। रिटायर्ड सैनिक ने गाँव में, अपने घर के अन्दर बेटे को गोली से उड़ाया। इस संदर्भ में हम यह भी नहीं कह सकते कि रिटायर्ड फ़ौजी पिता ने सेना में ली गयी ट्रेनिंग का कोई गौरवशाली उदाहरण पेश किया है। दरअसल पिता और पुत्र के बीच यह झगड़ा जायदाद को लेकर शुरू हुआ था। इसे बड़े परिप्रेक्ष्य में समझना चाहें तो यह भारत-चीन सीमा विवाद के रूप में समझा जा सकता है। जहाँ चीन कहता है अरुणाचल प्रदेश हमारा है और भारत कहता है कि उसका है। अब पता नहीं इसका फैसला कौन करेगा? भारत तथा चीन में समझदार लोगों का अकाल नहीं पड़ गया है कि इस समस्या का समझौता कराने के लिए बाहर से किसी को बुलाने की बात उठेगी।

ऐसा नहीं है कि दिल्ली में सब कुछ बुरा और खराब ही होता है, क्योंकि दिल्ली में संसद और मंत्रिमंडल की बैठकें भी होती हैं। और निश्चित रूप से उनकी गरिमा

और गंभीरता को पूरा देश मानता है, क्योंकि वहीं से हमारे देश का हर सूत्र संचालित होता है।

बहरहाल, बात हो रही थी अच्छी ख़बर की और मैं बताना चाहता हूँ कि आज के बम विस्फोटक माहौल में जब समुदायों के बीच अविश्वास बढ़ रहा है तो पूर्वी दिल्ली का एक व्यक्ति इस विश्वास को जोड़ रहा है। पहाड़गंज के ऑटो चालक अब्दुल रहमान पिछले चार साल से कर रहे हैं 'भगवती जागरण' और आगे भी करते रहना चाहते हैं। अब्दुल रहमान पक्के मुसलमान हैं, लेकिन भगवती जागरण पर उनका ही नहीं, उनके पूरे परिवार का पक्का विश्वास है। पहले तो इलाके के मुसलमान उन्हें अजीब तरह से देखते थे, पर अब सबने यह मान लिया है कि अब्दुल रहमान जो कर रहे हैं, सच्चे मन से कर रहे हैं।

अब्दुल रहमान 13वीं शताब्दी के हिन्दी-उर्दू आदि कवि अमीर खुसरो की याद दिलाते हैं। यह ऐतिहासिक तथ्य है और कई किताबों में दर्ज है कि एक दिन अमीर खुसरो अपने कुछ साथियों के साथ महरौली (दिल्ली) के पास से गुज़र रहे थे कि उन्होंने देखा कि हिन्दू भक्तों का एक समूह नाचता-गाता देव प्रतिमा को लिये कहीं चला जा रहा है। अमीर खुसरो उन्हें देखकर इतने प्रभावित हुए कि अपने साथियों को छोड़कर, घोड़े से उतर भक्तों के साथ नाचते-गाते मन्दिर में पहुँच गये। मन्दिर में अमीर खुसरो ने वही किया जो दूसरे भक्तों ने किया। ये सब करने के बाद वे अपने साथियों के साथ आ गये।

उनके साथियों ने उनसे पूछा, "हज़रत, आप मुसलमान हैं। आप हिन्दुओं के साथ उनके मन्दिर क्यों चले गये? और आपने पूजा वग़ैरह क्यों की?"

अमीर खुसरो बोले, "मैंने उन लोगों के अन्दर आस्था का ऐसा अलौकिक रूप देखा कि मैं अपने को रोक नहीं सका और उनके साथ जाने पर विवश हो गया। मज़हब दर हकीकत है तो आस्था का अलौकिक रूप ही।" दिल्ली के अब्दुल रहमान ने भी यही देखा होगा। पता नहीं धर्म के नाम पर बम-विस्फोट करने वाले यह देख पाते हैं या नहीं?

देहात से शहर में बसते लोग

तस्वीर तेज़ी से बदल रही है। इस बदलती तस्वीर में नये-नये रंग दिखायी पड़ते हैं। ऐसे रंग जो शायद पहले कभी न देखे गये होंगे। छोटे शहरों और कस्बों की तस्वीर कुल मिलाकर उदास करती है। एक अजीब तरह के असहाय होने का भाव निराश करता है और लगता है, इस स्थिति से उबर पाने का कोई रास्ता है भी या नहीं।

पिछले बीस-पच्चीस साल में छोटे शहरों का चेहरा बढ़ती हुई आबादी के दबाव के कारण पहचाना नहीं जाता। आबादी का यह विस्फोट सकारात्मक नहीं है। मतलब यह नहीं है कि छोटे शहरों में उद्योग-धंधे बढ़ गये हैं। जो लोग छोटे शहरों और कस्बों में दिखते हैं वे दरअसल गाँव-देहात से उठकर शहर में आ बसे हैं। यही वजह है कि शहर के सामाजिक जीवन में कोई गुणात्मक परिवर्तन नहीं आये हैं बल्कि गाँव बिरादरी की जड़ता और पुराने सामाजिक रिश्तों का जाल और ज़्यादा सशक्त हो गया है। जाति-बिरादरी की वह पकड़ जो पहले छोटे और मध्य स्तर के शहरों में कुछ कम थी, अब बढ़ गयी है।

छोटे शहरों के सामाजिक और सांस्कृतिक जीवन पर राजनीति की पकड़ गहराई है। यह राजनीति सिद्धान्त और विचारों की राजनीति नहीं है बल्कि सत्ता प्राप्त करने के लिए जातीय आधारों पर बने समीकरणों की राजनीति है जिसने लोगों के बीच दीवारें खड़ी कर दी हैं। सिद्धान्तविहीन राजनीति ने केवल जाति और संप्रदाय के आधार पर ही नहीं बल्कि हर नैतिक-अनैतिक तरीके से सत्ता पर अपनी पकड़ मज़बूत बनाने के लिए अपराध और प्रशासनिक जोड़-तोड़ को साधने का प्रयास किया है। संप्रदाय और जाति की राजनीति अपराध जगत से संरक्षण प्राप्त करती है। प्रशासन को पूरी तरह अपनी गिरफ्त में लेना चाहती है और चुनाव में किसी भी तिकड़म से इतने मत प्राप्त करना चाहती है कि सत्ता बनी रहे।

आज़ादी से पहले यह हुआ करता था कि छोटे शहरों से संबंधित सरकारी कर्मचारी रिटायरमेंट के बाद अपने शहर या कस्बे में आकर पुनः रहना शुरू करते थे। अच्छे पदों पर काम करने के बाद ये शिक्षित और अनुभवी लोग कस्बों के जीवन और वहाँ के उत्थान में अपनी सकारात्मक भूमिका निभाते थे। शहर की सामाजिक और सांस्कृतिक

गतिविधियों में सक्रिय होते थे और नागर समाज को सशक्त बनाते थे। एक ऐसा समाज बनता था जो जाति, धर्म और संप्रदाय से अधिक नागरिकता के बुनियादी सिद्धान्तों और सांस्कृतिक उत्थान पर बल देता था। यही वह नागर समाज हुआ करता था जो राजनीति और अपराधी प्रवृत्तियों पर नज़र रखता था। एक सशक्त नागर समाज देश-प्रेम और लोकतंत्र के सिद्धान्तों का संरक्षक हो जाता था। अभी भी कुछ लोगों को याद होगा कि छोटे शहरों में रिटायर्ड सरकारी या गैर-सरकारी अधिकारियों की उपस्थिति न केवल शहर के प्रबुद्ध वर्ग को सहारा देती थी बल्कि उनका अदृश्य अंकुश जन-विरोधी शक्तियों को भी बड़ी सीमा तक रोके रहता था।

आज स्थिति यह है कि रिटायर्ड लोग अपने शहरों या कस्बे में जाने के बजाय बड़े शहरों में बस जाना ही पसंद करते हैं। कारण यह नहीं है कि वे अपने शहरों और कस्बों से लगाव महसूस नहीं करते। इसका मुख्य कारण यह है कि अब छोटे शहरों और कस्बों में नागरिक समाज (सिविल सोसाइटी) के लिए स्थान कम हो गया है। आज वहाँ शक्ति राजनेताओं के हाथों में केन्द्रित है जो प्रायः सिद्धान्तविहीन राजनीति करने के कारण किसी भी तरह के समाज विरोधी तत्व के साथ सांठ-गांठ कर लेते हैं। नतीजा यह निकलता है कि नागरिक समाज कमज़ोर हो जाता है। इस कमज़ोरी का सबसे ज़्यादा असर पड़ता है शहर या कस्बों के सांस्कृतिक और सामाजिक जीवन पर। यह बात देखने और समझने योग्य है कि आज़ादी से पहले नागरिक समाज की पहल पर शहरों में पुस्तकालय स्थापित किये जाते थे। नगरपालिकाएँ सक्रिय रहती थीं और जनहित में काम करती थीं। प्रशासन नागरिक समाज का सम्मान करता था। अधिकारी और अन्य प्रभावशाली लोग नागरिक समाज की उपस्थिति में अपने-आपको एक अनुशासन से बँधा महसूस करते थे। छोटे शहरों और कस्बों का यह समाज राजनीति और सामाजिक विकास के मुद्दों में अपने सिद्धान्तों के आधार पर भाग लेता था। चूँकि यह राष्ट्रीय आंदोलन का दौर था, इसलिए जनता और देश को सर्वोपरि माना जाता था। छोटे शहरों में स्कूल और कॉलेज स्थापित करने की परम्परा थी, जिस पर समाज का नियंत्रण होता था। विकास में समाज भूमिका निभाता था।

अब आज़ादी के साठ साल बाद सिद्धान्तविहीन राजनीति ने छोटे शहरों के चेहरे को इतना बदल दिया है कि नागरिक सुविधाओं का अकाल पड़ गया है और व्यावसायिकता ने अपने पंजों को इतना फैला दिया है कि जनहित की जगह धनोपार्जन ने ले ली है। छोटे शहरों और कस्बों में अब जो स्कूल-कॉलेज खोले जा रहे हैं, जो अस्पताल बन रहे हैं, जिस तरह से अन्य सेवाएँ दिये जाने की कोशिश हो रही है उसके केन्द्र में केवल अधिक-से-अधिक पैसा कमाने की प्रवृत्ति है। यह प्रवृत्ति कहीं-कहीं आपराधिक तक हो जाती है। यह एक बड़ा कारण है कि नागर समाज का बुनियादी तंत्र टूट गया है। ऐसे समाचार बराबर मिलते रहते हैं जिनसे पता चलता है कि छोटे

शहरों में सुविधाएँ दिये जाने के नाम पर कितना शोषण और भ्रष्टाचार है। ऐसी स्थिति में किसी प्रकार के सांस्कृतिक विकास की कल्पना नहीं की जा सकती।

नागर समाज को आज पूरी तरह राजनीतिक समाज ने बेदखल कर दिया है। ध्यान देने योग्य बात यह है कि समाज का राजनीतिकरण सिद्धान्तविहीन है। अधिकतर राजनीतिक दल केवल सत्ता में आने के लिए राजनीति करते हैं। सत्ता में बने रहने के लिए वे किसी तरह के भी हथकंडे अपना लेते हैं। प्रायः धर्म और जाति को ही आधार बनाया जाता है। पिछले पचास साल में यह इतना हुआ है कि छोटे शहर और कस्बे, धर्म और जाति के आधार पर पूरी तरह बँट चुके हैं।

ऐसे में सांस्कृतिक गतिविधियाँ असंभव हैं जब धर्म और जाति बिरादरी से सहिष्णुता, भाईचारे और मित्रतावाले सभी तत्व बाहर हो गये हों, धर्म और जाति के गौरव तथा उसकी भूमिका को इतना ज़्यादा बढ़ा-चढ़ाकर बताया और समझाया जाता कि धर्म और जाति पर विश्वास करने वालों में एक आक्रामक किस्म की श्रेष्ठता का भाव आता है जो उन्हें दूसरे धर्मों के मानने वालों या दूसरी जातियों के लोगों से अलग कर देता है। यह स्थिति राजनीतिज्ञों के सर्वथा अनुकूल है जो यह चाहते हैं कि धर्म विशेष या जाति विशेष 'संगठित' रहे ताकि चुनाव में उनके वोटों का पूरा इस्तेमाल किया जा सके। धर्मों और जातियों ने इतनी शक्ति अर्जित कर ली है कि वह प्रेमियों को फाँसी पर लटका देती है, किसी को गाँव में नंगा करके अपमानित कर सकती है और कानून असहाय होकर उसे देखता रहता है, क्योंकि कानून को क्रियान्वित करने वाला प्रशासन उन राजनीतिज्ञों के प्रभाव में है जो धर्म और जाति के नाम पर वोट लेकर सत्ता में आते हैं।

हमारे इस विभाजित और खण्ड-खण्ड समाज में संस्कृति का जो रूप विकसित होता दिखायी पड़ता है, वह 'गैर-व्यक्ति संस्कृति' का रूप है। यह संस्कृति के उन रूपों में दिखायी पड़ता है जहाँ व्यक्ति की कोई भागीदारी नहीं होती। व्यक्ति मात्र दर्शक होता है। इसके अंतर्गत इलेक्ट्रॉनिक माध्यमों को रखा जा सकता है। रेडियो, टीवी और सिनेमा इसके केन्द्र में होते हैं। यह दूसरे प्रकार का सांस्कृतिक रूप है जो उसी तरह केवल धन से संचालित होता है। यह सांस्कृतिक हस्तक्षेप मुनाफे के सिद्धान्तों पर आधारित ही नहीं है बल्कि पूरी तरह समाज को वही परोसना चाहता है जो समाज माँगता है। यही कारण है कि आज का 'मास मीडिया' जड़ मूल्यों और विश्वासों को तोड़ता नहीं। या तो उन्हें बढ़ाता है या आँखें बंद कर उनसे आगे बढ़ जाता है।

'मास मीडिया' का प्रभाव छोटे शहरों और कस्बों में बढ़ रहा है जो धर्म और जाति के समीकरण पर विश्वास करने वाले लोगों की आस्था को चुनौती नहीं देता, उनके साथ एक तरह का समझौता करता है, संस्कृति के इस रूप ने हमें अपने वश में किया हुआ है।

ज़िन्दा कौम का इंतिज़ार

एक संचार माध्यम के रूप में टेलीविजन की चाहे जितनी सीमाएँ हों पर इतना तय है कि आम चुनाव में टेलीविजन के माध्यम से सामाजिक विसंगतियों का जो चेहरा सामने आता है वह सोचने पर मज़बूर करता है। दृश्य की एक विशेषता यह है कि वह शब्द के बंधन से आज़ाद होता है। चुनाव 2009 के दौरान कुछ संभ्रांत, सफ़ेदपोश, स्वस्थ, धनवान प्रत्याशी या कार्यकर्ता अपनी आधुनिक गाड़ियों में 'रोड शो' करते दिखायी देते हैं तो कैमरा न चाहते हुए भी परिवेश को उद्‌घाटित करता है। संभ्रांत युवा संपन्न नेता गाँव की गलियों में दिखायी पड़ते हैं तो गाँव की जर्जर झोपड़ियाँ, फटेहाल, बीमार और दरिद्र लोग भी नज़र आते हैं। कच्ची, गंदी गलियाँ और नंगे बच्चे भी दिखायी पड़ते हैं जो पाँच साल में एक बार आने वाले संभ्रांत लोगों को उत्सुकता और कौतूहल से देखते हैं। यह दृश्य क्या यह सोचने पर विवश नहीं करता कि जनता से वोट माँगने वालों को शर्म क्यों नहीं आती? क्या वोट माँगने वालों को भयानक दरिद्रता नहीं दिखायी पड़ती? क्या वे यह नहीं मानते कि चुनाव के माध्यम से वे एक ऐसी व्यवस्था बनाते रहे हैं जो आम आदमी के भयानक शोषण का आधार बनती रही है, क्या भारतीय लोकतंत्र में चुनाव को जनता द्वारा जनता के लिए सरकार चुनने का माध्यम कहा जा सकता है?

संचार माध्यम आमतौर पर केवल घटनाओं तक सीमित रहते हैं। समाचार-पत्र और टेलीविजन आँकड़े देते हैं या वस्तुस्थिति को जस का तस सामने रख देते हैं। चुनाव प्रक्रिया के महत्त्वपूर्ण और दूरगामी प्रभाव को सामने लाने का काम प्रायः नहीं किया जाता। इसमें शक नहीं कि भारतीय चुनाव प्रक्रिया जो लोकतांत्रिक सरकार बनाने का पहला चरण है, एक बड़ी बहस का मुद्दा है। चुनाव प्रक्रिया लोकतांत्रिक मूल्यों को स्थापित करने का आधार होना चाहिए, लेकिन भारतीय चुनाव के माध्यम से जो सामाजिक समीकरण बनते हैं, वे नितान्त अलोकतांत्रिक सोच को विकसित करते हैं और चुनाव और लोकतंत्र की भावना ही दूषित तथा कुंठित हो जाती है। भारतीय चुनाव में धर्म और जाति के समीकरण लोकतांत्रिक भावना के विरुद्ध हैं। लेकिन आज कौन नहीं जानता कि लगभग हर राजनैतिक दल चुनाव में उम्मीदवार

चुनते समय धर्म और जाति के 'फैक्टर' को ध्यान में रखता है। इसका केवल यही नतीजा नहीं निकलता कि जातियाँ संगठित हो जाती हैं बल्कि वे लोकतांत्रिक चुनाव प्रक्रिया को निरर्थक साबित कर देती हैं। धर्म और जाति के आधार पर वोट देने का अर्थ लोकतंत्र के विरुद्ध मत देना ही माना जायेगा। इस तरह हम देखें तो पिछले पचास साल से हमारी चुनाव प्रक्रिया ने लोकतंत्र को नष्ट करने का काम ही किया है। लेकिन इस समस्या पर कभी खुलकर चर्चा नहीं की गयी है। आज से चालीस साल पहले समाचार-पत्रों में इसी चुनाव की ख़बरों में धर्म और जाति का उल्लेख प्रायः नहीं मिलता। जबकि उस समय भी धर्म और जाति की बड़ी भूमिका होती थी। लेकिन आज लोकतंत्र की आँखों के ऊपर से शर्म का वह झीना पर्दा भी हट चुका है जो पहले पड़ा रहा करता था। धर्म और जाति केन्द्रित चुनाव ने एक आक्रामक लोकतंत्र को जन्म दिया है। यह एक निरंकुश और निर्मम लोकतंत्र है जिसे कोई नया नाम दिया जाना चाहिए। धर्म और जाति के आधार पर चुने गये प्रतिनिधि चुनाव से पहले और चुनाव के बाद यह मानते हैं कि उन्हें उनके धर्म या जाति के लोगों ने जिताया है और उनका लोकतंत्र केवल अपनी जाति और धर्म तक सीमित है।

चुनाव आयोग चुनाव प्रक्रिया में सुधार लाने का काम करता है, लेकिन चुनाव को धर्म और जाति के बंधन से निकालने का काम शायद चुनाव आयोग भी नहीं कर सकता। चुनाव में कितना पैसा खर्च किया जाये, दीवारों पर पोस्टर न लगाये जायें आदि-आदि सुधार क्या कोई अर्थ रखते हैं, यदि चुनाव की पूरी भावना ही लोकतंत्र की भावना के विपरीत हो? यह कहा जा सकता है कि अलोकतांत्रिक तरीके से संपन्न चुनाव के माध्यम से जो अलोकतांत्रिक संसद बनती है वह अलोकतांत्रिक सरकार बनाती है। लोकतंत्र के अभाव की यह भावना संसद, सरकार की कार्यप्रणाली में अच्छी तरह देखी जा सकती है। संसद में सांसद क्यों हाज़री दें? संसद में उनकी हाज़री और संसद के काम करने के दिन क्यों न घटते जायें, क्योंकि उनकी तो भावना ही लोकतांत्रिक नहीं है। अलोकतांत्रिक ढंग से बनी सरकार भी अपने कार्य-कलाप में लोकतंत्र से दूर ही खड़ी दिखायी देती है। चुनाव प्रक्रिया के अलोकतांत्रिक होने का प्रभाव संसद, सरकार से होता हुआ सीधा नौकरशाही तक चला आता है और नौकरशाही पूरी तरह जवाबदेही से मुक्त हो जाती है। दरअसल जवाबदेही जनता के प्रति हो सकती है पर जब हमारे लोकतंत्र ने जनता को निष्क्रिय बनाकर धर्म और जातियों को केन्द्र में रख दिया है तो जवाबदेही का सवाल ही नहीं पैदा होता। सरकारी अधिकारी और बाबू अच्छी तरह जानते हैं कि संसद और सरकार की 'भावना' क्या है और वे इसका आदर करते हैं। पूरे राजनैतिक परिदृश्य से जवाबदेही ही ख़त्म हो गयी है। बेशर्मी से लगभग सभी राजनेता अपनी-अपनी जातियों को लिये बैठे हैं। अपना-अपना वोट बैंक बनाये हुए हैं। ऐसी स्थिति में यह कोई मुद्दा ही नहीं

बनता कि कौन चुनाव लड़ने के लायक है? किसकी साफ़ छवि है? कौन ईमानदार है? कौन मेहनती है? कौन पढ़ा-लिखा है, मतलब यह कि धर्म और जाति की राजनीति का आधार योग्यता नहीं होती। अपराधियों को टिकट देना, माफिया को राजनीति में उतारना, धन कुबेरों को टिकट देना, तस्कर को राजनीति में लाना–सब कुछ हमारे तथाकथित लोकतांत्रिक चुनाव में स्वीकार्य है। कोई कुछ नहीं कर सकता। न तो संविधान और न चुनाव आयोग। ऐसी स्थिति में क्या यह नहीं कहा जा सकता कि चुनाव प्रक्रिया और संसद पूरी तरह अप्रासंगिक हो गये हैं और अब देश या जनता से उनका कोई संबंध नहीं रह गया है?

यह दुर्भाग्यपूर्ण है कि चुनाव के दुष्चक्र से लगभग सभी राजनैतिक दल पूरी तरह संतुष्ट हैं। कभी इस बात की चर्चा संसद में नहीं होती कि भारतीय चुनाव प्रक्रिया और अंततः लोकतंत्र को बंधक बना लेने वालों ने चुनाव प्रक्रिया और लोकतंत्र की ताक़त को कैसे कम किया है। आज संसार में लोकतांत्रिक चुनाव के कई 'मॉडल' उपलब्ध हैं, लेकिन हमारी संसद कभी किसी अन्य 'मॉडल' पर विचार करती नहीं दिखायी देती। दरअसल संसद जो लगभग स्वयं धार्मिक और जातीय समीकरणों से बनती है वह अपने पैर पर कुल्हाड़ी क्यों मारेगी? संसद ने कभी गंभीरता से चुने गये सदस्यों की सदस्यता समाप्त होने यानी 'राइट टु रिकॉल' पर भी विचार नहीं किया है। एक ऐसी व्यवस्था बन गयी है जहाँ जनता को छोड़कर लगभग सभी खुश हैं, संपन्न हैं।

प्रख्यात समाजवादी नेता डॉ. राममनोहर लोहिया ने कहीं लिखा है कि ज़िन्दा कौमें पाँच साल इंतिज़ार नहीं करतीं। इस बात के पीछे उनकी यह मर्ज़ी निहित है कि चुनाव प्रक्रिया को अधिक सक्रिय, जनोन्मुखी और कारगर बनाया जाये लेकिन सत्ताधारियों को यह मंजूर नहीं है। लोकतंत्र के नाम पर लोकतंत्र का नाटक करने में ही उनका हित है। पाँच साल की क्या बात है, पचास साल हो गये हैं और ज़िन्दा कौम इंतिज़ार कर रही है। यह इंतिज़ार और बढ़ता हुआ दिखायी देता है, क्योंकि यथास्थितिवाद की शक्तियों ने लोकतंत्र की प्रक्रिया को कुंठित कर दिया है।

सांप्रदायिकता : पुनर्विचार की ज़रूरत

सांप्रदायिकता के संबंध में बुनियादी अवधारणा तथा उसके स्वरूप को सही परिप्रेक्ष्य में न समझ पाने के कारण सांप्रदायिकता के विरुद्ध छेड़ा गया अभियान एक अर्थ में विफल हो गया है। पूरी समस्या पर सिरे से विचार करने के लिए यह आवश्यक है कि सबसे पहले सांप्रदायिकता को परिभाषित किया जाये। किसी संप्रदाय विशेष में दूसरे संप्रदाय विशेष के लिए धार्मिक विश्वासों या इतर कारणों से घृणा, द्वेष तथा हिंसा की भावना का प्रदर्शन सांप्रदायिकता कही जायेगी। हमारे देश में चूँकि यह स्थिति कुछ हिन्दुओं और कुछ मुसलमानों के बीच रही है इसलिए सांप्रदायिकता को हिन्दू और मुस्लिम सांप्रदायिकता के खानों में विभाजित किया गया था। यह भी तय है कि किसी भी सांप्रदायिकता का आधार केवल संकीर्ण मनोवृत्ति, द्वेष, घृणा, हिंसा जैसे विचारों को माना जाता है इसलिए किसी भी व्यक्ति या दल के लिए यह सरल होता है कि वह अपने बयानों, वक्तव्यों या विचारों को बदल दे और असांप्रदायिक हो जाये। इसका अर्थ यह हुआ कि सांप्रदायिकता का कोई ठोस आर्थिक, राजनैतिक और सामाजिक आधार नहीं माना गया, उसे केवल बयानों, वक्तव्यों, आचरण तक सीमित कर दिया गया। जबकि ऐसा नहीं है।

सांप्रदायिक शक्तियों की रणनीति पर यदि विचार किया जाये, तो यह स्पष्ट हो जायेगा कि आज़ादी के बाद मुस्लिम विरोध का स्वर राष्ट्रीय संस्कृतिवाद में इस तरह ढाल दिया गया है कि उसे व्यापक समर्थन मिल गया। सांप्रदायिक शक्तियों ने धर्म-निरपेक्षता को तुष्टिकरण करके खारिज कर दिया और सांप्रदायिकता को अपने विरोधियों के एक ऐसे नारे में बदल दिया जिसका उद्देश्य केवल सत्ता प्राप्त करना बताया गया। इस तरह लोकतांत्रिक और वामपंथी राजनीतिक शब्दावली से दो शब्द हटा ही दिये गये। इससे पहले कि लोकतांत्रिक वामपंथी ताकतें कुछ सोच-समझ पातीं, राष्ट्रीय संस्कृतिवाद से हल्ला बोल दिया गया। अब स्थिति यह है कि धर्म निरपेक्षता चलती नहीं और सांप्रदायिकता विरोध केवल एक खोखला नारा होकर रह गया है। 'झंडा ऊँचा रहे हमारा' जैसे नारे अधूरे हैं और सांस्कृतिक राष्ट्रवाद का जवाब नहीं हो सकते। कांग्रेस और वामपंथी दलों के पास राष्ट्रीय संस्कृतिवाद की

टक्कर में कुछ नहीं है, क्योंकि उन्होंने सांप्रदायिकता को पूरे सामाजिक-आर्थिक परिप्रेक्ष्य में परिभाषित करके सैद्धान्तिक आधार विकसित नहीं किये हैं। जिस गति से विकास होना चाहिए था, संस्थाओं का निर्माण और लोकतांत्रिक व्यवस्थाओं का विकास होना चाहिए था, लोकतांत्रिक माहौल बनना चाहिए था, वह नहीं बन सका। यानी सांप्रदायिक शक्तियों को लोकतांत्रिक चुनौती नहीं मिल पाई। यदि लोकतांत्रिक वामपंथी शक्तियाँ कोई ऐसा एजेंडा सामने लातीं जिससे हमारी जर्जर समाज व्यवस्था हिल जाती और आगे बढ़ने के रास्ते साफ़ नज़र आते, जनहित सर्वोत्तम ठहराया जाता, तो सांप्रदायिक शक्तियाँ मंदी पड़तीं। उदाहरण के लिए कांग्रेस राजीव गाँधी के समय में यह कह सकती थी कि कांग्रेस ने 1952 में ग्रामीण क्षेत्रों की ज़मीदारी खत्म की थी और 1985 में शहरी क्षेत्रों की 'ज़मीदारी' खत्म कर रही है। यदि यह नारा दिया गया होता और इस पर प्रभावकारी ढंग से काम किया गया होता, तो जनता के जीवन स्तर और सरकार के संसाधनों में बढ़ोतरी होती और राष्ट्रीय बहस लोकतांत्रिक वामपंथी दलों के हाथ में रहती। न्याय व्यवस्था में आमूल परिवर्तन, सरकारी कर्मचारियों को जवाबदेही के घेरे में लाना, भ्रष्टाचार उन्मूलन के परिणाम देने वाले कार्यक्रम, प्रशासन को संवेदनशील और भारतीय परिस्थितियों के अनुकूल बनाना, शोषण के नये तरीकों को खत्म करना आदि ऐसे काम हो सकते थे जो समाज की पूरी धारा को मोड़ देते और उस वातावरण में कोई राम मन्दिर और बाबरी मस्जिद की बात सुनने को तैयार न होता। लेकिन हम सब जानते हैं कि ऐसा नहीं हुआ। यदि कुछ किया भी गया तो वह छद्म था और उसका कोई प्रभाव लोगों के जीवन पर नहीं पड़ा। लोकतांत्रिक और वामपंथी दल इमरजेंसी के बाद वैचारिक रूप से दिवालिये हो चुके थे। इमरजेंसी से कोई सहमत नहीं हो सकता, पर इतना तय है कि सरकार यदि दृढ़ता से कुछ करना चाहती है, तो कर सकती है, बशर्ते कि लोग उसके पीछे हों और उद्देश्य सही हो तथा परिणाम जनहित में निकल रहे हों।

आज स्थिति भयावह है। सांप्रदायिक शक्तियाँ न केवल राजसत्ता में हैं, बल्कि इतनी सशक्त हैं कि संसद, सुप्रीम कोर्ट तक की अवहेलना कर सकती हैं, न केवल उनके पास अपार धन है बल्कि अपार बल भी है। यही नहीं उनके पास चतुराई और चालाकी भी है। विपक्ष या लोकतांत्रिक और वामपंथी दलों के पास न तो इतने साधन हैं और न कोई ऐसी प्रभावकारी रणनीति है जो सांप्रदायिक शक्तियों का सामना कर सके, हो सकता है सांप्रदायिकता से लड़ाई एक हारी हुई लड़ाई हो। फिलहाल वस्तुस्थिति यही है। इसका सबसे बड़ा कारण कांग्रेस का वैचारिक दिवालियापन और वामपंथ की निष्क्रियता है।

सत्ता में रहते हुए दक्षिणपंथी ताकतें शायद उतनी ख़तरनाक न हो सकें जितनी वे विरोधी दल के रूप में हो जायेंगी, गुजरात के चुनावों ने यह प्रमाणित कर दिया

है कि सांप्रदायिक ताकतें अपने झंडे तले बहुसंख्यक समाज को ला सकती हैं। इस कारण सबसे पहले तो ये शक्तियाँ चुनाव के माध्यम से ही सत्ता में आने; लगातार बने रहने का प्रयास करती रहेंगी और अपना फासीवादी एजेंडा लागू करती रहेंगी। यदि यह संभव न हो पाया, तो वे शक्ति प्रदर्शन का प्रयोग कर राजसत्ता हासिल करेंगी। विश्व के इतिहास में यह कोई अनहोनी घटना न होगी, एक करोड़ लोग संसद को घेर सकते हैं। सरकार से इस्तीफा लेकर अपनी पसंद की सरकार और नया संविधान बना सकते हैं। कहने का तात्पर्य यह है कि खतरा फासीवादी दल से नहीं, बल्कि फासीवादी दल के व्यापक जन-समर्थन से पैदा होता है।

आज देश की अर्थव्यवस्था पूरी तरह अंतरराष्ट्रीय मुद्रा कोष, बहुराष्ट्रीय कंपनियों की गिरफ़्त में आ चुकी है। पन्द्रह-बीस वर्ष पहले जो आर्थिक सुधार सरलता से किये जा सकते थे, वे अब नहीं हो सकते। लगता यह है कि सरकार चाहे जिस दल की हो, आर्थिक नीतियाँ पूँजीवाद के हित में रहेंगी। ऐसी स्थिति में वर्तमान सामाजिक ढाँचा जस-का-तस रहेगा और उसका पूरा लाभ दक्षिणपंथी सांप्रदायिक राजनीति को मिलता रहेगा। विश्व पूँजीवाद की रुचि भारत की समस्याओं के समाधान में नहीं, बल्कि भारत जैसे विशाल बाज़ार पर अपना अधिकार जमाये रखने में है, जिसके लिए केवल इतनी शान्ति की आवश्यकता पड़ती है कि लोग बेचने-खरीदने की स्थिति में बने रहें। इस तरह भारतीय समाज की सांप्रदायिकता विश्व पूँजीवाद के रास्ते में नहीं आती। विश्व पूँजीवाद सांप्रदायिक शक्तियों को अपना एजेंडा लागू करने की पूरी छूट देता है। यह भारतीय सांप्रदायिक राजनीति को विश्व पूँजीवाद का समर्थन है।

प्रश्न यह पैदा होता है कि ऐसी भयावह स्थिति में लोकतांत्रिक वामपंथी शक्तियाँ फासीवाद से, जो अब तक लोकतंत्र के छद्म रूप में मौजूद है, कैसे संघर्ष कर सकती हैं? सबसे पहले वैचारिक दिवालियेपन से निकलना होगा। कांग्रेस को एक जीवन्त और गतिशील नेतृत्व और कार्यक्रम की आवश्यकता है। सोनिया गाँधी या प्रियंका गाँधी से काम नहीं चलेगा। वामपंथी राजनीति को भी नयी परिस्थितियों में अपनी नयी रणनीति तय करनी होगी और केवल जोड़-तोड़ की राजनीति में लगे आधारहीन और चुके हुए नेतृत्व से अपना पीछा छुड़ाना पड़ेगा।

दरअसल सांप्रदायिकता से संघर्ष एक राजनैतिक संघर्ष है। अब तक हम इसे सामाजिक-सांस्कृतिक संकट के रूप में देखते आये हैं। यही कारण है कि किसी लोकतांत्रिक वामपंथी दल ने सांप्रदायिकता को कभी गंभीरता से नहीं लिया। वामपंथी दलों ने तो 'सहमत जन नाट्यमंच', 'जनवादी लेखक संघ', 'इप्टा' जैसे सांस्कृतिक संगठनों के कमज़ोर कंधों पर इसका पूरा भार डाल दिया और सिर्फ़ पीठ थपथपाने का काम करने लगे।

लोकतांत्रिक और वामपंथी शक्तियों को कुछ निकट आकर प्रभावकारी और परिणामकारी राजनीति करनी होगी। अब तक देश की राजनीति का स्वरूप एकांगी है। सरकार के समान्तर संगठनों का बनाया जाना, उसमें लोगों की भागीदारी और उसे परिणामकारी बनाने से ही लोगों का विश्वास जीता जा सकता है; सही मुद्दे सामने आ सकते हैं, लोगों के जीवन में परिवर्तन की लहर आ सकती है। लेकिन यह हिमालय की चोटी फतेह करने वाला काम कठिन और गंभीर है। इस पर राष्ट्रीय परिसंवाद की आवश्यकता है।

एक लोहार की

देश आज़ाद नहीं हुआ था, लेकिन पूरी उम्मीद थी कि आज़ादी मिल जायेगी, तो देश में यह बहस हुआ करती थी कि आज़ादी के बाद यहाँ कैसी व्यवस्था बननी चाहिए। लोकतंत्र के पक्ष और विपक्ष में लोग थे और यह चर्चा भी होती थी कि यदि लोकतंत्र स्थापित किया जायेगा, तो यह किस तरह का लोकतंत्र होगा? लोकतंत्र पर सवाल उठाये जाते थे।

उर्दू के कवि आनन्द नरायण मुल्ला का यह शे'र पढ़ा जाता था—

इस आवामी दौर में मुल्ला वही दाना है आज
जिसके हक़ में कुछ सिवा अंधों की रायें हो गयीं।

सीधा-सा मतलब है कि लोकतंत्र में वही बुद्धिमान माना जायेगा जिसके पक्ष में कुछ अधिक 'अंधे लोगों' ने अपना मत दे दिया। इस तरह के विचारों पर प्रतिक्रियाएँ भी होती थीं और बहस भी। लेकिन आख़िरकार हमने संसदीय लोकतंत्र को स्वीकार कर लिया।

देश को लोकतंत्र अपनाये आधी शताब्दी से अधिक समय हो गया है। लोकतंत्र ने देश को तरह-तरह से प्रभावित किया है और अपने भी रूप बदले हैं लेकिन आज देश में लोकतंत्र के स्वरूप, उसकी उपादेयता, भूमिका और सीमाओं पर कोई चर्चा नहीं होती। क्या हमारा लोकतंत्र बिलकुल ठीक चल रहा है? कोई समस्या नहीं है? क्या लोग लोकतंत्र पर पूरा विश्वास करते हैं?

लोकतंत्र की सर्वोच्च संस्था संसद है। संसद आज किस स्थिति में है, यह किससे छिपा है? संसद में चुनकर आये प्रतिनिधियों के बारे में लोग जानते हैं कि वे प्रायः जातीय समीकरण द्वारा चुने जाते हैं या चुनाव में पैसा खर्च करके चुनाव जीतते हैं। इसलिए यह नहीं कहा जा सकता कि सांसद वास्तव में जनता के प्रतिनिधि हैं।

संसदीय लोकतंत्र कानून, व्यवस्था, प्रशासन, न्यायपालिका को निर्धारित करता है। आज लोकतंत्र के तीनों स्तंभों की हालत क्या है? इलाहाबाद हाईकोर्ट के बारे में सुप्रीम कोर्ट की टिप्पणी ने स्पष्ट कर दिया है कि लोकतंत्र ने देश में कैसी न्याय व्यवस्था बनायी है। प्रशासन की स्थिति दयनीय है। गंभीर अपराध बहुत

बढ़े हैं। भ्रष्टाचार ने अकल्पनीय रिकॉर्ड बनाये हैं।

क्या संसदीय लोकतंत्र ने एक ऐसी व्यवस्था बना दी है जो देश और देशवासियों की आकांक्षाओं पर पूरी नहीं उतर रही है? अगर ऐसा है तो लोकतंत्र पर बहस क्यों नहीं होती? लोकतंत्र पर बहस शायद इसलिए नहीं होती कि हमारे देश में लोकतंत्र के आधार पर जैसी भी सत्ता बनी है, वह बहुत सशक्त हो गयी है। वह किसी तरह का परिवर्तन नहीं चाहती उसे इस स्थिति में ही लाभ है। यही वजह है कि यथास्थिति को चुनौती देने वाली किसी भी बहस को शुरू नहीं होने दिया जाता।

एक बार उत्तर प्रदेश के एक विधायक से मैंने पूछा था कि उनको क्षेत्र के विकास के लिए जो राशि मिलती है, उसे कैसे खर्च किया जाता है। विधायक महोदय ने मेरी तरफ़ बड़ी उपेक्षा और गुस्से से देखा था। पर इतना काफ़ी नहीं था। उन्हें इसका जवाब तो देना ही था। वे बोले थे, "जहाँ ज़रूरी होता है। वहाँ वह राशि खर्च की जाती है।"

मैंने अगला सवाल किया था—"यह फैसला कौन करता है कि कहाँ, कितना पैसा किस तरह खर्च करना है?" मेरे इस सवाल पर विधायक महोदय तो कुछ नहीं बोले थे, पर उनके चमचों ने दूसरा प्रसंग छेड़ दिया था। मेरी बात का जवाब नहीं दिया गया था।

हमारे देश में ही नहीं, पूरी दुनिया के हर आदमी पर कुछ-न-कुछ जवाबदेही बनती है। नौकरीपेशा, व्यापारी, मज़दूर, किसान सब जवाबदेही के घेरे में आते हैं, लेकिन हमारे सांसद और विधायक जवाबदेही से बड़ी सीमा तक मुक्त हैं। एक बार चुनाव जीतकर संसद या विधान सभा में आ जाने के बाद वे किसी भी प्रकार की जवाबदेही से मुक्त हो जाते हैं। चूँकि कानून बनाने वाले भी वही हैं। इसलिए उन्होंने अपने लिए कोई असुविधाजनक कानून नहीं बनाया है। विधायक और सांसद अपनी राशि कैसे, कहाँ, किस तरह खर्च करते हैं, यह जनता को कभी पता नहीं चलता। वे संसद-विधानसभा में कितनी बार जाते हैं और क्या करते या बोलते हैं, यह भी जनता को नहीं मालूम होता। वे अपने चुनाव क्षेत्र में कितना समय बिताते हैं, यह भी जानकारी नहीं मिलती।

जनता के प्रति किसी भी तरह की ज़िम्मेदारी से मुक्त सांसद या विधायक पाँच साल आराम से काटकर अगले चुनाव के लिए स्वयं अपनी जवाबदेही के ही पाबंद होते हैं।

दिल्ली के आस-पास अपराध और हिंसा की घटनाओं, 'रोड रेज' में की गयीं हत्याओं, खाप पंचायतों द्वारा प्रेमियों को फाँसी पर चढ़ा देने के मामलों, प्रॉपर्टी के विवाद में सनसनीखेज़ और नाटकीय अपराधों, बच्चों और महिलाओं के प्रति संगीन अपराधों ने सबका ध्यान आकर्षित किया है। इतना तो तय है कि दिल्ली और उसके आस-पास रहने वालों में एक विशेष प्रकार की आक्रामकता, हिंसा, प्रतिशोधात्मकता, कानून और व्यवस्था की अवहेलना, अहंकार और आडम्बर की प्रवृत्ति बढ़ रही है।

पिछले दिनों मेघालय के एक छोटे से कस्बे तुरा में हिन्दी पढ़ने वाली एक छात्रा, जो दिल्ली देख चुकी थी, अपने अनुभव बता रही थी। मेरे यह पूछने पर कि उसे दिल्ली में सबसे अधिक खराब क्या लगा? लड़की ने फौरन कहा, "दिल्ली के लोग।" कौन हैं दिल्ली के लोग? दिल्ली के पुराने लोग जो पुरानी दिल्ली में रहते हैं, भारत विभाजन के बाद पंजाब से आने वाले शरणार्थी जो नयी दिल्ली में रहते हैं। भारत के अन्य शहरों से आये लोग जो नयी दिल्ली के विस्तार क्षेत्र में रहते हैं और दिल्ली के आस-पास के ग्रामीण इलाकों में बसे वे लोग जो विशेष जातिगत समुदायों, बिरादरियों से संबंध रखते हैं। इन सब लोगों से मिलकर बनते हैं—दिल्ली के लोग।

थोड़ा इतिहास में जायें तो दिल्ली के आस-पास बसने वालों के बारे में कुछ महत्त्वपूर्ण जानकारियाँ मिलती हैं। मध्यकाल में कुछ क्षेत्रों को 'ज़ोर तलब' इलाका अर्थात् ऐसे क्षेत्र जहाँ 'शक्ति प्रदर्शन' आवश्यक है, कहा जाता था। दिल्ली के आस-पास का इलाका भी 'ज़ोर तलब' इलाका माना जाता था। यही कारण है कि 1803 में जब लॉर्ड लेक ने दिल्ली पर अधिकार जमाया तो उसने अपनी सेना को दिल्ली के ग्रामीण इलाकों में लूटमार और हत्याएँ आदि करने का आदेश दिया था। माना जाता था कि इस इलाके में अपनी प्रभुसत्ता स्थापित करने के लिए यह किया जाना ज़रूरी है।

दिल्ली के आस-पास प्रायः ऐसे जाति समूह बसे हैं जो अपनी मूल प्रकृति में कबीले जैसे हैं और उनकी सामाजिक संरचना में स्वायतत्ता का बड़ा महत्त्व है। यहाँ कबीले के अन्दर और बाहर व्यवहार में लायी जाने वाली नैतिकता अलग होती है। बिरादरी की संरचना का ढाँचा बहुत मज़बूत होता है।

दिल्ली के विकास के कारण आस-पास के इलाकों में बड़ी संपन्नता आ गयी है। आज़ादी से पहले लगभग उपेक्षित जातियों के नेता सांसद और मंत्री बनने लगे हैं। इस तरह इन बिरादरियों के पास धन और राजनैतिक शक्ति दोनों का गठजोड़ हो गया है। इन क्षेत्रों में शिक्षा का प्रसार हुआ है। लेकिन उतना नहीं जितना अपेक्षित था। दूसरी बात यह है कि शिक्षा के प्रसार ने यहाँ के लोगों की बुनियादी संरचना पर बहुत असर नहीं डाला है।

वैसे भी दिल्ली सत्ता का केन्द्र है। सत्ता और हिंसा का तो पुराना साथ है।

चीन जैसी दीवार

क्या हिन्दुस्तान में भी चीन की विश्व प्रसिद्ध दीवार जैसी कोई दीवार थी? आमतौर पर इतिहास की उपलब्ध किताबें और दीगर दस्तावेज़ भारत में चीन जैसी किसी दीवार के होने की बात नहीं करते। और फिर अगर हमारे देश में चीन जैसी कोई दीवार थी तो वह चली कहाँ गयी? उसके बारे में कुछ लिखा क्यों नहीं गया?

चीन की विश्व प्रसिद्ध दीवार के बारे में कहा जाता है कि यह मनुष्यों द्वारा निर्मित अकेला निर्माण है जो अन्तरिक्ष से भी दिखता है। इसका सीधा मतलब यही हुआ कि हमारे देश में चीन जैसी दीवार होती तो उसकी जानकारी हमें ही नहीं पूरे संसार को होती। तो सच्चाई क्या है? क्या हिन्दुस्तान में चीन जैसी कोई दीवार नहीं थी? इतिहास अपने गर्भ में अनगिनत रहस्य छिपाये हुए है।

इतिहास के शोधकर्ता हमें वह सब बताते हैं, जिसकी हमने कभी कल्पना भी नहीं की होगी, इतिहास के एक ब्रिटिश शोधार्थी रॉय मोक्सहम (Roy Moxham) ने पहली बार हमें बताया है कि हिन्दुस्तान में भी चीन जैसी एक दीवार थी। यह मामूली दीवार न थी। इसकी लम्बाई दो हज़ार मील से अधिक थी। यह लगभग पूरे देश को दो हिस्सों में बाँटती थी, यह पेशावर से शुरू होती थी और दिल्ली, आगरा, झाँसी, सागर, होती हुई नर्मदा को पार करती थी और फिर खंडवा, बुरहानपुर से पूर्व की ओर मुड़ जाती थी, चंदरपुर होती हुई यह संभलपुर (कर्नाटक) में जाकर समाप्त होती थी। इस दीवार की देखभाल करने के लिए 12,000 आदमियों के अतिरिक्त सैकड़ों घोड़े और कुत्ते रखे जाते थे।

यह विशाल दीवार चीन की दीवार की तरह पत्थरों की नहीं थी, यह दीवार काँटेदार झाड़ियों, थूहड़, बबूल, बाँस और ऐसे पौधों से बनायी गयी थी जिनमें नुकीले काँटे होते हैं और इस कारण दीवार को पार नहीं किया जा सकता था। इसकी चौड़ाई पंद्रह से बीस फीट थी और ऊँचाई भी बीस फीट के आसपास थी।

यह दीवार इतिहास के गर्भ से बाहर कैसे निकली? यह एक रोचक कहानी है। दीवार की खोज का पूरा श्रेय रॉय मोक्सहम को जाता है जो लंदन यूनिवर्सिटी पुस्तकालय में दस्तावेज़ों आदि के संरक्षण के इंचार्ज हैं। वे 1990 से लगातार भारत

आते रहे हैं। भारतीय इतिहास में उनकी गहरी रुचि है जिसके परिणामस्वरूप उन्होंने भारत में चीन जैसी दीवार के अस्तित्व को खोज निकाला है और उस पर कई साल की मेहनत के बाद उनकी एक पुस्तक भी प्रकाशित हुई है। पुस्तक का नाम *द ग्रेट डेज़ ऑफ इंडिया* है।

इतिहास के जानकार और समर्पित शोधकर्ता रॉय मोक्सहम को सर डब्ल्यू. एच. सलीमान की पुस्तक *Rambles and Recollections of an Indian Official* सेकेंड हैंड किताबों की एक दुकान से मिल गयी थी। इस पुस्तक में बहुत संक्षेप में लेखक ने किसी अन्य लेखक द्वारा इस दीवार के बारे में दी गयी टिप्पणी का उल्लेख किया था। ये केवल कुछ पंक्तियाँ थीं।

रॉय मोक्सहम इन पंक्तियों के आधार पर अपनी खोज में जुट गये। महीनों की मेहनत, सैकड़ों दस्तावेज़ों, दसियों पुराने नक्शों को पढ़ने, उनकी पड़ताल करने के बाद एक दिन मोक्सहम को हिन्दुस्तानी कस्टम डिपार्टमेंट की वार्षिक रिपोर्ट वर्ष 1869-70 मिल गयी। इस रिपोर्ट में हिन्दुस्तानी दीवार के बारे में विस्तृत जानकारी थी।

दस्तावेज़ के अनुसार ईस्ट इंडिया कंपनी ने प्रमुखतः नमक पर तथा अन्य उपभोक्ता वस्तुओं पर टैक्स वसूल करने के लिए यह दीवार बनायी थी और यह 'कस्टम लाइन' कहलाती थी। इस दस्तोवज़ में दीवार की लम्बाई 2,504 मील बताई गयी थी। दीवार जहाँ सुविधा थी वहाँ हरी काँटेदार झाड़ियों आदि से बनायी गयी थी और कहीं-कहीं यह दीवार सूखे काँटेदार झाड़-झंखाड़ की थी। जिस क्षेत्र में पेड़-पौधे न थे वहाँ दीवार पत्थर की थी।

गाँधीजी का नमक सत्याग्रह राष्ट्रीय आंदोलन की पहचान बन गया है। ईस्ट इंडिया कंपनी तथा बाद में अंग्रेज़ी सरकार द्वारा हिन्दुस्तान की जनता पर जिस निर्ममता से टैक्स लगाये गये थे, उसकी एक जीती-जागती मिसाल रही होगी यह काँटेदार दीवार, जो देश को दो हिस्सों में बाँट देती थी।

भारतीय विद्वानों ने ही नहीं, अंग्रेज़ अधिकारियों ने भी इस अमानवीय टैक्स वसूल करने की पद्धति के खिलाफ लिखा है और कहा गया है कि 'धन के लालच' में मनुष्यता का ऐसा पतन कम ही देखने में आता है। मोक्सहम ने अपनी पुस्तक में साफ़ लिखा है कि नमक टैक्स ब्रितानी लालच की पैदावार था : पहले ईस्ट इंडिया कंपनी के अधिकारियों के लालच, उसके बाद स्वयं ईस्ट इंडिया कंपनी और उसके हिस्सेदारों का लालच और अन्त में ब्रिटिश सरकार, उनकी संसद और मतदाताओं का लालच।

नमक, शक्कर, तम्बाकू पर टैक्स वसूल करने के लिए शहरों के बाहर चौकियाँ बनाये जाने वाली व्यवस्था को अंग्रेज़ों ने दोषपूर्ण पाया और 1823 में कमिश्नर, कस्टम, आगरा के सुझाव पर गंगा नदी के दक्षिणी किनारे पर इलाहाबाद से मिर्जापुर

तक ‘कस्टम लाइन’ बनायी गयी।

1854 में कस्टम लाइन इतनी बढ़ चुकी थी कि इसका बजट 790,000 रुपये हो गया था और इसके कर्मचारियों की संख्या 6,600 थी। कस्टम लाइन अर्थात् कँटीली दीवार में हर मील के बाद एक फाटक हुआ करता था। एक मील तक देखभाल की ज़िम्मेदारी एक ज़मादार की होती थी, रात में यहाँ गश्त होती थी।

1869 से 1870 के बीच इस कँटीली दीवार के कारण 12,500,000 रुपये वसूल किये गये। 1873 में हरी और सूखी कँटीली दीवार की लम्बाई 1,248 मील हो गयी थी। इस दीवार की सुरक्षा देखभाल और टैक्स वसूल करने के लिए 14,000 लोगों की सेना रात-दिन काम करती थी और यह संख्या लगातार बढ़ रही थी। बिना टैक्स दिये सामान निकाल लिये जाने का जुर्माना प्रायः आठ रुपये हुआ करता था।

उस ज़माने में खेतिहर मज़दूरों को तीन रुपये महीना वेतन मिला करता था। इस दृष्टि से जुर्माना बहुत ज़्यादा था और जुर्माना न चुका पाने की सूरत में छः महीने का कठोर कारावास दिया जाता था।

1879 के आस-पास यह अनुभव किया गया कि उत्पादन के मूल स्थान पर टैक्स वसूल करना कहीं अधिक सरल और लाभकारी है। इसलिए कँटीली दीवार को समाप्त करने का निर्णय ले लिया गया और वह इतिहास बन गयी।

दस्तावेज़ों, पत्रों-नक्शों आदि में कँटीली दीवार के बारे में पूरी जानकारी लेने के बाद रॉय मोक्सहम ने कमर कसी इस दीवार को खोजने के लिए, उनका मानना था कि इतनी बड़ी और लम्बी-चौड़ी दीवार के अवशेष कहीं तो मिलेंगे। उन्हें संभवतः यह पता नहीं था कि दीवार खोजने का काम कितना कठिन होगा।

अपने साथ पुराने नक्शों से एकत्रित की गयीं जानकारियाँ आदि लेकर मोक्सहम 1996 में भारत आये। वे अपने परिचितों के साथ झाँसी में रहने का प्रोग्राम बनाकर आये थे, क्योंकि नक्शे के अनुसार कस्टम हेज (Hedge) झाँसी के एक गाँव के पास से गुजरती थी और मोक्सहम को लगता था उसके कुछ हिस्से वहाँ देखे जा सकते हैं।

‘कस्टम हेज’ लाइन कभी-कभी थोड़ी-बहुत बदलती भी रही है। मोक्सहम ने तय किया कि 1869-79 के बीच लाइन की जो पोजीशन थी उसके अनुसार खोज की जायेगी। वे झाँसी के आस-पास नक्शे और अपने अनुमान के अनुसार भटकते रहे, पर कुछ हाथ नहीं लगा। मोक्सहम को लगा उनके पास बड़ा नक्शा होना चाहिए, नहीं तो ‘कस्टम हेज’ नहीं खोज पायेंगे।

मोक्सहम 1997 में फिर भारत आये। इस बार उनके पास बड़ा नक्शा था। उन्हें आशा थी कि ग्वालियर और आगरा के आस-पास वे ‘कँटीली दीवार’ के अवशेष खोज लेंगे। लेकिन यहाँ आने पर पता लगा कि वे जो नक्शे लाये हैं उनमें गलती

है। फिर भी वे अपने अनुमान से 10-15 दिन झाँसी, आगरा, फ़र्रुखाबाद आदि जिलों के 'ग्रामीण क्षेत्रों' में 'कस्टम हेज' को तलाश करते रहे।

एक साल बाद फिर मोक्सहम ने 'कस्टम हेज' की खोज में भारत-यात्रा की, लेकिन इस बार भी उन्हें सफलता नहीं मिली। उन्हें लग चुका था कि नयी सड़कें बनने, नहरें निकलने, खेती में सुधार और आबादी बढ़ जाने के कारण 'कस्टम हेज' समाप्त हो गयी। लेकिन उन्हें आशा थी कि उन इलाकों में जहाँ खेती अच्छी नहीं होती, ऊबड़-खाबड़ ज़मीन है, वहाँ 'कँटीली दीवार' के कुछ हिस्से शायद देखे जा सकें।

1876 के नक्शे के अनुसार 'कस्टम हेज' आगरा के दक्षिण-पूर्व में दो नदियों यमुना और चम्बल के बीच से गुज़रती है। इसी नक्शे के अनुसार 'कस्टम हेज' चाका नगर गाँव से होती हुई जाती है। चाका नगर जाने के लिए वह कानपुर से बस में बैठकर बँकेवर पहुँचे। यहाँ से ताँगा लिया और लखना आये और फिर यमुना को पार करके चाका नगर पहुँचे।

चाका नगर में एक स्थानीय बूढ़े सज्जन नौबाल सिंह से जब 'कस्टम हेज' के बारे में पूछा गया कि क्या वह गाँव के पास से गुज़रती है तो उन्होंने झट कहा, ''आप लोग 'परमट लैन' के बारे में पूछ रहे हैं।'' मोक्सहम को याद आया उन्होंने कुछ दस्तावेज़ों में 'कस्टम हेज' के लिए 'परमानेंट लाइन' शब्द भी पढ़ा था। अब बात साफ़ हो गयी थी। लेकिन त्रासदी यह पता चली कि कोई पचास साल पहले 'कस्टम हेज' सड़क के नीचे आ गयी थी।

लेकिन मोक्सहम ने फिर भी हिम्मत नहीं हारी। वे अपनी दिशा में आगे बढ़े और अगले गाँव पाली पहुँचे। यहाँ लोगों को 'परमानेंट लाइन' के बारे में जानकारी थी, पर यहाँ भी वह सड़क के नीचे आ गयी थी।

लेकिन ऐसे कठिन मौके पर श्री पी.एच. चौहान मिले और उन्होंने बताया कि 'परमानेंट लाइन' यहाँ से गुज़रती थी। वह सड़क के नीचे आ गयी है। पर एक भाग बचा हुआ है। यह सुनकर मोक्सहम को लगा कि उनकी सालों की मेहनत रंग ले आयी है। वे चौहान साहब के साथ 'काँटों की दीवार' के अवशेष के पास गये। उन्होंने देखा कि बीस फीट ऊँची और दस फीट चौड़ी ज़मीन पर काँटेदार पेड़ और दूसरी झाड़ियाँ और थूहड़ आदि के पौधे छितरे पड़े हैं। चौहान साहब ने कहा, "यही है 'परमानेंट लाइन'।" मोक्सहम प्रसन्न हो गये। फोटो आदि खींची गयी। इतिहास के गर्भ से एक नयी खोज संसार के सामने आ गयी।

शर्म उनको मगर नहीं आती

सार्वजनिक तरीके से हमारे देश में जितना झूठ बोला जाता है, उतना संसार के शायद ही किसी अन्य देश में बोला जाता होगा। यह झूठ बहुत बड़े मंचों से राष्ट्रीय स्तर के नेताओं द्वारा बोला जाता है। सत्ता और राजनीति के गलियारों में बोले गये इस झूठ का सीधा असर नौकरशाही से होता हुआ आम लोगों तक पहुँच जाता है। यही कारण है कि पिछले पचास साल हमारे सामाजिक जीवन के पतनशील वर्ष कहे जाते हैं। यह सोचकर आश्चर्य होता है कि यह वही देश है जहाँ महान राष्ट्रीय आंदोलन चला था और जिसके दौरान सच्चाई, ईमानदारी और त्याग के अद्भुत उदाहरण पेश किये गये थे।

पचास साल में हमारा समाज कहाँ से कहाँ पहुँचा है। पतनशीलता का यह युग प्रसिद्ध हिन्दी कवि रघुवीर सहाय के शब्दों में 'लज्जित और पराजिता' का युग है। मानवीय संबंध और पारिवारिक संबंधों के टूटने की गाथाएँ लगातार छपती रहती हैं। सोचने की बात यह है कि हमारे समाज का इतना विघटन क्यों हो गया है? क्या केवल राजनीति ने हमें यहाँ पहुँचाया है? क्या केवल बाज़ारवाद ने हमसे सब मूल्य छीन लिये हैं? क्या केवल प्रगति और प्रतिस्पर्द्धा की दौड़ का हम शिकार हो गये हैं? पतनशीलता के कारणों की खोज करने से पहले यह सोचना भी ज़रूरी है कि हमारे समाज में पहले क्या था जो हमें 'रोके' रहता था और अब क्या है जो 'हमें', 'रोक' नहीं सकता।

समाज को संचालित राजनीति नहीं बल्कि संस्कृति करती है। यही कारण है कि सुसंस्कृत देश प्रायः राजनैतिक उलट-फेर के दौरान भी अपनी सांस्कृतिक विरासत के कारण अपनी अस्मिता को बचाये रखते हैं। इसका एक उदाहरण हंगरी है जहाँ पचास साल के कम्युनिस्ट शासन के बाद जब राजनैतिक उलट-फेर हुआ तो उसमें कोई हिंसा नहीं हुई। यहाँ तक कि कम्युनिस्ट नेताओं की प्रतिभाओं को ध्वस्त नहीं किया गया, बल्कि उन्हें शहर के बाहर एक पार्क में स्थापित कर दिया गया। यह 'मूर्ति पार्क', 'कम्युनिस्ट हंगरी' का एक संग्रहालय बन गया है। समाज का यह दृष्टिकोण राजनीति ने नहीं, बल्कि संस्कृति ने बनाया है। इस तथ्य को स्वीकार किये

जाने के कारण ही वहाँ प्रमुख स्थानों और चौराहों के नाम कवियों, लेखकों, अभिनेताओं, कलाकारों के नाम पर रखे जाते हैं। सत्ता परिवर्तन के कारण आज के महान नेता कल खलनायक बन सकते हैं, लेकिन बड़ा कलाकार हमेशा बड़ा बना रहता है।

संस्कृति सामाजिक आचार संहिता का निर्माण करती है जिसके परिणामस्वरूप समाज मूल्य अर्जित करता है। इन्हीं मूल्यों के कारण समाज चलता और बढ़ता है। यह सर्वविदित है कि किसी भी समाज को चलाने के लिए हर आदमी के पीछे सिपाही नहीं लगाया जा सकता और न किसी और तरह का नियंत्रण काम कर सकता है। उदाहरण के लिए अतिथि को 'देवता समान' समझने की धारणा उच्च सांस्कृतिक मूल्यों द्वारा निर्मित होती है। इसी तरह सत्य, न्याय, सौहार्द, प्रेम, त्याग, अहिंसा, समता, मानवीयता जैसे मूल्य सांस्कृतिक परिवेश और अंततः संस्कार बनाते हैं।

संस्कृति द्वारा संस्कार निर्माण की प्रक्रिया के बारे में प्रसिद्ध समाजशास्त्री प्रो. प्रवीन पटेल ने समाजशास्त्र का रोचक और स्थापित तथ्य सामने रखा है। वे कहते हैं कि संस्कृति द्वारा संस्कार निर्मित होने की प्रक्रिया दो तरह से संचालित होती है। पहली प्रक्रिया को 'सेन्स ऑफ़ गिल्ट' कहा जाता है। इससे मतलब यह है कि मनुष्य के मन में यह धारणा बहुत अच्छी तरह स्थापित हो जाती है कि उसे क्या करना है और क्या नहीं करना। दूसरी ओर महत्त्वपूर्ण बात यह है कि मनुष्य अपने मन में बैठी धारणा के विपरीत काम करेगा तो उसे उसका 'गिल्ट' परेशान करता रहेगा। उसकी अंतरात्मा उसे कचोटती रहेगी कि उसने गलत काम किया है और वह कभी इस गिल्ट से मुक्त नहीं हो पायेगा। इसलिए 'सेन्स-ऑफ़ गिल्ट' से संचालित संस्कार समाज के हर सदस्य को व्यक्ति के रूप में बाँधे रखते हैं। माना जाता है कि प्रायः योरोपीय संस्कृति में संस्कारों का निर्माण 'सेन्स ऑफ़ गिल्ट' की प्रक्रिया से होता है।

संस्कार निर्मित और संचालित होने की दूसरी प्रक्रिया 'सेन्स ऑफ़ शेम' पर केन्द्रित होती है। मतलब यह कि समाज में व्यक्ति के संस्कार इस कारण बनते हैं कि उसे यह डर लगता है कि गलत काम करने पर वह पकड़ा जायेगा और परिवार, मोहल्ला, बिरादरी, समाज को जब इसका पता चलेगा तो उसे कितनी शर्म आयेगी और अपमानित होना पड़ेगा। उदाहरण के लिए कोई व्यक्ति किसी दूसरे व्यक्ति को इसलिए धोखा नहीं देता कि उसे परिवार, समाज और बिरादरी द्वारा शर्म दिलाये जाने का भय है। 'लोग क्या कहेंगे' हमारे समाज की एक ऐसी अभिव्यक्ति है जो 'शर्मजनित संस्कार' की संपूर्ण अभिव्यक्ति कही जा सकती है। मतलब यह है कि काम बुरा है पर उससे अधिक बुरा यह है कि 'लोग क्या कहेंगे'।

अब रोचक बात यह है कि 'सेन्स ऑफ़ गिल्ट' द्वारा संचालित संस्कारों में परिवार, समाज और बिरादरी की कोई भूमिका नहीं होती। जबकि 'सेन्स ऑफ़ शेम' वाले संस्कार पूरी तरह शर्म दिलाने वालों पर आश्रित हैं। अगर शर्म दिलाने वाले

ही न होंगे तो काम कैसे चलेगा। अब सवाल यह है कि ये शर्म दिलाने वाले कौन हैं? परिवार वह पहली और गंभीर संस्था है जो शर्म दिलाने का काम करती रही है। पर आजकल परिवार कहाँ बचे हैं? बच्चे जवान होते ही होस्टलों या बड़े शहरों में चले जाते हैं और वहाँ जो भी करते हैं वह परिवारवालों से छिपा रहता है। इसलिए परिवार तो अब शर्म दिलाने की भूमिका नहीं निभा सकते। मोहल्लेदारी खत्म हो गयी है। अब प्रायः कोई किसी का मोहल्ला नहीं है और न मोहल्ले जैसी पुरानी संस्था है। न कोई बड़ा है जो मुँह बोले ताऊ की भूमिका निभा सके और न कोई छोटा भाई है। मोहल्लेदारी वाले रिश्ते ही नहीं हैं तो वे शर्म क्या दिलायेंगे। और जब शर्म दिलाने वाले ही नहीं बचे तो हमें शर्म क्यों आये? हमने सीखा तो यही है कि जब तक शर्म न दिलाई जाये तब तक सब कुछ ठीक है।

यदि हम ध्यान दें तो यह साफ़ हो जाता है कि भारतीय समाज पिछले पचास सालों में बहुत बदल गया है। विकास नहीं कहना चाहिए, बल्कि फैलाव और वृद्धि की दर बहुत तेज़ी से बढ़ी है। शहरों पर जनसंख्या का इतना दबाव कभी नहीं था, जितना आज है। गाँव या कस्बे बुरी तरह टूट और बदल रहे हैं और इसके परिणामस्वरूप पारम्परिक समाज और उसके संबंधों के टूटने से संस्कृतिजन्य संस्कार भी समाप्त हो गये हैं। अर्थात् 'शेम' आधारित कारक शक्तियाँ समाप्त हो गयी हैं। 'गिल्ट' आधारित कारक शक्तियों से हमारे संस्कार संचालित नहीं होते, क्योंकि यह हमारे लिए नयी और दूर की परिकल्पना है। मोटे शब्दों में कहा जाये तो 'न हम घर के हैं और न घाट' के। ऐसी स्थिति में यह भी संभव नहीं है कि हम 'गिल्ट' से संचालित संस्कारों को तुरन्त स्वीकार कर लें, क्योंकि हमारी योरोपीय परिस्थितियाँ नहीं हैं। यह भी संभव नहीं है कि हम 'शेम' से संचालित संस्कार बनाने वाली परिस्थितियाँ पैदा कर सकें। इस द्वंद्व से निकलने का रास्ता क्या होगा?

भारतीय मुसलमान : विविध पक्ष

भारत में मुस्लिम समाज के स्वरूप और उसकी चुनौतियों तथा बदलते हुए परिवेश में उसकी भूमिका की चर्चा करने से पहले यह समझना आवश्यक है कि भारतीय मुसलमानों में भी वैसी ही विविधता है जैसी किसी अन्य धर्म को मानने वाले भारतीय समूहों में हो सकती है। उदाहरण के लिए कश्मीर और केरल के मुसलमानों का धर्म एक है, लेकिन उनमें बहुत-सी असमानताएँ हैं। भारत का मुस्लिम समाज भौगोलिक क्षेत्रों, संप्रदायों, वर्गों तथा जातियों के आधार पर एक बहुरंगी समाज है। हालाँकि इस्लाम में जाति की परिकल्पना नहीं है, लेकिन भारतीय वर्ण-व्यवस्था के प्रभाव के कारण भारतीय मुसलमान बड़ी हद तक जातियों पर विश्वास करते हैं।

भारतीय मुसलमानों को समझने का कोई भी प्रयास उस समय तक अधूरा रहेगा जब तक इतिहास में जाकर उन घटनाओं और परिस्थितियों का आकलन न किया जाये, जो मुस्लिम समाज को विशेष रूप से उत्तर भारत के मुस्लिम समाज को निर्मित करने का कारण रही हैं। 1857 से पहले देश में सामंतों का प्रभुत्व रहा है जिसमें हिन्दू और मुसलमान दोनों ही सत्ता में हिस्सेदारी किया करते थे। लेकिन 1857 के बाद स्थितियाँ बदलने लगी थीं। 1857 का महाविद्रोह भारतीय जनता—किसानों, कारीगरों, सिपाहियों, भूतपूर्व शासकों, मौलवियों आदि का विद्रोह था जिसमें हिन्दू और मुसलमान सभी शामिल थे, लेकिन अंग्रेज़ों का एक तबका ऐसा भी था जो इस विद्रोह के पीछे मुसलमानों की केन्द्रीय भूमिका को रेखांकित किया करता था। क्रिस्टोफर हिब्बर्ट ने अपनी पुस्तक *द ग्रेट म्युटिनी ऑफ़ इंडिया 1857* में साफ़ लिखा है कि विद्रोह के पीछे 'फक़ीर और मौलवी' थे।

1857 में ईस्ट इंडिया कंपनी की सेना ने उन सभी भारतवासियों को दंडित किया जो विद्रोह में शामिल थे, लेकिन खासतौर पर उनके निशाने पर मुसलमान रहे, जिसका गवाह दिल्ली का इतिहास है। दिल्ली के प्रमुख मुसलमान सामंतों; विद्वानों को फाँसी पर लटकाने के अलावा अंग्रेज़ों ने जामा मस्जिद तथा अन्य धार्मिक स्थलों का अपमान किया था। मुसलमानों को दिल्ली शहर में रहने की अनुमति विद्रोह समाप्त हो जाने के छः महीने बाद मिली थी। मलिका विक्टोरिया के माफ़ीनामे के बाद भी

ब्रिटिश सरकार भारत में मुसलमानों के प्रभुत्व को समाप्त करने के लिए कटिबद्ध थी। जिसकी ओर सर सैय्यद अहमद खाँ ने संकेत किये हैं।

1857 के बाद या उससे पहले कलकत्ता में अंग्रेज़ों का राज स्थापित हो जाने के बाद पाश्चात्य शिक्षा का जो लाभ बंगाल के हिन्दू समाज को मिल रहा था उसके प्रति मुसलमान सशंकित और उदासीन थे। वे पाश्चात्य को अस्वीकार कर रहे थे। यही कारण है कि भारत का मुस्लिम समाज हिन्दू समाज की तुलना में शिक्षा तथा समाज सुधार के क्षेत्र में लगभग सौ साल पीछे हो गया। हिन्दू समाज में सुधार के अग्रदूत राजा राममोहन राय (1774-1833) के लगभग सौ वर्ष बाद मुसलमानों में नयी चेतना का संचार करने का काम सर सैय्यद अहमद खाँ (1817-1898) ने किया था। दरअसल उस युग में; पाश्चात्य शिक्षा मध्यम और उच्च मध्यम वर्ग का निर्माण कर रही थी जिसका अंततः देश की सत्ता पर अधिकार होना था। इस प्रक्रिया में मुसलमान सौ साल पीछे चले गये थे।

सर सैय्यद अहमद खाँ तथा उनकी मंडली के शिक्षा और सुधार आंदोलन के परिणामस्वरूप 19वीं शताब्दी में एक पढ़ा-लिखा मुस्लिम मध्यम वर्ग पैदा हो चुका था, लेकिन 1947 के विभाजन के दौरान यह मध्यम वर्ग पाकिस्तान चला गया और उत्तर भारत के मुसलमानों की वही दशा हो गयी जो 1857 के महाविद्रोह के बाद हुई थी अर्थात् वे नेतृत्व विहीन हो गये; मध्यम वर्ग विहीन समाज बहुत जड़ और अंधविश्वासी समाज होता है; यही स्थिति मुसलमानों की हो गयी थी।

1947 के बाद अब मुस्लिम समाज में एक मध्यम वर्ग पैदा हो चुका है, लेकिन यह हिन्दू समाज के मध्यम वर्ग की तुलना में छोटा तथा उतना प्रभावकारी नहीं है। यही कारण है कि आज मुस्लिम समाज का बड़ा हिस्सा मुल्लाओं, मौलवियों, पीरों, फकीरों आदि के प्रभाव में है। मुस्लिम समाज के ये ठेकेदार विभिन्न राजनैतिक दलों से समय-समय पर निजी गोटें फिट करके मुस्लिम वोट कभी इधर डलवा देते हैं, कभी उधर। लेकिन प्रसन्नता की बात है कि पिछले दस-बारह साल से इस दिशा में कुछ सार्थक संकेत मिल रहे हैं। पहली बात यह कि कुछ ऐसे फतवे आये हैं जो बहुत सकारात्मक और प्रगतिशील हैं। दूसरी यह कि मकतबों और मदरसों के पाठ्यक्रम बदले जा रहे हैं। अब वहाँ अंग्रेज़ी, हिन्दी के साथ-साथ अन्य विषय भी पढ़ाये जाने पर ज़ोर दिया जा रहा है। कंप्यूटर तथा दूसरे तकनीकी विषय धार्मिक शिक्षा के साथ जोड़ दिये गये हैं ताकि रोज़गार के नये क्षेत्र खुलें और युवाओं को निराशा न हो, लेकिन आधुनिक शिक्षा को आगे बढ़ाने वाली संस्थाएँ, जो वैसे तो हर धर्म और जाति के लोगों के लिए खुली हैं, पर विशेषरूप से मुस्लिम समाज की शैक्षणिक आवश्यकताओं को पूरा करती हैं, अपनी भूमिका उस रूप में नहीं निभा रही हैं, जैसी अपेक्षा की जाती है। मुस्लिम समाज में शिक्षा और जागरूकता की भयानक कमी

को देखते हुए पुरानी शिक्षा संस्थाओं जैसे अलीगढ़ मुस्लिम विश्वविद्यालय, जामिया मिल्लिया इस्लामिया आदि को एक बड़ी भूमिका निभानी होगी, क्योंकि मुस्लिम समाज को 'खोलने' की कुंजी शिक्षा और रोज़गार हैं। मुस्लिम समाज, जो ऐतिहासिक कारणों से सौ साल पीछे चला गया था, आज भी पीछे ही है। यह समाज और देश के हित में होगा कि उसे आगे बढ़ाया जाये ताकि वह दूसरे समूहों के साथ कदम-से-कदम मिलाकर चल सके।

मुस्लिम समाज में आज हो क्या रहा है? क्या कोई बड़ा सामाजिक आंदोलन है? क्या शिक्षा को लेकर कोई बड़ी पहल है? क्या समाजसेवी संस्थाओं को स्थापित किया जा रहा है? क्या मुस्लिम समाज भारतीय लोकतंत्र में अपनी भूमिका पहचानने का प्रयास कर रहा है? क्या मुस्लिम समाज अपनी चहारदीवारी से बाहर निकल रहा है तथा बहुसंख्यक समाज के साथ अपने रिश्तों को व्याख्यायित कर रहा है? सांप्रदायिकता के प्रति मुस्लिम समाज में क्या चिन्तन-मनन हो रहा है, पूरे देश में बड़े स्तर पर जो मुस्लिम विरोधी प्रोपेगेंडा हो रहा है उसके बारे में मुस्लिम समाज क्या सोचता है? इन सवालों के जवाब से ही उत्तर भारतीय मुस्लिम समाज को समझा जा सकता है।

मुस्लिम समाज में सुधार आंदोलनों की बहुत ज़रूरत है। आँकड़े गवाह हैं कि मुस्लिम समाज में शिक्षा, स्वास्थ्य, रोज़गार की स्थिति दयनीय है। महिलाओं और बच्चों का कुपोषण भयानक समस्या है। ऐसे समाज में सरकारी प्रयासों के अतिरिक्त क्या कोई सामुदायिक पहल हो रही है? यह कहा जा सकता है कि पूरे देश में स्वयंसेवी संस्थाएँ जो कार्यक्रम चला रही हैं उनके अन्तर्गत मुस्लिम समाज भी आता है। पर सवाल यह है कि वे समस्याएँ जो कहीं-न-कहीं परम्परा या 'धार्मिक मान्यताओं' से जुड़ी हैं और समाज पर खराब प्रभाव डाल रही हैं, उनका प्रतिरोध तो समाज विशेष के अन्दर से ही होना चाहिए। उदाहरण के लिए पर्दा समस्या है। पर्दा समस्या पर विचार करते हुए यह कहा गया है कि प्रायः मुसलमान इसे बहुत 'सख़्त तौर' पर अपनाते हैं। उदाहरण के लिए भारत में प्रायः मुस्लिम महिलाएँ बुर्का पहनती हैं जिसमें पूरा शरीर और चेहरा ढँका रहता है। देखने के लिए आँखों की जगह जाली बनी होती है जिससे देखा जा सकता है। दूसरे देशों की मुस्लिम औरतें हिजाब करती हैं जिसमें पूरा चेहरा खुला होता है, सिर ढँका होता है। तुर्की में आधा चेहरा ढँकने का रिवाज़ है। इन सब हालात के मद्देनज़र क्या भारतीय मुसलमानों में कोई चिन्तन हो रहा है?

कुपोषण, पर्यावरण, रोज़गार आदि को लेकर भी समुदाय में कोई पहल नहीं दिखायी देती। शायद यही वजह है कि किसी भी शहर के मुस्लिम मोहल्ले हिन्दू मोहल्ले की तुलना में उतने साफ़-सुथरे नहीं होते जितने होने चाहिए। सामुदायिक

चेतना पर विशेष बल देने वाले धर्म इस्लाम में सामुदायिक चेतना केवल धार्मिक मामलों तक क्यों सीमित है? वह समाज के हित में आगे क्यों नहीं बढ़ती?

सांप्रदायिकता एक भयानक समस्या है जिसमें पूरे समाज की भयानक क्षति होती है, लेकिन यह भी सच है, आँकड़े गवाह हैं कि प्रायः सांप्रदायिक दंगों में मुसलमान ज़्यादा मारे जाते हैं और उनका ज़्यादा नुकसान होता है। ऐसी स्थिति में मुस्लिम समाज की एक बड़ी माँग यह होनी चाहिए थी कि किसी भी तरह सांप्रदायिक दंगों को रोका जाये। लेकिन आश्चर्य की बात यह है कि मुस्लिम समाज की ओर से यह माँग कभी बहुत प्रभावशाली तरीके से नहीं उठायी गयी। यही कारण है कि संसद ने दंगों पर तो चर्चा की, कमीशन तो गठित हुए लेकिन सांप्रदायिक दंगों और सांप्रदायिकता फैलाने वालों के संबंध में राष्ट्रीय नीति नहीं बन सकी। मुसलमानों के वोट पर उत्तर प्रदेश में सत्ता प्राप्त करने वाले दल भी इस मामले में क्यों चुप रहते हैं?

गुजरात नरसंहार और बम विस्फोट की घटनाओं ने सांप्रदायिकता को इतना बड़ा मुद्दा बना दिया कि उस पर बहुत गंभीरता से विचार किया जाना चाहिए। यह माँग पूरे देश की माँग और विशेष रूप से अल्पसंख्यक समुदायों की माँग होनी चाहिए। पर फिलहाल तो सांप्रदायिकता को समाप्त करने, कानून बनाने, दंगों में सज़ा दिये जाने आदि को लेकर मुसलमान कोई बड़ा हस्तक्षेप करते नहीं दिखायी देते।

सभी अल्पसंख्यक समूहों और कमज़ोर वर्गों के लिए भारत में लोकतंत्र का न केवल बचा रहना, बल्कि सुदृढ़ होना बहुत आवश्यक है। अब सवाल यह है कि भारत का सबसे बड़ा अल्पसंख्यक समूह यानी मुसलमान—भारतीय लोकतंत्र को बचाने और सुदृढ़ बनाने में क्या भूमिका निभा रहे हैं? क्या लोकतंत्र के चौथे खम्भे अर्थात् मीडिया में उनकी प्रभावकारी उपस्थिति है? क्या लोकतांत्रिक अधिकारों के लिए चलाये जाने वाले आंदोलनों में वे सक्रिय हैं? क्या दूसरे दलित और शोषित समूहों के साथ उनकी एकजुटता दिखायी देती है? लोकतंत्र में सक्रिय भागीदारी केवल वोट डालकर नहीं हो सकती। उनको, जिनके लिए लोकतंत्र बहुत आवश्यक है, यह सोचना आवश्यक है कि लोकतंत्र को कैसे सुरक्षित रखा जाये और मज़बूत बनाया जाये।

भारतीय मुसलमानों का भविष्य पूरे देश के भविष्य के साथ जुड़ा हुआ है। इसलिए उन्हें देश में सक्रियता दिखानी होगी। देश और जन-विरोधी राजनीति तथा विस्फोटक स्थितियों को समाप्त करने के लिए कदम उठाने होंगे। अपनी स्वयं पड़ताल करनी होगी और दूसरे समुदायों से मुद्दों के आधार पर एकरूपता स्थापित करनी होगी। आज देश बहुत कठिन परिस्थितियों से गुज़र रहा है और इन चुनौतियों का सामना किये बिना कुछ हो ही नहीं सकता।

भय-मुक्त चेहरे का आकर्षण

समय और समाज चेहरों पर अपनी छाप छोड़ते हैं। पुराने समय के चित्रों में जो चेहरे दिखायी देते हैं, वैसे आजकल कहाँ दिखायी देते हैं। चेहरे के भाव बताते हैं कि आदमी कैसा है? किस तरह के समाज में रहता है? क्या सोचता है? उसके प्रमुख सरोकार क्या हैं? उसका जीवन कैसा बीत रहा है और उसे कितना संतोष है या कितनी व्याकुलता है।

विदेशों में रहने वाले प्रवासी मित्र जब यहाँ आते हैं और लोगों को देखते हैं, तो अक्सर कहते हैं—''यार यहाँ ज़्यादातर लोगों के चेहरों पर चिन्ता, भय, अभाव, थकान, अनिश्चितता का भय दिखता है।'' एक प्रवासी मित्र ने तो यहाँ तक कहा कि सड़क पर दिखने वाले लोगों के चेहरे पर एक अजीब तरह की हताशा और निराशा दिखती है।

हाँ, कुछ चेहरे अवश्य इससे मुक्त दिखते हैं, पर आम तौर पर ऐसे ही चेहरे हैं। हमारे यहाँ ऐसे चेहरे दिखायी पड़ने के कारण स्पष्ट हैं। जिस तरह की व्यवस्था हमने बनायी है, उसकी छाप चेहरों पर तो पड़ेगी ही। यदि एक व्यक्ति, सौ किलोमीटर दूर से ऑफ़िस आता है, दस घंटे काम करता है और चार हज़ार वेतन पाता है, तो निश्चित रूप से उसके चेहरे पर निराशा-तनाव के भाव होंगे।

देश के कई गाँवों में जाने का अवसर मिलता रहता है। वहाँ किसानों के चेहरों पर जो भय, आशंका का भाव दिखता है, उसके कारण स्पष्ट हैं। कुछ पिछड़े हुए इलाकों में तो शोषण और अत्याचार ने सामान्य-जनों के चेहरों पर ऐसा घातक प्रभाव डाला है कि उसके निशान पीढ़ी-दर-पीढ़ी चलते रहते हैं।

अपार दुःख, अकल्पनीय शोषण और निर्धनता से पिसते चेहरों पर दुःख नहीं, तो और क्या दिखायी देगा, जिनके आत्म-सम्मान को टुकड़े-टुकड़े कर दिया गया हो, जिन्हें जानवरों से भी बुरे जीवन के लिए विवश कर दिया गया हो, जिनके पास कोई अधिकार न हो, जिनकी कोई आवाज़ न हो, उनके चेहरों पर कैसे भाव होंगे, इसकी सहज ही कल्पना की जा सकती है।

मैंने मध्य प्रदेश के आदिवासी क्षेत्र में पंद्रह-सोलह साल के एक लड़के को

जानवर चराते देखा था। दरअसल हम शहरी बच्चों और उनकी आँखों के भाव देखने के अभ्यस्त हैं। इसके बरअक्स उसकी आँखों के भाव बिलकुल भिन्न थे। उसकी आँखें बकरी के बच्चे जैसी लग रही थीं–साफ़, निर्मल, छलकपट विहीन। मैं उस लड़के को देखता रह गया था। मुझे लगा था, इस लड़के के चेहरे पर इसके परिवेश की छाप है।

उत्तर प्रदेश के कई क्षेत्रों में गरीब किसान की आँखों में देखने से कभी-कभी डर लगता है। ऐसा लगता है कि जलते हुए यथार्थ से आँखें दो-चार हो गयी हों। उनके चेहरों पर जो भाव होते हैं, वे बेचैन कर देते हैं। सोचता हूँ, क्या उनके चेहरे पर वे भाव हैं, जो एक स्वतंत्र देश के नागरिक के चेहरे पर होने चाहिए? वर्षों तक मैं देशवासियों की आँखों और चेहरों पर तरह-तरह के भाव पढ़ता देश में घूमता रहा हूँ। अधिकतर क्षेत्रों में चेहरे के भाव देखने वाले को आश्वस्त नहीं करते, लेकिन अभी हाल में ही पश्चिम बंगाल के ग्रामीण क्षेत्रों में घूमने के बाद यह विश्वास मज़बूत हुआ है कि ग्रामीण भारत के चेहरे पर शताब्दियों से अंकित भाव बदल सकते हैं।

मुर्शिदाबाद में भागीरथी के किनारे एक घाट के पास टैक्सीवाले ने हमें छोड़ दिया और बताया कि खुशबाग में सिराजुद्दौला का मक़बरा देखने के लिए हमें नदी पार करनी पड़ेगी। मेरे सहयात्री प्रो. एस. के. जैन यह जानकर प्रसन्न हुए थे कि हमें गाँव देखने का मौका भी मिलेगा। वैसे इससे पहले भी हम अपनी यात्रा के दौरान कई जिलों के गाँव देख चुके थे। इन गाँवों में रहन-सहन, भाषा-संस्कृति के अलावा भी मुझे कुछ नया लगा था, वह नया क्या था, मैं समझ नहीं पा रहा था।

एक रोचक और नयी बात यह भी लगी कि ग्रामीण इलाकों में बिखरे ऐतिहासिक महत्त्व के स्थानों पर 'बच्चा गाइड' मिलते हैं। आठ से लेकर बारह-तेरह साल के लड़कों का एक समूह ऐतिहासिक इमारतों के बाहर पर्यटकों की प्रतीक्षा करता मिलता है और उनमें से कोई एक बालक यह बताता है कि इन बच्चों में कई भाषाओं में जानकारियाँ देने वाले गाइड उपलब्ध हैं। ये बच्चा-गाइड आपको इमारत दिखायेंगे और फ़ीस लेंगे दस रुपये।

छुट्टियों में स्कूल बंद थे, इसलिए ये गाइड हर जगह उपलब्ध थे। वे बड़े आत्मविश्वास के साथ गाइड के कर्तव्य निभाते थे। खुशबाग में हमने खेतों में काम करते किसान देखे। गलियों में आते-जाते किसान दिखायी पड़े। मेहनत, मजदूरी करते किसान नज़र आये। मेरे दिमाग में एक बात आयी और मैंने प्रो. जैन से कहा, "आपने यहाँ के लोगों की आँखों में कुछ देखा है?"

वे चौंककर मुझे देखने लगे और बोले, "हाँ, देखा है, कोई नया भाव, कोई ऐसा भाव दिखायी पड़ता है, जो हमारी तरफ़ यानी हिन्दी पट्टी के ग्रामीण इलाकों में नज़र नहीं आता।" जैन साहब कुछ देर सोचते रहे फिर बोले, "कुछ नया तो

है, पर कह नहीं सकता कि क्या है?"

हमें बताया गया कि बंगाल के नवाबों का क़ब्रिस्तान तीन-चार किलोमीटर दूर है। सूरज ढल रहा था और हमें डर था कि कहीं शाम और रात न हो जाये। भागीरथी के दूसरे किनारे पर हम टैक्सी भी छोड़ आये थे। गाँव में सवारी का कोई साधन भी दिखायी नहीं पड़ रहा था। दो-तीन किलोमीटर चले होंगे कि एक ग्रामीण चौराहे पर पहुँचे। यहाँ हमने नयी तरह के रिक्शे खड़े देखे। हमने एक युवा रिक्शेवाले से बातचीत की और वह हमें नवाबों के कब्रिस्तान और फिर वापस घाट पर ले जाने को तैयार हो गया।

रिक्शा चलाने वाला युवक खुशमिजाज लगा, उससे बातें होने लगीं। वह बड़े विश्वास से बांग्ला में हमें गाँव के बारे में बताने लगा। हिन्दी का एकाध शब्द बोल कर वह प्रसन्न होता था। दोनों तरफ़ धान के हरे लहलहाते खेत, खलिहान और ताड़ के पेड़, आम के बाग फैले हुए थे। सूरज ढल रहा था। धान के हरे खेतों पर सूरज की किरणें पड़ रही थीं और हरे रंग के बीच से हल्का पीला रंग झाँकने लगा था। मकबरे देखे, वहाँ केवल सिराजुद्दौला के मकबरे पर किसी श्रद्धालु ने एक मोमबत्ती जला दी थी और गुलाब के कुछ फूल डाल दिये थे।

यहाँ भी बच्चा-गाइड और उसके मित्र हम लोगों को बंगाल का इतिहास बता रहे थे। वापसी में रिक्शेवाले के सुझाव पर हम उसके एक मित्र के घर गये, जहाँ उसका मित्र नहीं था, पत्नी थी। हम यहाँ ताड़ का गुड़ खरीदने आये थे। हमें अपने घर में आता देख वह महिला हिन्दी प्रदेश के गाँवों की महिलाओं की तरह घूँघट काढ़कर घर के अन्दर नहीं गयी। उसने चारपाई बिछाई। हमारा स्वागत किया।

उसके चेहरे पर आत्मविश्वास, जिज्ञासा और खुशी के भाव थे। हमने ताड़ का गुड़ खाया। पानी पिया। महिला का पति भी आ गया था। हम भाषा की तमाम दिक्कतों को पार करके बातें करने लगे।

भागीरथी पार करते हुए मैंने जैन साहब से कहा, "मैं अब यह कह सकता हूँ कि यहाँ यानी पश्चिम बंगाल के ग्रामीण क्षेत्रों के लोगों के चेहरों पर कौन-सा नया भाव है, बताओ?"

वे बोले, "इनके चेहरों पर भय नहीं है। डर नहीं है, इसलिए घबराहट और अविश्वास नहीं है। तुमने देखा कि कितने विश्वास के साथ वह महिला हम लोगों से बात कर रही थी।"

"हाँ, यह शायद तुम ठीक कहते हो...इनके चेहरों पर डर का भाव नहीं है। किसान डरता है ज़मींदार से, किसान डरता है साहूकार से, किसान डरता है पुलिस-पटवारी से। किसान डरता है मुल्ला-पंडित से...।"

हाँ, यहाँ यह हाल है कि हर गाँव में राजनीतिक पार्टियों के ऑफ़िस हैं...राजनीति

का प्रभुत्व है। इसका मतलब है कि लोग संगठित हैं, मगर लड़ाई शुद्ध रूप से राजनीतिक है। हम लोग तीन-चार दिन इलाक़े के अन्य ग्रामीण क्षेत्रों में घूमते रहे। लोगों से बातचीत होती रही। घरों के अन्दर भी गये और संस्थानों में भी गये। हमने देखा, गरीबी है। हमने देखा, अभाव है। हमने देखा, बीमारी है, लेकिन यह ज़रूर देखा कि चेहरों पर भय नहीं है। आतंक की छाया नहीं है। प्रताड़ना का डर नहीं है। असहाय और निर्बल होने का भाव नहीं है, गरीबों में इतना आत्मविश्वास देश में और कहाँ दिखायी देगा, हमें नहीं मालूम।

शराबबंदी या नसबंदी

ख़बर है कि दिल्ली मेट्रो में शराब पीकर कोई यात्रा नहीं कर सकेगा। मेट्रो, शराबियों की पहचान करने के लिए विशेष यंत्र लगा रही है। शराब पीकर कार चलाने की सज़ा बढ़ाई जा रही है। यह माँग हो रही है कि शराबी ड्राइवरों को जेल भेज दिया जाये। उनके लिए ये सख्त सज़ाएँ इसलिए तय की जा रही हैं कि वे शराब पीकर दुर्घटनाओं को अंजाम देते हैं। लोग मरते हैं। झगड़े होते हैं।

लेकिन इस सबके बावजूद राज्य सरकारें लगातार शराब बेचने की हज़ारों दुकानें खोलने की अनुमति दे रही हैं। शराब से प्राप्त राजस्व में बढ़ोतरी राजनेताओं की भ्रष्टाचारी प्रकृति में सहायक बन रही है। शराब बना और बेचकर लोग संसद सदस्य बन रहे हैं, यानी शराब बनती रहे, लोग पीते रहें।

लेकिन वे मेट्रो-बसों से न चलें, गाड़ियाँ न चलायें, सड़क पर न निकलें। केवल अपने घर में बैठकर शराब पियें या फिर पैदल यात्रा करें, वह भी रात के समय, जबकि प्रशासन किसी को सुरक्षा की गारंटी नहीं दे सकता। लेकिन शराबियों को यह खतरा उठाना ही पड़ेगा। क्या हमारा समाज शराब बनाये और बेचे जाने पर कोई अंकुश लगाने की सोच रहा है?

संसार की आधी से अधिक आबादी शराब पीती है। हमारे देश में जहाँ शराबी की इतनी खराब छवि है, विदेश मंत्रालय या दीगर मंत्रालयों के 'महाभोज' में शराब पी और पिलाई जाती है। हद यह है कि विदेश से जब कोई राष्ट्रपति या प्रधानमंत्री आता है, तो उसके सम्मान में शराब के गिलास 'टकराए' जाते हैं। पाँच सितारा होटलों के 'बार' भरे रहते हैं।

ज़ाहिर है, हमारा कानून उन लोगों को शराब पीने से नहीं रोक रहा है, जो इतने संपन्न हैं कि अपने ड्राइवरों द्वारा घर पहुँचाए जाते हैं। यह कानून बनाया जा सकता था कि कहीं भी कोई शराब बनाता, बेचता या नशे में देखा गया, तो फौरन जेल भेज दिया जायेगा। लेकिन ऐसा नहीं हो सकता। कुछ राज्यों या क्षेत्रों ने शराबबंदी का प्रयोग करके देख लिया है, जो विफल रहा और अब उन इलाकों में शराब बहती है, जैसे महाराष्ट्र में।

अगर शराबी ही अपराध करते हैं तो योरोप में सबसे ज़्यादा अपराध होने चाहिए। लेकिन भारत की तुलना में योरोप में कम अपराध होते हैं। ऐसा क्यों? हमारा समाज और सरकार बुनियादी सवालों से मुँह छिपाने और अपने को आदर्श साबित करने की दुमुखी कला में दक्ष है। यह हमारी आदत बन गयी है कि हम बुराई की जड़ नहीं देखते, उसके पत्तों को तोड़ने का पाखंड करते रहते हैं।

कहते हैं, हमारे पुराने ग्रंथों में शराब या मदिरा संबंधी बहुत-से उल्लेख हैं। अब भी कई मन्दिरों में शराब चढ़ाई जाती है। इस संदर्भ में शराब और शराबी के संबंध में संवाद की आवश्यकता है। आमतौर पर गरीब लोग नरक समान अपनी वर्तमान स्थिति से पलायन करने के लिए इतनी शराब पी लेते हैं कि समाज के लिए समस्या बन जाते हैं।

दूसरी तरफ़, जिनके हाथ में सत्ता की कुंजी है, वे चाहे शराब पियें, जुआ खेलें, करोड़ों-खरबों का भ्रष्टाचार करें, उन्हें कुछ नहीं हो सकता, क्योंकि उनके पास 'ड्राइवर' हैं। उनकी मदद से वे संसार के सबसे बड़े लोकतंत्र पर सवारी करते हैं। इनके बीच तीसरे प्रकार के लोग भी हैं। लेकिन इतना विश्लेषण करने पर भारतीय सत्ता को विश्वास नहीं है, क्योंकि वह झंडे की नहीं, डंडे की सत्ता है।

यहाँ शराबियों को उचित ठहराना या उनका बचाव करना उद्देश्य नहीं है। समस्या का गंभीरता से विश्लेषण करके समाधान निकालना चाहिए, न कि तथाकथित नैतिकता को ओढ़कर कुछ किया जाना चाहिए। इंग्लैंड में अगर यह कानून बन सकता है कि नशे की किस सीमा में कार चलाने की अनुमति है, तो हमारे देश में क्यों नहीं? आप कहेंगे कि वहाँ लोग पढ़े-लिखे हैं और जानते हैं कि नियम-कानून क्या है। सवाल है कि आज़ादी के पैंसठ साल बाद भी हमने क्यों एक अशिक्षित दरिद्र समाज बनाये रखा है?

एक प्रसंग है। आपातकाल के दौरान जब नसबंदी अभियान चल रहा था तो एक जिलाधिकारी ग्रामसेवकों को नसबंदी के फ़ायदों के बारे में भाषण दे रहे थे।

अन्त में सवाल पूछने की इजाज़त के बाद एक ग्रामसेवक ने हाथ जोड़कर कहा, "हुज़ूर, गाँववाले पूछते हैं कि क्या आपने नसबंदी करा ली है?"

जिलाधिकारी ने, जो आजकल के नेताओं से अधिक ईमानदार था, कहा, "नहीं।"

ग्रामसेवक ने पूछा कि क्या कमिश्नर साहब, मुख्य सचिव साहब ने नसबंदी करायी है?

इसके बाद जिलाधिकारी ने कहा, "मैं तुम्हारी बात समझ गया। दरअसल, हम लोग शिक्षित हैं। इसलिए नसबंदी की ज़रूरत नहीं है।"

ग्रामसेवक ने कहा, "सर, यही तो गाँववाले कहते हैं। हमें पढ़ाओ, शिक्षा दो, ताकि हमें नसबंदी की ज़रूरत न पड़े।"

यह शराबबंदी और मेट्रो में शराब पीकर चलने वालों के प्रसंग में देखा जा सकता है। शराबबंदी को लोकप्रिय नारे के रूप में इस्तेमाल नहीं करना चाहिए। यह हमारे समाज में एक गंभीर समस्या है।

इसके एक आयाम पर प्रसिद्ध उर्दू कवि फ़िराक गोरखपुरी ने इशारा किया है–

आये थे हँसते-खेलते मैखाने में फ़िराक
पी ली शराब हमने तो संजीदा हो गये

खण्ड-2

राजनैतिक

आतंकवाद की आग पर वोटों की रोटियाँ

राजनीतिक दल और राजनीतिज्ञ सत्ता में बने रहने या सत्ता प्राप्त करने के लिए क्या कुछ नहीं करते यह किसी से छिपा नहीं है। कभी-कभी राजनेता सत्ता प्राप्त करने के लिए देश की जनता को बाँटने और लड़ाने का घृणित काम भी करते दिखायी पड़ते हैं।

दरअसल जनता जितनी कम शिक्षित होती है, उसमें जागरूकता जितनी कम होती है, उतना ही अधिक उसे गुमराह किया जा सकता है। संसार के दूसरे देशों की तरह हमारे यहाँ भी इसके कई उदाहरण उपलब्ध हैं। लेकिन प्रायः जनता को धर्म, रंग, नस्ल, जाति, धर्म के नाम पर बाँटने वाले अपना कार्य बहुत धीरे-धीरे और छिपकर करते हैं लेकिन हमारे देश में यह आजकल काफ़ी बड़े स्तर पर और खुल्लम-खुल्ला तरीके से हो रहा है।

संसार के किसी भी देश और किसी भी समाज में पूर्णरूप से एकरूपता नहीं हो सकती। लोगों के धर्म, विचार, भाषाएँ, संस्कृतियाँ अलग-अलग होती हैं। मित्रता के इस आधार पर लोगों से घृणा करना या उन्हें अस्वीकार करने का मतलब देश की एकता और अखंडता को कमज़ोर करना है। आधुनिक युग ने हमें सिखाया है कि विभिन्नताओं के साथ ही जीना पड़ेगा।

हमारे देश में आतंकवाद की जो आँधी आयी हुई है उसकी जितनी कड़े शब्दों में निन्दा की जाये कम है। सरकारों तथा संबंधित एजेंसियों को आतंकवाद खत्म करने के लिए कड़े-से-कड़े कदम उठाने चाहिए। आतंकवाद से न केवल जनता की अपार हानि होती है बल्कि यह समुदायों के बीच अविश्वास और घृणा को भी बढ़ाता है। एक आतंकवादी घटना से सौ आतंकवादी घटनाओं का जन्म होता है।

आतंकवादी गतिविधियों का किसी धर्म विशेष से जुड़ जाना बहुत ही खतरनाक है। यह पूरे देश के लिए जितना खतरनाक है उससे कहीं ज़्यादा धर्म विशेष के माननेवालों को प्रभावित करता है। बहुसंख्यक जनता या दूसरे धर्मों को मानने वाले धर्मविशेष के लोगों से घृणा करने लगते हैं जिससे कभी-कभी स्थिति बहुत विस्फोटक हो सकती है और बड़ी हिंसक घटनाएँ सामने आ सकती हैं। इन घटनाओं के

परिणामस्वरूप आतंकवादी गतिविधियाँ और बढ़ती हैं। यही क्रम जारी रहता है। इस क्रम को कोई भी समाज या देश लम्बे समय तक झेल नहीं सकता। धार्मिक हिंसा के शिकार, जातीय हिंसा से तबाह और बर्बाद कई देश देखे जा सकते हैं।

आतंकवाद देश को तोड़ देता है, यह जानने के बाद भी किसी भी कीमत पर सत्ता प्राप्त करने के इच्छुक राजनेता आतंकवाद को प्रत्यक्ष या परोक्ष रूप से समर्थन देने में जुटे दिखायी देते हैं : सवाल यह नहीं है कि आतंकवाद से लड़ाई निर्दोष जनता के दमन का कारण बन जाये और कोई उस पर उँगली न उठाये। हमारे देश में ही निर्दोष लोगों को आतंकवादी करार देकर गिरफ्तार और प्रताड़ित किये जाने की घटनाओं का बड़े स्तर पर विरोध हुआ है। विरोध करने वालों में सभी धर्मों के लोग शामिल रहे हैं। लेकिन सवाल यह है कि चुनाव के मद्देनज़र समुदाय विशेष के अधिक वोट पाने के लिए आतंकवाद के आरोपी से सहानुभूति व्यक्त करना क्या उचित है? आरोपी से सहानुभूति व्यक्त किया जाना नितांत मानवीय स्तर पर हो सकता है। लेकिन आतंकी से सहानुभूति यदि राजनैतिक फायदे के लिए व्यक्त की जा रही है तो उसे किस रूप में देखना चाहिए?

पिछले दिनों सिमी (इस्लामिक स्टूडेंट मूवमेंट ऑफ इंडिया) के बारे में हमारे दो राष्ट्रीय स्तर के नेताओं ने जो रुख़ अपनाया था वह हैरान कर देने वाला था। सोचने की बात है कि सुप्रीम कोर्ट जिस संगठन को ग़ैर कानूनी गतिविधियों में लिप्त मान रहा है उसे हमारे राष्ट्रीय स्तर के नेता क्लीन चिट दे रहे हैं।

आजकल समाचार पत्रों से पता चल रहा है कि अहमदाबाद की आतंकवादी घटनाओं के आरोपी अबू बशीर के गाँव नेताओं की आवा-जाही तेज़ हो गयी है। कांग्रेस पार्टी के रामनरेश यादव आतंकवाद के आरोपी अबू बशीर के गाँव क्यों गये थे? उन्होंने मीडिया के सामने कुछ कहा हो या न कहा हो लेकिन ऐसी स्थिति में अबू बशीर के घर जाने का मतलब निश्चित ही उनसे और उनके परिवार के प्रति सद्भावना व्यक्त करना माना जायेगा। मान लीजिए कि अबू बशीर अभी केवल आरोपी हैं और उन पर आरोप सिद्ध नहीं हुआ है। मान लीजिए अगर कल आरोप सच साबित होते हैं तो रामनरेश यादव क्या करेंगे? क्या वह अपना 'किया' वापस ले लेंगे? क्या रामनरेश यादव उस समय तक प्रतीक्षा नहीं कर सकते थे जब तक कि फैसला नहीं आ जाता।

रामनरेश यादव के बाद बसपा के सांसद अकबर अहमद डम्पी ने अबू बशीर के पिता से न्याय दिलाने का वायदा किया। सवाल यह है कि श्री डम्पी और यादव जी केवल अबू बशीर को ही न्याय दिलाने में इतनी दिलचस्पी क्यों ले रहे हैं? यदि ऐसा नहीं है तो क्या ये दोनों सज्जन देश या प्रदेश या क्षेत्र या आज़मगढ़ में गिरफ्तार किये गये हर आदमी के घर जाते हैं और उसे न्याय दिलाने का वायदा करते हैं?

शायद ऐसा नहीं होता होगा। अबू बशीर के पिता को न्याय दिलाने की बात के पीछे हकीकत कुछ और ही ध्वनित होती है। साफ़ तौर पर पता चलता है कि यह वोटों का खेल है जो आतंकवाद की आग पर खेला जा रहा है। इन राजनेताओं को न्याय-अन्याय से ज़्यादा चिंता अपनी सत्ता की है।

अबू बशीर के गाँव जाने वालों की सूची में दिल्ली की जामा मस्जिद के इमाम सैय्यद अहमद बुख़ारी और समाजवादी पार्टी के नेता अबू असीम आज़मी के नाम भी हैं। इमाम बुख़ारी साहब उन धार्मिक राजनेताओं की श्रेणी में आते हैं जो अपने बयानों के कारण सदा चर्चा में रहते हैं, क्योंकि उनके बयान विवादास्पद होते हैं। यही उनकी यूएसपी (खास पहचान) है। इस तरह के बयान देने वाले लोगों की हमारे देश में कमी नहीं है। वे कभी नहीं सोचते कि उनके बयानों से देश के पूरे माहौल पर कितना बुरा असर पड़ेगा तथा उनसे शान्ति भंग हो सकती है, हिंसा हो सकती है। धर्म की आड़ में राजनैतिक आकांक्षाएँ पूरी करने वाले नेता न तो अपने प्रति ईमानदार हैं और न जनता के प्रति अपनी कोई ज़िम्मेदारी समझते हैं।

दुर्भाग्य से पिछले पचास साल मुस्लिम मतदाताओं को रिझाने और लुभाने के साल रहे हैं। यह काम कमोबेश हर दल ने किया है। इस काम में समाजवादी पार्टी को चैम्पियन कहा जा सकता है तो दूसरी ओर कांग्रेस ने भी मुसलमानों को समय-समय पर लुभाया है, हद यह है कि भाजपा तक ने रोज़ा इफ्तार पार्टियों का आयोजन किया था। यह भी आश्चर्य की बात है कि पश्चिम बंगाल की कम्युनिस्ट सरकार तक तसलीमा नसरीन को लेकर परेशान हो उठी थी।

राजनैतिक दलों और देश की जनता को यह सोचना पड़ेगा कि मुस्लिम मतों को प्राप्त करने के लिए अलगाववादी, संकीर्णतावादी, पुरातनपंथी रवैया अपनाना कहाँ तक ठीक है, जबकि यह आत्मघाती है। इससे मुसलमानों और पूरे देश की तबाही निश्चित है।

हिन्दी क्षेत्र में वामपंथ की चुनौतियाँ

संयुक्त प्रगतिशील गठबंधन में अपनी भूमिका का निर्वाह करते हुए सी.पी.आई.एम. (मार्क्सवादी भारतीय कम्युनिस्ट पार्टी) यह संकेत दे रही है कि जब तक हिन्दी क्षेत्र में उसका आधार मज़बूत नहीं होगा। तब तक संभवतः कांग्रेस जैसे दल पर वह पर्याप्त दबाव डाल पाने की स्थिति में नहीं होगी। हिन्दी क्षेत्र और वामपंथ के रिश्ते में कई उतार-चढ़ाव देखे जा सकते हैं। पाँचवें और छठे दशक में सी.पी.आई. (भारतीय कम्युनिस्ट पार्टी) का बहुत गहरा प्रभाव हिन्दी क्षेत्र के मज़दूर किसान और छात्र-संगठनों पर था लेकिन पार्टी में विभाजन होने के कारण तथा सी.पी.आई. द्वारा पूर्ण रूप से कांग्रेस के सामने आत्म-समर्पण कर देने के कारण यह जनाधार खिसकता चला गया। आज स्थिति यह है कि सी.पी.आई. या सी.पी.आई.एम. का हिन्दी क्षेत्र में कोई प्रभाव नहीं है। सांप्रदायिकता और जातिवाद ने हिन्दी-क्षेत्र पर इतना प्रभाव जमा लिया है कि वर्गीय राजनीति के लिए कोई आधार ही नहीं बचा। ऐसी स्थिति में वामपंथियों को हिन्दी क्षेत्र में ज़बर्दस्त चुनौतियों का सामना करना पड़ेगा। हिन्दी क्षेत्र में यह भयानक संकट का समय है। ऐसा लगता है कि पूरा क्षेत्र ज्वालामुखी पर बैठा है। सांप्रदायिकता और जातिवाद ने हिन्दी क्षेत्र की जनता को ही नहीं बल्कि पाप और पुण्य की परिभाषाओं तक को प्रभावित किया है। आज हिन्दी क्षेत्र में मानवता, प्रगति, नियम-क़ानून, सामाजिक शिष्टाचार आदि के ऊपर भी जातिवाद और सांप्रदायिकता का गहरा प्रभाव पड़ा है। यह तर्क सांप्रदायिकता और जातिवाद के संदर्भ में इतना संकुचित हो गया है कि अपनी जाति और धर्म के व्यक्तियों के लिए हिंसा, हिंसा नहीं मानी जाती; भ्रष्टाचार, भ्रष्टाचार नहीं माना जाता; बेईमानी, बेईमानी नहीं मानी जाती। तात्पर्य यह है कि जाति और सांप्रदायिकता ने हर मूल्य को नष्ट कर दिया है। जाति और धर्म के आधार पर अपराधी माफिया गिरोह सक्रिय हैं। नौकरशाही ऊपर से लेकर नीचे तक सांप्रदायिकता और जातिवाद में आकंठ डूबी हुई है। ऐसी परिस्थितियों में केवल भ्रष्टाचार ही पुष्पित और पल्लवित हो रहा है। हिन्दी क्षेत्र की प्रगतिशील व जनवादी शक्तियाँ फिलहाल बहुत छोटे दायरों में सिमटी हुई हैं। ऐसी स्थिति में आम आदमी का जीवन नरक हो गया है और उसे कोई रास्ता नहीं दिखायी

पड़ रहा है। रास्ता न होने का संकट ही हिन्दी क्षेत्र का सबसे बड़ा संकट है।

हिन्दी क्षेत्र में भाजपा जैसी सांप्रदायिक शक्तियाँ और समाजवादी पार्टी जैसे जातिवादी दल कोई आमूल परिवर्तन नहीं करना चाहते। वे केवल विकास का झुनझुना बजाकर लोगों को आकर्षित करते हैं, लेकिन विकास का रास्ता बनाने के लिए जातिवाद, सांप्रदायिकता, अपराध और भ्रष्टाचार जैसे दैत्यों को नहीं छेड़ना चाहते...कारण यह है कि ये ही दैत्य सांप्रदायिक व जातिवादी दलों के आधार हैं। यह बहुत स्पष्ट है कि भाजपा हिन्दू-मुस्लिम एकता, प्रेम और सौहार्द का पाठ नहीं पढ़ाना चाहती, क्योंकि उसकी राजनीति का आधार सांप्रदायिक घृणा, द्वेष और हिंसा है। दूसरी ओर जातिवादी दल भी सामाजिक एकता और जातीय सौहार्द का पाठ नहीं पढ़ाएँगे, क्योंकि उनकी राजनीति का आधार भी जातीय घृणा पर आधारित है। कुल मिलाकर भाजपा और जातिवादी दल किसी लोकतांत्रिक, प्रगतिशील और जनवादी प्रक्रिया को समर्थन नहीं दे सकते। वे कहने के लिए चाहे विकास की कितनी ही बातें कहते रहें लेकिन वे यह भी भली-भाँति जानते हैं कि विकास की प्रक्रिया में समाज की चेतना का भी विकास होता है और चेतना का विकास सांप्रदायिक और जातिवादी तर्कों को ख़ारिज कर देता है। विकास की प्रक्रिया में दलित समूहों का बौद्धिक विकास जातिवादी अवधारणाओं पर प्रश्नचिह्न लगा देगा और निश्चय ही दलित समूह जातिवादी राजनीति को समर्थन देना बंद कर देगा। यही कारण है कि जातिवादी और सांप्रदायिक दल विकास के बुनियादी तत्व 'शिक्षा' पर कभी बल नहीं देते। वे चाहते हैं कि जनता सांप्रदायिकता और जातिवाद के अँधेरे से कभी बाहर न निकले ताकि उनके वोट बैंक सुरक्षित रहें। इन परिस्थितियों में वामपंथी राजनीति हिन्दी क्षेत्र में अपनी जगह कैसे बना सकती है? वामपंथी राजनीति तथा जन संगठन संबंधी वामपंथी विचार हिन्दी क्षेत्र में आज कितने सफल हो सकते हैं? वामपंथी दल आज भी मज़दूर और किसान संगठनों तथा छात्र-युवा संगठनों के आधार पर जनता में अपनी जड़ें जमाने पर विश्वास करते हैं। सोचने की बात यह है कि आज आज़ादी के लगभग 60 साल बाद शहरों में संगठित क्षेत्र में मज़दूर न केवल कम हुए हैं बल्कि उनका स्वरूप भी बदला है। इसी तरह आज का किसान वह किसान नहीं है जो 60 साल पहले था। इसलिए वामपंथी राजनेताओं को सबसे पहले हिन्दी क्षेत्र के बदले हुए यथार्थ को देखना होगा। दूसरी महत्त्वपूर्ण बात यह है कि प्रायः वामपंथी राजनीति ने मध्यम वर्ग को संगठित करने या मध्यम वर्ग को अपनी राजनीति के प्रभाव में लाने का प्रयास नहीं किया है। शिक्षकों के छुट-पुट संगठनों के अलावा छोटे व्यापारियों, सरकारी कर्मचारियों, अर्ध-सरकारी कर्मचारियों, पेशेवर लोगों आदि को संगठित करने और उन्हें अपनी राजनीति के प्रति संवेदनशील बनाने के प्रति वामपंथी कभी सचेत नहीं रहे हैं। उन्होंने मध्यम वर्ग का नेतृत्व प्रदान करनेवाली भूमिका को तो स्वीकार किया

है, लेकिन आंदोलन में मध्यम वर्ग की सक्रियता को लक्ष्य नहीं किया है। यही वजह है कि हिन्दी क्षेत्र का मध्यम वर्ग आम-तौर पर वामपंथी दलों को किसानों-मज़दूरों के हितों की रक्षा करने वाले दलों के रूप में पहचानते तथा उससे एक फासला बनाते चले आये हैं। मध्यम वर्ग के प्रति ठंडा रवैया वामपंथी राजनीति के लिए घातक सिद्ध हुआ है। बर्जुआ राजनीति में मध्यम वर्ग का बहुत अधिक महत्त्व तथा भूमिका है जिसे पहचानना आवश्यक है।

मुख्य मुद्दे पर आने से पहले एक और महत्त्वपूर्ण सवाल की ओर ध्यान देना आवश्यक है। प्रश्न यह है कि पिछले तीस-चालीस सालों से वामपंथी दल हिन्दी क्षेत्र के प्रति उदासीन क्यों बने रहे? इस प्रश्न को यह कहकर टाला नहीं जा सकता कि हिन्दी क्षेत्र में वामपंथी दलों का काम नहीं था। राजनैतिक दल उसी क्षेत्र में अधिक रुचि लेता है जहाँ उसका काम नहीं होता, उदाहरण के लिए भाजपा ने आदिवासी क्षेत्रों में आधार बनाया जहाँ उसका कोई नाम भी न जानता था।

यह भी नहीं कहा जा सकता कि पिछले तीस साल में वामपंथ की ताक़त कम हुई है। सच्चाई यह है कि उसकी ताक़त बढ़ी है, पश्चिम बंगाल और केरल में सरकारें बनी हैं, संसद में सदस्यों की संख्या बढ़ी है। माकपा ने पश्चिम बंगाल में महत्त्वपूर्ण उपलब्धियाँ प्राप्त की हैं। इसलिए यह सवाल और जटिल हो जाता है कि वामपंथी दलों ने हिन्दी क्षेत्र में रुचि क्यों नहीं ली थी? क्या कारण हो सकता है कि लम्बे समय तक पश्चिम बंगाल में सत्ता में रहने के बाद भी सी.पी.एम. का कोई प्रभाव बिहार के उन जिलों पर नहीं पड़ा जो सीमा से लगे हुए हैं? क्या कारण है कि हिन्दी क्षेत्र में आज पश्चिम बंगाल में सी.पी.एम. शासन द्वारा अर्जित उपलब्धियों के बारे में कोई नहीं जानता। क्या यह केवल संयोग की बात है कि सी.पी.एम. ने हिन्दी क्षेत्र में अपनी उपलब्धियों को जनता के सामने नहीं रखा या यह किसी प्रकार की सोची-समझी नीति और समझ के कारण हुआ है?

पश्चिम बंगाल और दक्षिण भारत में सी.पी.एम. की उपलब्धियों के कारण दल की केन्द्रीय समितियों में अधिकार अहिन्दी भाषा-भाषी नेताओं की प्रमुखता तर्कसंगत है। हिन्दी क्षेत्र में पार्टी की विफलता के कारण केन्द्रीय समितियों में हिन्दी-भाषी लोगों का प्रतिनिधित्व कम हो गया है। दूसरी ओर हिन्दी क्षेत्र के बुज़ुर्ग नेताओं के गुज़र जाने के बाद उनकी जगह भरने वाला दूसरा नेतृत्व भी पैदा नहीं हो पाया था। इस तरह पार्टी का पूरा ध्यान पश्चिम बंगाल, उत्तर-पूर्व और दक्षिण की सक्रियता पर केन्द्रित होना स्वाभाविक था। स्थिति कुछ ऐसी बनती चली गयी कि हिन्दी क्षेत्र न चाहते हुए भी पार्टी के सरोकार से बाहर निकल गया।

सी.पी.एम. के केन्द्रीय नेतृत्व ने जो नीतियाँ बनाईं वे हिन्दी क्षेत्र की आवश्यकताओं और विशेष परिस्थितियों को ध्यान में रखकर नहीं बनाई गयी थीं। केन्द्रीय नेतृत्व

की हिन्दी भाषा और संस्कृति के प्रति गहरी समझदारी के अभाव ने भी हिन्दी क्षेत्र को नुकसान पहुँचाया। पश्चिम बंगाल और केरल की पार्टी ने केन्द्रीय नेतृत्व को न केवल अपने प्रभाव में लिया बल्कि उसे केवल अपने क्षेत्रों और सरोकारों तक सीमित कर दिया अर्थात् राष्ट्रीय पार्टी के सरोकार कुछ क्षेत्रों तक ही सीमित हो गये। पार्टी में स्थानीयता और स्थानीय मुद्दों के प्रति जवाबदेही तथा चुनाव में जीतने का दबाव इतना बढ़ गया कि नेताओं को अपना क्षेत्र छोड़कर अन्य क्षेत्रों में जाने और उन पर ध्यान देने का समय ही नहीं मिल पाया। सी.पी.एम. के हिन्दी क्षेत्र में नेतृत्व का अभाव और उसके यांत्रिकी स्वरूप में किसी तरह की कल्पनाशीलता के लिए कोई जगह नहीं छोड़ी। दूसरे राजनैतिक दल आकर्षक नारों के साथ सामने आ रहे थे। गरीबी हटाओ, हमको परखो एक बार आदि। लेकिन वामपंथी दलों के पास न कोई नया कार्यक्रम था न कोई नया नारा—हिन्दी क्षेत्र लगातार भयानक सांप्रदायिकता की चपेट में आ रहा था, जातिवाद अपने उफ़ान पर था, भ्रष्टाचार और अपराध अपना शिकंजा कस रहे थे। स्थानीय लोकतांत्रिक निकाय कमज़ोर होकर टूट चुके थे, परन्तु इन परिस्थितियों में भी वामपंथी राजनीति किसी प्रकार का हस्तक्षेप नहीं कर पा रही थी।

1992 में बाबरी मस्ज़िद का विध्वंस, केन्द्र में भाजपा द्वारा गठित सरकार, गुजरात का सांप्रदायिक नरसंहार और उसके बाद नरेन्द्र मोदी का पुनः सत्तासीन होना आदि घटनाओं ने वामपंथी दलों के सामने यह स्पष्ट कर दिया था कि यदि उन्हें देश की राजनीति में सक्रिय भूमिका निभानी है और उसे दिशा देनी है, तो यह कार्य पश्चिम बंगाल, त्रिपुरा और केरल के दूर-दराज़ के इलाकों तक सीमित रहकर नहीं किया जा सकता। इसके लिए देश के हृदय प्रदेश अर्थात् हिन्दी क्षेत्र में पाँव जमाना आवश्यक है। पिछले दिनों सी.पी.एम. ने ये संकेत दिये हैं कि पार्टी बहुत गंभीरता से अपने को विस्तार देने के लिए पुनर्विचार कर रही है। हिन्दी प्रदेश में क़दम जमाने के लिए सी.पी.एम. संसद का बहुत सार्थक उपयोग कर सकती है। उदाहरण के लिए, यह सभी जानते हैं कि सांप्रदायिक हिंसा पर अंकुश लगाने के लिए नये क़ानून बनने आवश्यक हैं। इस कार्रवाई को सी.पी.एम. प्रभावशाली ढंग से संचालित कर सकती है। यदि सी.पी.एम. के नेतृत्व में सांप्रदायिकता पर अंकुश लगाने वाले प्रभावी नियम क़ानून बन जाते हैं, तो निश्चित रूप से सी.पी.एम. को अल्पसंख्यकों का विश्वास प्राप्त होगा। इसी तरह स्थानीय निकायों के सशक्तीकरण के लिए भी सी.पी.एम. प्रयास कर सकती है। इसका भी हिन्दी क्षेत्रों में सर्वथा स्वागत किया जायेगा।

हिन्दी क्षेत्र में वामपंथी हस्तक्षेप बहुआयामी होना चाहिए जिसकी परिधि में केवल राजनैतिक ही नहीं बल्कि सामाजिक, आर्थिक और सांस्कृतिक मुद्दे भी आ जायें। हिन्दी क्षेत्र में भाषा और संस्कृति की दुर्दशा से कौन परिचित नहीं है? भाजपा

हिन्दी के साथ विश्वासघात कर चुकी है। वामपंथी दल यदि भाषा और संस्कृति को लेकर आगे आते हैं तो इससे उनका आधार मज़बूत होगा। सामान्य नागरिक अधिकारों और सुविधाओं का हिन्दी क्षेत्र में नितांत अभाव है। शिक्षा और स्वास्थ्य सेवाएँ ध्वस्त हो चुकी हैं। इनको केन्द्र में रखकर जनहित में कार्यक्रम चलाए जा सकते हैं। इस प्रकार वामपंथी दल हिन्दी क्षेत्र में अपने आधार को मज़बूत कर सकते हैं। वैसे तो भ्रष्टाचार और अपराध हमारी राष्ट्रीय स्तर की समस्याएँ हैं। लेकिन हिन्दी क्षेत्र में उनका रूप अधिक विकराल है। भाजपा, सपा, बसपा या कांग्रेस जैसे दलों को भ्रष्टाचार और अपराध से लगातार शक्ति मिलती रहती है। तेज़ी से दाग़ी विधायकों और सांसदों की संख्या बढ़ रही है। यह तथ्य वामपंथ के पक्ष में जाता है कि उन्होंने अब तक दाग़ी लोगों को अपनी राजनीति में शामिल नहीं किया है। लेकिन आज की परिस्थितियों में केवल स्वयं निष्कलंक बने रहना ही आवश्यक नहीं है बल्कि दाग़ी को पहचानना और दंडित करना भी आवश्यक है। इस कारण यह वामपंथी दलों की ही ज़िम्मेदारी है कि वे बयानबाज़ी से आगे बढ़कर, सिविल सोसाइटी के सहयोग से राजनीति में भ्रष्टाचार व अपराध के उन्मूलन का आंदोलन चलायें।

हिन्दी क्षेत्र में रचनात्मक हस्तक्षेप के लिए यह आवश्यक है कि जनता को व्यावहारिक मुद्दों के आधार पर संगठित किया जाये, सहकारी आंदोलन और दूसरी लाभकारी योजनाओं को नेतृत्व देकर भी वामपंथी दल हिन्दी क्षेत्र में अपना आधार बना सकते हैं। हिन्दी प्रदेश में जनवादी प्रगतिशील आंदोलन कई रूपों में जगह-जगह पर दिखायी देता है। कहीं कुछ स्वयंसेवी संस्थाएँ इस दिशा में अच्छा काम कर रही हैं, तो कहीं कुछ अन्य संस्थाएँ जनता के बीच सक्रिय हैं। सी.पी.एम. इन संस्थाओं पर आधिपत्य जमाए बिना इन्हें सहयोग और समर्थन दे सकती है।

हिन्दी क्षेत्र में स्थानीय निकायों जैसे म्युनिस्पल बोर्ड, ग्राम पंचायत आदि संस्थाओं की हालत बहुत ही दयनीय है। जनता के प्रतिनिधित्व द्वारा चलने वाली ये संस्थाएँ प्रायः सरकारी अधिकारों द्वारा चलाई जा रही हैं। सामाजिक संस्थाओं जैसे सरकारी कॉलिजों आदि में जनता का जो प्रतिनिधित्व हुआ करता था वह अब केवल राजनीतिज्ञों तक सीमित हो गया है। ऐसे हालात में नागर समाज हिन्दी क्षेत्रों में उपेक्षित है। नागर समाज को शक्तिविहीन कर स्वार्थी तत्वों ने यथास्थितिवाद को मज़बूत बना दिया है। आज आवश्यकता इस बात की है कि हिन्दी क्षेत्र में नागर समाज की भूमिका को सुदृढ़ और सुनिश्चित किया जाये। सरकारी कार्यालयों के कार्यकलापों में नागर समाज की साझेदारी बढ़ाई जाये जिससे विकास की योजनाओं को गति मिल सके और सहभागिता के आधार पर पारदर्शिता और जवाबदेही सुनिश्चित की जा सके।

हिन्दी क्षेत्र में, वामपंथ के लिए पैर जमाना कठिन होगा, पर यह काम हथेली पर सरसों जमाने जैसा कठिन भी नहीं है।

भारत का विभाजन एवं देश की वर्तमान राजनीति

विषय प्रवेश संबंधी पूर्व पीठिका के संदर्भ में अपने विचारों को क्रम में रखने के लिए सबसे पहले मैं दो मूल शब्दों पर विचार करना चाहूँगा। 'देश' क्या है और देश का हित अर्थात् जनता का हित किसमें है? क्या देश मात्र भौगोलिक इकाई है? यदि हम कहें कि हाँ, तो इसका मतलब हुआ कि हमें न तो देश के लोगों की चिन्ता है और न प्रकृति का ध्यान है। हम केवल एक भू-खंड को देश मानते हैं और चाहते हैं कि वह सुरक्षित रहे, साबुत रहे, खण्डित न हो। लेकिन ऐसा नहीं है। देश का अर्थ है देश में रहने वाले लोग, देश की संस्कृति, इतिहास, भूगोल और भविष्य। इसलिए जब भी भारत की चर्चा की जानी चाहिए तो वह भू-खण्ड वाली परिकल्पना से व्यापक होनी चाहिए। अब दूसरी परिभाषा देने की आवश्यकता है। देश का अर्थात् जनता का हित किसमें है? मैं कहता हूँ कि जनता का हित 'क' में है, आप कहते हैं कि 'ख' में है। कोई और कहता है कि 'ग' में है। तो क्या जनता के हित इतने अस्पष्ट हैं? नहीं, ऐसा नहीं है। जनता के हित और देश के हित अस्पष्ट नहीं हैं। जनता को जीवित रहने का अधिकार मिलना चाहिए, जिसके लिए नौकरी या काम का अधिकार अनिवार्य है। जनता को स्वास्थ्य सेवाएँ चाहिए, जनता को शिक्षा का अधिकार चाहिए। लेकिन दुर्भाग्य की बात है कि देश से प्रेम करने वाले तथाकथित भारत-प्रेमी काम के अधिकार, स्वास्थ्य सेवाओं तथा शिक्षा के मुद्दों को लेकर कभी कोई रथयात्रा नहीं निकालते हैं।

ऐसी स्थिति में यह जानना आवश्यक है कि भारत से प्रेम करने वालों का 'एजेंडा' क्यों सीमित है? उनकी नज़र में देश की सबसे बड़ी समस्या गरीबी, भुखमरी, अपराध, भ्रष्टाचार नहीं है, बल्कि 'कॉमन सिविल कोड' है। वे देश के कमज़ोर वर्गों के उत्थान पर ध्यान नहीं देते, बल्कि 'अखण्ड भारत' का सपना दिखाते हैं। वे देश में रहने वाले सभी लोगों को हिन्दू मानने पर बल देते हैं, पर उनकी समस्याओं से आँखें बंद कर लेते हैं? यह कैसा देश-प्रेम है?

मेरे विद्वान मित्रो! अंग्रेज़ों ने भारत का विभाजन कर दिया और हमने उसे स्वीकार कर लिया। इस विभाजन को स्वीकार करने के पीछे क्या यह मंशा नहीं

थी कि इसके कारण एक धर्म विशेष तीन भागों में बँट कर अपनी शक्ति खो देगा? विभाजन को स्वीकार करने के पीछे क्या यह उद्देश्य नहीं था कि भारत के सबसे पिछड़े कबीलाई या अविकसित खेतिहर समाजों को अलग कर दिया जाये ताकि मुख्यधारा पर उसकी ज़िम्मेदारी और बोझ न आ पड़े? क्या विभाजन स्वीकार करने के पीछे यह दिमाग़ काम कर रहा था कि अल्पसंख्यकों को अलग करने के बाद धर्म विशेष की राजनीति फले-फूलेगी? भारत-विभाजन को समझने के लिए इन मुद्दों पर विचार करना भी आवश्यक है। इस पक्ष पर भी विचार किया जाना चाहिए कि क्या उभरता हुआ पूँजीपति दकियानूसी सामंती समाज से पल्ला झाड़ लेना चाहता था?

मैं किसी पड़ोसी देश को 'शत्रु देश' नहीं मानता, क्योंकि पड़ोसी के शत्रु होने से जो समीकरण बनते हैं वे शान्ति, विकास, सहयोग को नष्ट कर देते हैं और मैं अपने देश में शान्ति-विकास चाहता हूँ। पाकिस्तान एक यथार्थ है—हम उससे चाहे जितना असहमत क्यों न हों? और जब भी कोई राजनैतिक दल सत्ता में आता है वह पाकिस्तान को 'शत्रु देश' नहीं मानता, चाहे वह भाजपा ही क्यों न हो। यह प्रसन्नता की बात है कि भाजपा ने अपने शासन-काल में पाकिस्तान से न केवल अच्छे रिश्ते बनाये, बल्कि एक दिशा भी देने का प्रयास किया।

भारत के मुसलमान ही नहीं हिन्दू, सिख, ईसाई, बौद्ध, जैन, आदिवासी और विधर्मी सभी हिन्दू हैं। मुख्य बात यह है कि हम हिन्दू शब्द का क्या अर्थ लगाते हैं। यदि हम सिंध नदी के पार रहने वालों को हिन्दू कहते हैं, तो निश्चित रूप से हम सभी हिन्दू हैं। लेकिन यदि हम विशेष धार्मिक विश्वासों, पूजा-पद्धति और आराधना के तरीकों को मानने वालों को हिन्दू कहते हैं तो यह सर्वविदित है कि भारत बहुत से धर्मों का देश है। सवाल यह है कि हिन्दू शब्द का प्रयोग करने वाले क्या चाहते हैं? वे हिन्दू शब्द से क्या अर्थ ग्रहण करते हैं?

कुत्सित दिमाग, संकुचित दृष्टिकोण तथा ईर्ष्या और वैर रखने वाले प्रेम, सौहार्द, त्याग, बलिदान जैसे भावों से अपरिचित होते हैं। किसी भी समाज की अखण्डता का आधार सहिष्णुता और सहयोग की भावना है। विशेष रूप से बहुधर्मी बहुसांस्कृतिक और प्राचीन देशों की जनता यह अच्छी तरह समझती है। पड़ोस में रहने वाले मुल्ला जी अगर दो शादियाँ कर रहे हैं तो मेरी सेहत पर क्या फर्क पड़ रहा है? खिलाना तो उन्हीं को पड़ेगा? मोहल्ले में रहने वाले पंडित जी अगर हिन्दू ज्वाइंट फैमली आयकर कानून के तहत टैक्स देते हैं, तो ये उनके और सरकार के बीच की बात है। मैं क्यों अपने आपको दुःख में डालूँ?

मुस्लिम पर्सनल लॉ के अंतर्गत चार विवाह किये जा सकते हैं जो नहीं होने चाहिए, क्योंकि जो कानून सभी नागरिकों पर लागू होता है वही मुसलमानों पर भी हो। चार शादियों तथा तलाक में सरलता के कारण मुसलमान औरतों का बहुत शोषण

होता है...हम इस शोषण से इतने पीड़ित और दुखी हैं कि हमने मुसलमान औरतों के विकास और सुरक्षा के लिए बहुत-सी संस्थाएँ बना दी हैं...क्या आप ऐसी स्थिति से दो-चार हुए हैं? किसी को मुस्लिम महिलाओं के हित में काम करने से कौन रोक सकता है?

पर्चे में कहा गया है परिणामतः मजहबिक (मजहबी) आबादी का असंतुलन चिन्ता का विषय है—अगर इसका यह तात्पर्य है कि मजहबी आबादी में संतुलन होना चाहिए तो यह फैसला कौन करेगा कि कितना? कैसा? क्यों? किस तरह यह संतुलन होना चाहिए? क्या देश की आबादी को देश के धर्मों के आधार पर बराबर-बराबर बाँट देना चाहिए? एक बड़ा रोचक शब्द हमारी भाषा में आया है जिसे कहते हैं 'तुष्टिकरण' यानी 'एपीजमेंट'। भाजपा का यह प्रिय शब्द है। मुसलमानों के संदर्भ में इसका उपयोग बहुतायत से किया जाता है। लेकिन यह नहीं देखा जाता कि अधिकतर राजनीतिज्ञ लगभग सभी काम अपने मतदाताओं की तुष्टिकरण के लिए करते हैं। आडवाणी जी ने रथयात्रा किसकी तुष्टिकरण के लिए की थी? सोमनाथ मन्दिर किसकी तुष्टिकरण के लिए बनवाया गया था? शाहबानो केस में कांग्रेस ने मुसलमानों का तुष्टिकरण किया था और राजीव गाँधी ने बाबरी मस्ज़िद के ताले खुलवा कर हिन्दुओं का तुष्टिकरण किया था। मतलब यह है कि प्रायः कांग्रेस, भाजपा, समाजवादी पार्टी तथा अन्य दल जाति और धर्म विशेष से संबंध रखने वाले अपने मतदाताओं को नियम और कानून ताक पर रखकर प्रसन्न करने की कोशिश करते रहते हैं। अपने विरोधी दलों द्वारा किये गये इस काम को हम तुष्टिकरण कहते हैं और जब हम स्वयं यह करते हैं तो इसे राष्ट्रीय गरिमा, गौरव, परम्परा और न जाने कितने अच्छे शब्दों से महिमामंडित कर देते हैं।

यदि इस देश की, यहाँ की जनता की भलाई करनी है, उत्थान करना है तो हिन्दू-मुस्लिम की चौहद्दी से बाहर आना पड़ेगा। हिंसा, घृणा, संदेह, अविश्वास को त्यागना होगा...क्या हम इसके लिए तैयार हैं?

आतंकवाद के नये-नये चेहरे

एक मित्र वर्धा (महाराष्ट्र) से लौटकर आये और उन्होंने जो बताया उस पर मुझे विश्वास नहीं हुआ। उन्होंने कहा कि वे जो बता रहे हैं उसका चित्र भी उनके पास है। मैंने उनसे चित्र लिया तो पता चला कि मित्र झूठ नहीं बोल रहे थे। मित्र ने बताया था कि उन्होंने वर्धा (महाराष्ट्र) के आर.वी. चौक नाका पर एक जुलूस देखा। जुलूस में काफ़ी लोग शामिल थे और जुलूस में एक खुले ट्रक पर एक झाँकी भी बनायी गयी थी। झाँकी में एक सुन्दर गाय खड़ी थी। गाय के एक ओर एक आदमी खड़ा था जो पहनावे तथा अन्य चिह्नों से हिन्दू लगता था। गाय के दूसरी तरफ़ एक ऐसा आदमी खड़ा था जो वेशभूषा से पक्का मुसलमान लगता था। इस मुसलमान लगने वाले आदमी के हाथ में एक लम्बा-सा छुरा था जिससे वह गाय को मारना चाहता था, लेकिन हिन्दू व्यक्ति उसे रोक रहा था।

चित्र देखकर यह साफ़ हो जाता है कि झाँकी का संदेश है कि मुसलमान गाय के हत्यारे हैं और हिन्दू गाय की रक्षा करते हैं। अब सवाल यह उठता है कि भारतीय कौन हैं, जो लोग गाय की हत्या करते हैं? इससे पहले यह देखना होगा कि भारत में गाय की हत्या कहाँ-कहाँ होती है?

गाय की हत्या को भारतीय संविधान ने प्रांतों की इच्छा और अनिच्छा पर छोड़ दिया है। कुछ प्रांत जैसे उत्तर प्रदेश, बिहार, मध्य प्रदेश, राजस्थान, हिमाचल, महाराष्ट्र आदि राज्य ऐसे हैं जिन्होंने गो-हत्या को कानूनी रूप से अवैध करार दे दिया है और कुछ प्रदेश जैसे नागालैंड, केरल, मिज़ोरम आदि ऐसे हैं जहाँ की प्रांतीय सरकारों ने गो-हत्या को ग़ैर-कानूनी नहीं माना है।

अरुणाचल प्रदेश, केरल, मेघालय, मिज़ोरम, नागालैंड, त्रिपुरा, लक्षद्वीप में गो-हत्या पर प्रतिबंध संबंधी कोई कानून नहीं है। जबकि भारत के एकमात्र मुस्लिम बाहुल्य प्रदेश जम्मू-कश्मीर में गो-हत्या प्रतिबंधित है। महाराष्ट्र में गो-हत्या प्रतिबंधित है। इसलिए....इस प्रकार की झाँकी निकालने का क्या मतलब है कि मुसलमान महाराष्ट्र में गाय की हत्या करते हैं और हिन्दू उसे बचाते हैं? दरअसल देश के जिन प्रदेशों में गो-हत्या होती है वहाँ इस झाँकी का कोई अर्थ हो सकता है, लेकिन उन सब

प्रदेशों में मुसलमान ही गो-हत्या करते हैं, यह भी विवाद का विषय हो सकता है। नागालैंड, मिज़ोरम, मेघालय में प्रायः मुसलमान नहीं हैं। वहाँ गो-हत्या करने वाले स्थानीय लोग हैं। इसलिए झाँकी में मुसलमानों की बजाय नागा, मिज़ो आदि लोगों की छवियाँ होनी चाहिए थीं। लेकिन ऐसा नहीं है।

मुसलमान को ही गो-हत्या करते दिखाये जाने का स्पष्ट उद्देश्य यह स्थापित करना है कि मुसलमान ही गो-हत्या करते हैं। हिन्दू समाज की गाय के प्रति आस्था और अपमान करने वाले मुसलमानों के प्रति दर्शकों के मन में यही आता होगा कि मुसलमान हिन्दू धर्म और विश्वासों के विरोधी हैं, गो-भक्षक हैं, हिंसक हैं। इस कारण उनसे घृणा करनी चाहिए। हिन्दुत्व की रक्षा करनी चाहिए। इन विचारों और भावनाओं की परिणति हिन्दू-मुस्लिम वैमनस्य में होती है। हिन्दू-मुसलमान एक-दूसरे को शत्रु मानने लगते हैं। कभी-कभी भयानक दंगे हो जाते हैं। देशवासियों में फूट पड़ती है।

हिन्दू-मुसलमानों के बीच शत्रुता बढ़ाने वाले दरअसल देश को अन्दर से कमज़ोर करते हैं। उनका कुप्रचार सामाजिक अस्थिरता और विघटन को जन्म देता है। आतंकवादी भी यही काम करते हैं। वे बमों द्वारा विस्फोट करके सैकड़ों लोगों की जान ले लेते हैं। देश के दो समुदायों के बीच घृणा, अविश्वास और हिंसा का वातावरण बनाना भी एक प्रकार का आतंकवाद है। इन 'विस्फोटों' का प्रभाव यह पड़ता है कि देशवासियों के मन में एक-दूसरे के प्रति अविश्वास, घृणा, हिंसा और बदला लेने की भावनाएँ बढ़ जाती हैं।

हमारा इतिहास साक्षी है कि जब एक देश में रहने वाले लोगों के बीच घृणा और हिंसा बढ़ जाती है तो क्या होता है। क्या आज समाज को घृणा और हिंसा की आग में झोंकने वाले किसी भी तरह देश-प्रेमी कहे जा सकते हैं? दरअसल ये पक्के देशद्रोही हैं और समाज के सबसे बड़े शत्रु हैं।

हमें देश की सुरक्षा सीमाओं पर ही नहीं, सीमाओं के अन्दर भी करने की ज़रूरत है। ये समाज-विरोधी तत्व समाज को बाँटकर अपना राजनीतिक स्वार्थ पूरा करते हैं। ये वही काम करते हैं जो कभी पाकिस्तान के संस्थापक मुहम्मद अली जिन्ना ने किया था। इन्हें शायद यह नहीं मालूम कि देश में घृणा और हिंसा की आग भड़काकर ये अपने राजनीतिक हित तो साध सकते हैं, लेकिन इससे देश और देशवासियों को एक ऐसा नुकसान होता है जिसकी भरपाई संभव नहीं होती।

अभी हाल ही में शफीकुर्रहमान बर्क़, बसपा के सांसद, सदन से उठकर चले गये थे, क्योंकि वहाँ वन्दे मातरम् की धुन बज रही थी। अगर किसी का इस्लाम इतना कमज़ोर है कि वह वन्दे मातरम् की धुन से खण्डित हो जाता है, तो उसे पहले अपने धर्म को पक्का करने पर ध्यान देना चाहिए।

श्री बर्क़ को यह भी मालूम होना चाहिए कि वे किसी इस्लामी देश में नहीं,

बल्कि संसार के सबसे बड़े लोकतंत्र में रहते हैं, जहाँ मुसलमान कई मुस्लिम देशों से ज़्यादा सुरक्षित और सम्मानित हैं। पाकिस्तान में मुसलमान अपने को जितना असुरक्षित महसूस करते हैं, उतना भारत में नहीं करते। क्योंकि भारत में मुस्लिम समुदाय एक-दूसरे से उस तरह युद्धरत नहीं हैं जैसे पाकिस्तान में हैं। बर्क़ साहब अगर वन्दे मातरम् की धुन को इस्लाम विरोधी मानते हैं तो क्या वे हिन्दू बाहुल्य देश में रहने को ग़ैर-इस्लामी नहीं मानते, जबकि अब भी दुनिया में इस्लामी देश हैं, जहाँ जाया जा सकता है। बर्क़ साहब का इस्लाम हिन्दू वोट लेने और सांसद हो जाने की अनुमति तो देता है, देश और संसद की आचार-संहिता पर विश्वास करने की अनुमति नहीं देता, यह आश्चर्य की बात है। धर्म की आग पर रोटियाँ सेंकने वाले ही समाज में द्वेष, घृणा और अलगाव पैदा कर रहे हैं।

धर्मान्धता फैलाकर वोटरों का समर्थन मिल जाता है। धर्मान्ध मुस्लिम नेताओं को शायद नहीं मालूम कि वे मुसलमानों का जितना अहित कर रहे हैं, उतना कोई और नहीं कर रहा है। लोकतंत्र मुसलमानों और दूसरे धर्मों का सम्मान करता है। इसलिए लोकतंत्र का सम्मान करना और उसे मज़बूत बनाना बहुसंख्यकों की तुलना में अल्पसंख्यकों के लिए ज़्यादा ज़रूरी है। श्री बर्क़ जैसे लोगों को यह भी ध्यान देना चाहिए कि कुछ 'झाँकियाँ', 'वक्तव्य' या 'बहिष्कार' भी वही काम करते हैं जो आतंकवादियों के बम विस्फोट करते हैं।

कुछ बुनियादी सवाल

'आम आदमी पार्टी' की लोकप्रियता ने एक बार फिर यह सिद्ध कर दिया है कि भारत का आम आदमी व्यवस्था में बदलाव लाना चाहता है। ऐसा पहली बार नहीं हुआ है। इंदिरा गाँधी के 'गरीबी हटाओ' नारे के बाद जे.पी. आंदोलन का समर्थन भी व्यवस्था बदलाव की आकांक्षा से प्रेरित था। लेकिन न इंदिरा गाँधी ने और न जनता दल ने जनता की आकांक्षाओं का सम्मान किया। व्यवस्था वैसी ही चलती रही जैसी पहले चल रही थी। हाँ, यह ज़रूर हुआ कि वह अधिक-से-अधिक आम आदमी के विरुद्ध होती चली गयी और खास आदमी को अधिक-से-अधिक मिलता चला गया।

केजरीवाल गुट भारतीय समाज को बदलने की दिशा में क्या करेगा और क्या नहीं कर पायेगा, इसके बारे में कोई भविष्यवाणी नहीं की जा सकती। हम सब चाहते हैं कि जनहित में आम आदमी पार्टी बहुत महत्त्वपूर्ण रोल निभाए। लेकिन उन सवालों पर विचार कर लेना भी आवश्यक है जो आम आदमी पार्टी के बारे में उठाये जाते हैं। पहला और बुनियादी सवाल यह उठाया जाता है कि क्या भ्रष्टाचार भारतीय समाज की सबसे बड़ी समस्या है? और सबसे पहले भ्रष्टाचार को समाप्त किया जाना चाहिए? प्रायः लोग मानते हैं कि भ्रष्टाचार एक बड़ी समस्या है, लेकिन हमारे समाज में इससे बड़ी समस्याएँ भी हैं और भ्रष्टाचार समाप्त हो जाने के बाद भी भारतीय समाज की मूलभूत समस्याएँ लगभग वैसी की वैसी ही रहेंगी। प्रश्न के पहले स्वरूप पर विचार करें तो लगता है कि भारतीय समाज की मूल समस्याएँ बेरोज़गारी, गरीबी और सांप्रदायिकता हैं। मान लीजिए भ्रष्टाचार दूर हो गया, तो क्या गरीबी, बेरोज़गारी समाप्त हो जायेगी? क्या देश की गरीबी और बेरोज़गारी का कारण भ्रष्टाचार है?

वास्तव में सामाजिक असमानता, गरीबी और बेरोज़गारी का कारण हमारी आर्थिक नीतियाँ हैं। भारत सरकार बड़े-बड़े वित्तीय संस्थानों और पब्लिक सेक्टर के बड़े विशाल लेकिन घाटे में चल रहे उपक्रमों को खरबों रुपये का 'बेलआउट पैकेज' देकर उन्हें आर्थिक संकट से उबारती है। सरकार की निरंकुश नौकरशाही अपनी सुख-सुविधाओं पर करोड़ों रुपये अनाप-शनाप खर्च करती है। आर्थिक नीतियों का

परिणाम यह निकल रहा है कि देश में अरबपतियों की संख्या में बढ़ोतरी हो रही है और दूसरी ओर गरीबी रेखा के नीचे आने वाले लोग बढ़ रहे हैं। गरीबी और बेरोज़गारी ने अकल्पनीय मानवीय समस्याएँ खड़ी कर दी हैं। क्या आम आदमी पार्टी देश की आर्थिक नीतियों को बदलने के बारे में कोई ठोस कदम उठाने की बात करती है?

आज़ादी के बाद भारतीय राज्य व्यवस्था ने जनता की बुनियादी आवश्यकताओं जैसे शिक्षा और स्वास्थ्य सेवाओं से हाथ खींच लिया है। ये सेवाएँ प्राइवेट सेक्टर में चली गयी हैं और मुनाफा कमाने का साधन बन गयी हैं। अब धनवान ही इन सुविधाओं का लाभ उठा सकते हैं। एक समय था जब उच्च और स्तरीय शिक्षा आम लोगों के लिए उपलब्ध थी, आज नहीं है। क्योंकि व्यापार बन जाने के कारण बहुत महँगी हो गयी है। धन का जितना महत्त्व आज हमारे समाज में है, उतना पहले नहीं था। दूसरी तरफ़ साधारण नौकरीपेशा लोगों की आय में वह वृद्धि नहीं हुई है कि वे व्यापारिक स्तर पर दी जाने वाली शिक्षा और स्वास्थ्य सेवाएँ प्राप्त कर सकें। यदि हम भ्रष्टाचार मुक्त और एक स्वस्थ समाज के लिए प्रयत्न कर रहे हैं, तो हमें बुनियादी सेवाओं की ओर भी ध्यान देना चाहिए। आम आदमी पार्टी को इस संबंध में स्पष्ट नीति बनानी चाहिए। यह आशा करना अमानवीय होगा कि ईमानदारी की वेदी पर आम आदमी अपना सब कुछ बलिदान कर दे।

कहा जाता है, भ्रष्टाचार समाप्त हो जायेगा तो देश के खजाने में अकूत धन आयेगा, जिसका प्रयोग जनहित में किया जायेगा। सोचने की बात यह है कि आज भी देश के खजाने में धन की कमी नहीं है, लेकिन उस धन का प्रयोग किस प्रकार किया जा रहा है? तो इसका सीधा अर्थ यह है कि देश के धन और संसाधनों के प्रयोग के बारे में स्पष्ट नीतियाँ बनाये बिना हम यह नहीं कह सकते कि केवल अकूत धन हमारी बुनियादी समस्याओं का समाधान कर देगा। भारत जैसे देश में यह निर्णय लिया जाना ज़रूरी है कि देश चाँद और मंगल ग्रह पर रॉकेट भेजने को प्राथमिकता देगा या रोज़गार उपलब्ध कराने को?

भ्रष्टाचार पर लगाम लगाने के लिए सरकारी कामकाज में जनता की सहभागिता, पारदर्शिता और जवाबदेही सुनिश्चित किया जाना ज़रूरी है। इसके बिना भ्रष्टाचार से निपटना संभव न होगा। 'स्टिंग ऑपरेशन' कुछ भ्रष्टाचारियों को गिरफ्तार करा सकते हैं, लेकिन भ्रष्टाचार का बुनियादी ढाँचा नहीं बदलेगा। प्रशासन में जनता की प्रभावशाली भागीदारी तय करने के लिए संविधान में परिवर्तन आवश्यक होगा। क्या आम आदमी पार्टी ने इस दिशा में कुछ सोचा है?

भ्रष्टाचार समाज व्यवस्था की देन है और उसे समाप्त करने के लिए समाज व्यवस्था में सार्थक परिवर्तन करने पड़ेंगे अन्यथा यह केवल लोकप्रिय, पर निरर्थक

खेल बनकर रह जायेगा। समाज को शिक्षित और जागरूक बनाये बिना भ्रष्टाचार से नहीं निपटा जा सकता। इस दिशा में भी पर्याप्त ध्यान देना आवश्यक है।

आम आदमी पार्टी की सफलता ने यह सिद्ध कर दिया है कि कांग्रेस और बीजेपी की राजनीति अब कम-से-कम शहरों में रहने वाले युवा मतदाताओं को स्वीकार्य नहीं है। इन दोनों पार्टियों के विकास संबंधी नारे भी खोखले सिद्ध हो गये हैं और इनके पास अब कोई और सार्थक एजेंडा भी नहीं है। ऐसी स्थिति में आम आदमी पार्टी का भविष्य सुनिश्चित है। लेकिन आम आदमी पार्टी को कांग्रेस और बीजेपी की नीतियों और विचारधारा से अलग अपनी विचारधारा देने की आवश्यकता है। यही नहीं बल्कि 'जनकल्याण' के कांग्रेसी एजेंडे से भी अपने को अलग करने की आवश्यकता है। कांग्रेस ने 'जनकल्याण' के नाम पर 'मुफ़्तखोरी' को बढ़ावा दिया है। 'मिड-डे मील' तथा इसी तरह की अन्य ऐसी योजनाएँ हैं जिनके माध्यम से गरीब जनता को 'कुछ' मुफ़्त मिलता है। इन योजनाओं के पीछे क्या धारणा है? क्या यह गरीब जनता को आश्रित बनाने और उपकृत करने से कुछ अलग है?

ऐसी योजनाएँ क्यों नहीं हैं जो गरीब को रोज़गार उपलब्ध करायें और वह सम्मानजनक तरीके से अपना और अपने परिवार का पालन-पोषण कर सकें। मुफ़्तखोरी के सरकारी कार्यक्रमों के पीछे गरीब को गरीब बनाये रखने का षड्यंत्र है। निर्धन और कमज़ोर वर्ग की सहायता करना आवश्यक है लेकिन यह मान लेना गलत होगा कि सहायता ही समस्या का समाधान है। आम आदमी पार्टी ने मुफ़्त पानी और सस्ती बिजली देने के जो कार्यक्रम बनाये हैं, उन पर गंभीरता से विचार करने की आवश्यकता है। निर्धन जनता का सशक्तीकरण ही एक ऐसा सम्मानजनक रास्ता है जो बुनियादी समस्याओं का समाधान हो सकता है। ऐसा करना भ्रष्टाचार से लड़ने का एक बड़ा कदम होगा।

मुस्लिम राजनीति की दिशा

जामा मस्जिद के इमाम सैय्यद अहमद बुखारी द्वारा आयोजित दस्तारबंदी समारोह को दिल्ली उच्च न्यायालय द्वारा गैर-कानूनी घोषित किये जाने तथा शाही इमाम बुखारी पर उचित कार्यवाही होने की संभावना ने कई महत्त्वपूर्ण प्रश्न खड़े कर दिये हैं, जिनके आलोक में भारतीय अल्पसंख्यक राजनीति पर सार्थक प्रभाव पड़ सकता है। भारतीय राजनीति में ऐसा शायद पहली बार हुआ है जब केन्द्र में एक ऐसी पार्टी की सरकार बनी है जिसे मुसलमानों ने वोट नहीं दिये हैं।

इससे पहले कांग्रेस तथा दूसरे दलों के लिए मुस्लिम वोट बहुत महत्त्वपूर्ण हुआ करते थे। यही कारण था कि कांग्रेस और दूसरे दल धर्मान्ध मुस्लिम नेताओं की तमाम अनावश्यक और पुरातनपंथी माँगों के आगे सिर झुका दिया करते थे। इसका नतीजा यह निकला कि राष्ट्रीय और प्रादेशिक स्तर पर मुस्लिम समुदाय कट्टरपंथी, धर्मान्ध और धर्म के नाम पर राजनीति करने वाले मुस्लिम नेताओं की गिरफ्त में आ गया। इसका एक बड़ा प्रतिगामी प्रभाव मुस्लिम समाज पर पड़ा था। इसके कारण सांप्रदायिकता और अलगाव को बढ़ावा मिला, जो धर्मान्ध मुस्लिम नेताओं के हित में था।

वर्तमान में नरेन्द्र मोदी के नेतृत्व में भारतीय जनता पार्टी की सरकार उस राजनीतिक दबाव अथवा बाध्यता से मुक्त है जिसके अन्तर्गत दूसरे राजनीतिक दलों की सरकारें मुसलमानों का वोट पाने के लिए उनके धर्मान्ध नेताओं की हर उल्टी-सीधी माँग स्वीकार कर लेती थीं।

हालाँकि यह सब अपने राजनीतिक हितों को पूरा करने और मुस्लिम मतों को अपने पक्ष में मोड़ने के लिए किया जाता था। आज यदि नरेन्द्र मोदी के नेतृत्व वाली भाजपा सरकार मुसलमानों के हित में धर्मान्ध मुस्लिम नेताओं पर अंकुश लगाती है, तो यह स्वागत योग्य कदम है। आज भारतीय मुसलमानों की एक बड़ी समस्या यह है कि उनके तथाकथित नेता उन्हें आगे बढ़ने से रोकते हैं और जड़ता की ओर धकेलते हैं।

दरअसल कांग्रेस या दूसरे दलों के शासनकाल में मुसलमानों का कोई भला

नहीं हुआ है और न ही उनकी स्थिति में कोई खास बदलाव आ पाया। आज़ादी के बाद लम्बे समय में यदि ऐसा कुछ हुआ होता तो सच्चर कमीशन की ऐसी रिपोर्ट न आती जिससे मुसलमानों की वास्तविक स्थिति का पता चलता है।

नरेन्द्र मोदी ने प्रधानमंत्री बनने के बाद संभवतः अल्पसंख्यकों, विशेषरूप से मुस्लिम अल्पसंख्यकों के बारे में कोई बयान नहीं दिया है। उनकी इस चुप्पी के कई अर्थ लगाये जा सकते हैं। एक सकारात्मक अर्थ यह हो सकता है कि वह मुस्लिम समाज के कट्टर धर्मान्ध नेताओं के दबाव में नहीं आयेंगे और इस संबंध में एक नीति बनायेंगे। उन्होंने अब तक नयी नीति बनाने के संकेत नहीं दिये हैं।

मोदी मंत्रिमंडल में भाजपा प्रवक्ता मुख्तार अब्बास नकवी को शामिल किया जाना कोई नया संकेत नहीं है। इसी तरह नजमा हेपतुल्ला की उपस्थिति भी मोदी राजनीति की प्रखरता को धूमिल करती है। अल्पसंख्यकों के नाम पर यदि दो लोग चुने गये हैं तो सवाल यह उठता है कि उन्होंने अल्पसंख्यकों के लिए क्या किया है?

यहाँ लोकप्रियता की बात नहीं की जा रही है, बल्कि उनके योगदान पर बल दिया जा रहा है। क्या मुख्तार अब्बास नकवी या नजमा हेपतुल्ला ने मुसलमानों के लिए कोई उल्लेखनीय काम किया है। इस क्रम में यदि कुछ आगे बढ़ें, तो यह भी पूछा जा सकता है कि क्या देश और भारतीय समाज के लिए उन्होंने कुछ किया है अथवा उनका कोई विशिष्ट योगदान है?

इससे साफ़ है कि मोदी मंत्रिमंडल में अल्पसंख्यक मंत्रालय का ज़िम्मा सँभाल रहे मुख्तार अब्बास नकवी और नजमा हेपतुल्ला के माध्यम से नरेन्द्र मोदी की अल्पसंख्यक संबंधी नीति को नहीं समझा जा सकता। वास्तविकता यही है कि आज भी मुस्लिम समाज एक गरीब और अशिक्षित समाज बना हुआ है और वह समय के साथ समाज के शेष वर्गों की तरह प्रगति नहीं कर सका है।

इस समाज का वास्तविक भला वही करेगा जो इसकी अशिक्षा और गरीबी को दूर कर सकेगा और वास्तव में भारतीय मुसलमानों की सभी समस्याओं का समाधान भी यही है।

दुर्भाग्य यही है कि भारत में कोई भी मुस्लिम नेता कभी मुसलमानों की बुनियादी समस्याओं की बात नहीं करता, क्योंकि धर्मान्ध और भावनाओं से खेलने वाले नेताओं को पता है कि शिक्षित मुस्लिम समाज में उनकी स्थिति शून्य हो जायेगी। अशिक्षा, गरीबी, धर्मान्धता और भावुकता उनकी खाद-पानी है।

उन्हें दरअसल धर्म से भी कोई लेना-देना नहीं है। अल्पसंख्यकों के संबंध में नरेन्द्र मोदी की चुप्पी के बारे में उनके समर्थक कहते हैं कि उनकी नीतियाँ पूरे देश और पूरी जनता के विकास पर केन्द्रित हैं और वह भारतीय जनता को धर्मों, जातियों, समुदायों, क्षेत्रों आदि में बाँटकर नहीं देखते। तर्क के स्तर पर यह बात बहुत प्रभावित

करती है, लेकिन सच्चाई यही है कि भारत जैसे विषमताओं से भरे देश में सबके लिए एक-सी कारगर योजनाएँ और नीतियाँ नहीं बनायी जा सकतीं।

उद्योगपतियों और व्यापारियों के विकास के लिए जो योजनाएँ बनेंगी, उनसे दलित, आदिवासियों और अल्पसंख्यकों को क्या लाभ होगा? अधिक-से-अधिक चौकीदारों, सफ़ाई कर्मचारियों, सुरक्षाकर्मियों के कुछ पद उन्हें मिल जायेंगे, लेकिन योजनाएँ यदि दलितों, आदिवासियों आदि को केन्द्र में रखकर बनायी जायेंगी तो इनका सीधा और सबसे बड़ा लाभ लक्षित वर्गों को ही होगा।

यह भी चिन्ता का विषय है कि भारतीय मुसलमानों के बारे में जब भी कोई बात की जाती है अथवा कही जाती है, तब उसका केन्द्र उत्तर भारत के मुसलमान होते हैं। हम कर्नाटक, तमिलनाडु और केरल आदि के मुसलमानों को जाने-अनजाने इस विमर्श में शामिल नहीं करते अथवा उन्हें भूल जाते हैं।

सच्चाई यह है कि दक्षिण भारत के मुसलमानों की उपेक्षा करके भारत के मुसलमानों की सही तस्वीर नहीं बन सकती। दक्षिण के मुस्लिम समुदाय के लोग उत्तर भारत के मुसलमानों से इन अर्थों में भिन्न हैं कि वे अधिक पढ़े-लिखे और जागरूक हैं। वे उद्यमी स्वभाव के हैं और स्थानीय भाषा एवं संस्कृति को आत्मसात किये हुए हैं।

दक्षिण भारत के मुसलमान शिक्षा के क्षेत्र में बहुत महत्त्वपूर्ण और सराहनीय कार्य कर रहे हैं। कर्नाटक में अल अमीन ट्रस्ट के कई मेडिकल और इंजीनियरिंग कॉलेज हैं। आंध्र प्रदेश में चार मेडिकल कॉलेजों के अलावा केरल में भी चार मेडिकल कॉलेज हैं, जो मुस्लिम ट्रस्ट चला रहे हैं। दक्षिण भारत की तुलना में उत्तर भारत के राज्यों में स्थिति बहुत खराब है।

दिल्ली में मुस्लिम संस्थाएँ एक मेडिकल कॉलेज ही चला रही हैं। असम में ईआरडीएफ नाम की संस्था है, जो कई संस्थाएँ और बड़े इंजीनियरिंग कॉलेज चला रही है। कम्प्यूटर शिक्षा भी इस संस्था की एक विशेषता है। दक्षिण भारत में मुस्लिम समाज के शिक्षित होने के कारण ही उन प्रदेशों में वे समस्याएँ नहीं हैं जो उत्तर भारत के मुस्लिम समाज में व्याप्त हैं।

लोकतंत्र में धर्म और जाति

विसंगतियों, विरोधाभासों और असमानताओं से भरे हमारे देश में आज देश की दिशा और दशा ने जो रुख इख़्तियार कर लिया है वह घोर चिन्ता का कारण बन गया है। आज़ादी के बाद शायद देशवासी इतने स्तरों पर इतने अधिक बँटे हुए नहीं थे, जितने आज हैं।

हिन्दू-मुस्लिम सांप्रदायिकता ने जो उग्र रूप धारण कर लिया है वह एक विस्फोटक भविष्य का सूचक है। लगातार होने वाले बम धमाकों के सामने आम देशवासी अपने आपको चाहे जितना असहाय महसूस करता हो, लेकिन यह तय है कि देश के अन्दर अविश्वास की आग तेज़ी से भड़क रही है। बम धमाकों के अपराधी दिखायी नहीं देते, लेकिन उनकी पहचान ऐसे समूहों के रूप में तो हो ही जाती है, जो एक धर्म विशेष से संबंध रखते हैं।

धर्म विशेष के लोग लाख कहते रहे हैं कि हम धमाकों की निन्दा करते हैं और यह अधार्मिक काम है, लेकिन देश में एक माहौल-एक घृणा और प्रतिहिंसा का माहौल तो बनता ही है। धर्म के नाम पर धमाके करने वालों का उद्देश्य भी यही है और वह पूरा हो रहा है। सरकारी तंत्र की निष्क्रियता और अकर्मण्यता आग में घी का काम करती है। जनता हर तरफ़ से निराश होने के बाद उत्तेजना और उकसावे के चरम क्षणों में ऐसे निर्णय लेती है जो लोकतंत्र की बुनियादें हिला देते हैं और प्रतिहिंसा को और मज़बूत बनाते हैं। यही पिछले पंद्रह-बीस साल से हो रहा है और हम केवल दर्शक बने देख रहे हैं।

सांप्रदायिकता के बाद हमारे समाज में जातीय तनाव और संघर्ष का माहौल भी उग्र रूप धारण कर चुका है। राजनीति, विशेष रूप से उत्तर प्रदेश की राजनीति तो जातीय समीकरणों में बुरी तरह फँसी दिखायी देती है।

अब सवाल नीतियों पर नहीं पूछे जाते, राजनैतिक दल अपना घोषणा पत्र नहीं बनाते, अपनी प्राथमिकताएँ और योजनाएँ नहीं घोषित करते; अब बात होती है केवल जातीय समीकरणों पर। समीकरण बनते हैं, परन्तु जातियों के बीच घृणा और द्वेष की दीवारें ऊँची होती रहती हैं।

आज देश में जातीय हिंसा का जो स्वरूप नज़र आता है। वह पहले नहीं था। अभी हाल में ही गुर्जर समाज के आंदोलन ने यह सिद्ध कर दिया है कि जातियाँ अपनी माँगें मनवाने और प्रमुख स्थान स्थापित करने के लिए किस तरह कानून तथा प्रशासन से खिलवाड़ करेंगी और उन पर किसी तरह का कोई शिकंजा नहीं कसा जा सकेगा। बल्कि वोटों की राजनीति उनकी पीठ थपथपाएगी और अपने हित में इस्तेमाल करने की चालें सोचेगी।

जाति आधारित संगठन बड़ी तेज़ी से सामने आ रहे हैं। प्रदेशों तथा जिलों में जाति विशेष के सम्मेलन और सभाएँ यह सिद्ध करती हैं कि आज हमारे समाज की आस्था देश के कानून, व्यवस्था और शासन पर नहीं बल्कि अपनी जाति पर केन्द्रित है। जातिवादी राजनीति के मज़बूत होने का सबसे बड़ा कारण यह है कि आज़ादी की आधी शताब्दी बीत जाने के बाद भी लोगों को देश के प्रशासन, कानून व्यवस्था, न्याय व्यवस्था के प्रति आस्था नहीं है।

आज एक आम आदमी यह समझता है कि केवल उसकी जाति ही उसे संरक्षण दे सकती है। जिस समाज में धर्म या जाति सत्ता प्राप्त करने का आधार बनता हो उस समाज में योग्यता, कार्य-कुशलता, कार्यक्षमता आदि का क्या अर्थ बचेगा? यही नहीं, अब हमारे समाज में तो यह मान लिया गया है कि योग्यता आदि की बातें किताबी हैं और उनका कोई महत्त्व नहीं है या वे प्रासंगिक नहीं रह गयी हैं।

देश के सबसे ऊँचे न्यायाधीश भी भ्रष्टाचार में लिप्त बताये जाते हैं। निचले-न्यायालयों का क्या हाल होगा इसकी कल्पना की जा सकती है। सरकारी मशीनरी पूरी तरह भ्रष्ट हो चुकी है। पुलिस और प्रशासनिक अधिकारियों का भ्रष्टाचार रोज़मर्रा की बात बन गया है। विकास योजनाएँ भ्रष्टाचार की सूली पर चढ़ा दी गयी हैं। छोटे जिलों में तबादले की राजनीति ने प्रशासन को ठप्प करके रख दिया है। केवल वही काम होते हैं जिनसे किसी को व्यक्तिगत लाभ होता है। प्रशासन और राजनीति के गठजोड़ ने विकास को विनाश के कगार तक पहुँचा दिया है। मज़े की बात यह है कि देश की इस स्थिति की जानकारी सबको है और कोई कुछ नहीं कर सकता।

राष्ट्रपति से लेकर प्रधानमंत्री तक जानते हैं कि देशवासियों को न्याय नहीं मिल रहा, भ्रष्टाचार के कारण विकास योजनाएँ रुकी पड़ी हैं, सार्वजनिक क्षेत्र के बे-स्तर उपक्रम खरबों का घाटा दे रहे हैं, लेकिन कोई कुछ नहीं कर सकता। भ्रष्टाचार से निपटने के लिए हमने जो संस्थाएँ बनायी थीं, वे स्वयं भ्रष्ट हो गयी हैं। अब सोचने की बात यह है कि एक भ्रष्ट समाज आतंकवाद से कैसे लड़ सकता है? भ्रष्टाचारी पैसा लेकर सब दरवाज़े खोल देता है, उसे इससे क्या मतलब कि

कौन आ रहा है, कौन जा रहा है?

कानून और व्यवस्था से लोगों का विश्वास उठ गया है। यही कारण है कि अपराध बेहद तेज़ी से बढ़ रहे हैं। दूसरी ओर अपराधियों को राजनेताओं से सीधा संरक्षण मिलता है या अपराधी ही राजनेता बन गये हैं। वे पुलिस और प्रशासन के साथ मिलकर सरकार चला रहे हैं। जिसके कारण कानून व्यवस्था पर से लोगों का विश्वास समाप्त हो गया है। इसलिए लोग विवाद का निपटारा सड़कों पर करने लगे हैं, 'रोड रेज' और सड़क पर होने वाले अपराधों में वृद्धि होती जा रही है।

कानून व्यवस्था के दिवालियेपन के साथ-साथ सामाजिक मूल्यों और पारिवारिक संबंधों में जो बदलाव आया है वह समाज और राजनीति में आये पतन की प्रतिछाया है। सिद्धान्तविहीन और दंड विधान से 'मुक्त' समाज में मानवीय संबंध कैसे होंगे, इसकी कल्पना करना कठिन नहीं है। दहेज के लिए हत्याएँ, बच्चों के साथ बलात्कार और हत्याएँ, वृद्धों की हत्याएँ आदि के पीछे यही मानसिकता काम करती है कि 'सज़ा नहीं होगी' तथा 'सबसे बड़ी चीज़ धन है' जिसे प्राप्त करने के लिए कुछ भी किया जा सकता है।

अब यह लगने लगा है कि दरअसल देश को यथास्थितिवाद की ताक़तें चला रही हैं। कुछ शक्तिशाली गुट अपने एजेंडे और कार्यक्रम के अनुसार देश को जिस दिशा में ले जा रहे हैं, उस दिशा में देश जा रहा है। नहीं तो, इसका कोई कारण नहीं है कि आधी शताब्दी के लोकतंत्र में देश सामाजिक, नैतिक और आर्थिक रूप से आगे बढ़ने की बजाय पीछे जा रहा है।

विसंगतियाँ बढ़ रही हैं जो किसी भी समाज और देश के लिए घातक हैं। एक ओर करोड़पतियों की संख्या बढ़ रही है, तो दूसरी ओर बेरोज़गारी और भुखमरी बढ़ रही है। किसान आत्म-हत्याएँ कर रहे हैं और विदेशों से होने वाला निवेश खरबों का आँकड़ा पार कर गया है। एक ओर 'साइबर सिटी' बनाये जा रहे हैं, दूसरी ओर आदिवासी उजड़ रहे हैं। देश में बड़े पैमाने पर मज़दूरों का पलायन और तस्करी हो रही है। जन-संगठन ठप्प पड़ गये हैं।

इन परिस्थितियों में सबसे ज़्यादा खतरनाक यह है कि लोग लोकतंत्र पर प्रश्नचिह्न लगा रहे हैं। संसद में जिस तरह सांसदों की खरीद होती दिखायी देती है, वह लोकतंत्र पर बड़ा आघात है। लोकतंत्र से विश्वास डिगने के कारण देश में हिंसा बढ़ेगी, धर्मों, जातियों, क्षेत्रों और प्रदेशों के आधार पर लोग बँटेंगे और लोकतंत्र का अस्तित्व ही खतरे में पड़ सकता है। ऐसे हालात में हम अपने नेताओं की ओर देखते हैं।

आशा करते हैं कि वे हमें इस गंभीर संकट से उबार लेंगे। लेकिन हमारे नेता हैं कौन? क्या वे हमारे नेता हैं जो धर्म और जाति के नाम पर पहले से ही देश को दरका चुके हैं? या देश के नेता वे हैं जो यथास्थितिवाद के पोषक हैं? कौन

है देश का नेता? क्या वे हैं जो छोटी-छोटी क्षेत्रीय पार्टियाँ बनाकर अपनी गद्दियाँ बचाने में लगे हैं?

दरअसल एक बड़ा संकट यह भी है कि आज हमारे पास 'विज़नरी' नेतृत्व का नितान्त अभाव है। यही नहीं हमारा आज का नेतृत्व देश को वर्तमान संकट से निकाल पाने का रास्ता नहीं खोज पाया है और न उसके पास भविष्य का कोई 'रोड मैप' है। शायद देशों के इतिहास में यह समय भी आता है, पर सदा नहीं रहता।

वामपंथ की भूलभुलैया

आज़ादी के बाद भारतीय जनता ने जब-जब मतदान द्वारा बेहतर सरकार बनाने के पक्ष में मतदान किया है। तब-तब जनता के साथ विश्वासघात हुआ है। कांग्रेस के शासन और सत्ता को चुनौती देते हुए जनता ने प्रांतों में गैर-कांग्रेसी सरकारें इसलिए बनायी थीं कि स्थानीय नेता केन्द्र द्वारा थोपे गये मुख्यमंत्रियों की तुलना में अधिक संवेदनशील और जवाबदेह होंगे, पर यह आशा जल्दी ही धूमिल हो गयी थी। आपातकाल के बाद हुए चुनाव में जनता का उत्साह देखने वाला था। कांग्रेस और इंदिरा गाँधी को जड़ से उखाड़ फेंकने वाली जनता ने सोचा था कि वास्तव में संपूर्ण क्रांति आयेगी। एक जनोन्मुखी सरकार बनेगी, शोषित और दलित समाज को राहत मिलेगी। लेकिन हुआ क्या? जनता की आकांक्षाओं को राजनीतिज्ञों ने मटियामेट कर डाला। क्षेत्रीय दलों और नेताओं को समर्थन देकर एक बार फिर जनता ने यह प्रयास किये कि उन्हें एक बेहतर समाज व्यवस्था मिले। लेकिन ऐसा नहीं हुआ, बल्कि स्थितियाँ खराब से खराब होती चली गयीं। जातीय समीकरणों को आधार बनाकर जो दल बनाये गये थे, वे अपनी जाति की चिन्ता को छोड़कर सत्ता की प्राप्ति के लिए कोई भी समझौता करने लगे। मतलब यह कि राजनीतिज्ञों ने जनता को सदा हराया, जबकि जनता उन्हें विजयी बनाती आयी है।

सोचने की बात है कि क्या हमारी सामाजिक, आर्थिक व्यवस्था को निर्धारित करने वाली शक्तियाँ या कहें कि यथास्थितिवाद को बनाये रखने वाली ताक़तें इतनी प्रबल हैं कि उन्हें किसी तरह के नये-पुराने राजनीतिक समीकरण बदल ही नहीं पाते। क्या हमारे राजनैतिक दल किसी परिवर्तन या बदलाव का खतरा नहीं उठाना चाहते? यह खतरनाक स्थिति है। ऐसा क्यों है कि राजनैतिक दल; विशेषरूप से वे दल जो बदलाव की बात करते रहे हैं, यथास्थिति को बनाये रहते हैं। उदाहरण के लिए कांग्रेस की सरकार या भाजपा की सरकार या किसी अन्य सरकार के शासन में कोई बुनियादी अन्तर नहीं है, यानी शासन चाहे जिस दल का हो सरकार अपने ही ढंग से चलती रहती है। राजा राज करता है, सिपाही वही करता है जो राजा कहता है, चोर चोरी करते हैं और भिखारी भीख माँगता है, गरीब मरता है।

जनता ने कई बार यह प्रमाणित किया है कि वह सांप्रदायिक धर्मान्धता, कुशासन का विरोध करती है और समाज में सार्थक परिवर्तन लाना चाहती है। अब सवाल यह है कि क्या कांग्रेस के नेतृत्व वाली सरकार जनता की अपेक्षाओं, पारदर्शी और संवेदनशील प्रशासन, जनोन्मुखी नीतियाँ, गरीबी उन्मूलन आदि को पूरा करने का प्रयास करेगी? संभवतः कांग्रेस अगर चाहे भी तो ऐसा नहीं कर पायेगी। कांग्रेस के पास काम न करने की संस्कृति है। कांग्रेस के पास न तो प्रतिबद्ध सदस्य हैं और न कुछ सार्थक कर पाने की इच्छाशक्ति है। कांग्रेस का शासन थोड़े-बहुत हेर-फेर के साथ उसी तरह चलता रहेगा जैसा भाजपा का शासन चला था। हाँ, सांप्रदायिकता और निजीकरण जैसे मुद्दों पर कुछ दूसरा रुझान होगा। लेकिन आम आदमी के जीवन पर कोई स्पष्ट प्रभाव नहीं पड़ेगा। परिणाम यह निकलेगा कि एक बार फिर जनता का मोहभंग हो जायेगा और कांग्रेस तथा भाजपा के बीच की दूरी कुछ और कम हो जायेगी। इस स्थिति का लाभ भाजपा को मिलेगा और सब घाटे में रहेंगे।

संयुक्त प्रगतिशील मोर्चे की सरकार से कुछ आशाएँ की जा सकती थीं, यदि माकपा उसमें शामिल होती और सक्रियता से सरकार चलाने में अपनी भूमिका निभाती। माकपा ने यह फैसला कर लिया है कि वह सरकार में शामिल नहीं होगी, जबकि सरकार में शामिल होने के लिए उस पर काफ़ी दबाव था। माकपा ने सरकार में शामिल न होने का फैसला, इस कारण किया है कि उसे लगता है कि सरकार में उसकी भूमिका बहुत सीमित होगी और उसे वह सब कुछ करने का अवसर नहीं मिलेगा जो वह करना चाहती है। यह तर्क अपने आप में बहुत कमज़ोर है और साझा सरकारों की पूरी परिकल्पना को खण्डित करता है। निश्चित रूप से भारत में अभी लम्बे समय तक केन्द्र में ऐसी साझा सरकार नहीं बन सकती जैसी पश्चिम बंगाल में है। इसलिए यदि सांप्रदायिक फासीवाद आदि के विरोध में कोई मोर्चा बनाया जा सकता है, तो उसमें माकपा को कांग्रेस या कांग्रेस जैसी अन्य पार्टियों के साथ मिलकर काम करना होगा। यदि इस प्रकार के साझा प्रयास नहीं किये गये, तो फासीवाद को नहीं रोका जा सकेगा। जिसकी पूरी ज़िम्मेदारी माकपा पर आयेगी।

ऐसा नहीं है कि माकपा ने कांग्रेस जैसी मध्यमार्गीय पार्टियों के साथ मिलकर साझा सरकारें न बनायी हों। पश्चिम बंगाल में बांग्ला कांग्रेस के साथ, केरल में अन्य दलों के साथ मिलकर माकपा ऐसी सरकारें बना चुकी है। पश्चिम बंगाल का अनुभव तो अनुकरणीय रहा है। पर इसके बाद भी केन्द्र में कांग्रेस के साथ सरकार बनाने से इनकार एक गंभीर मुद्दा है जिसके दूरगामी परिणाम निकल सकते हैं और जिसका प्रभाव देश की लोकतांत्रिक व्यवस्था पर पड़ सकता है।

कांग्रेस के साथ माकपा के प्रगतिशील गठबंधन में शामिल न होने के पीछे एक कारण यह भी बताया जाता है कि जिन प्रांतों में माकपा सत्ता में है, वहाँ कांग्रेस

से ही उसकी सीधी टक्कर है। लेकिन इस तथ्य से पूरे देश की राजनीति को संचालित करना कितना उचित होगा, यह बहस तलब मुद्दा है। यदि जल्दी ही माकपा ने राष्ट्रीय स्तर पर अपनी गठबंधन नीति न बनायी तो उसका प्रभाव क्षेत्र सीमित होता चला जायेगा।

साझा सरकारें साझा कार्यक्रमों पर चलती हैं और निश्चित रूप से जो दल साझा कार्यक्रमों को प्रभावशाली ढंग से आगे बढ़ाते हैं, उन्हें जनसमर्थन मिलता है। जनसमर्थन से उन्हें अधिक राजनीतिक शक्ति मिलती है और वे साझा सरकारों पर पर्याप्त दबाव बनाकर अपनी नीतियाँ लागू कराने की स्थिति में आ जाते हैं, लेकिन वर्तमान साझा सरकार में कोई दल ऐसा नहीं जो गंभीरता से साझा कार्यक्रमों को क्रियान्वित कर जनता में अपना आधार बढ़ा पायेगा।

साझा सरकार में यदि माकपा शामिल होती, तो स्थिति दूसरी होती। पहली बार एक ऐसी पार्टी सरकार में शामिल होती जिसके पास जनोन्मुखी प्रशासन चलाने, दलितों-शोषितों के हित में प्रभावशाली ढंग से काम करने का न केवल व्यापक अनुभव है, बल्कि वैचारिक प्रतिबद्धता भी है। माकपा यदि सरकार में आती, तो देश की आँखें उस पर टिकी होतीं। लोगों की समझ में यह आता कि हमारे संविधान के अन्तर्गत एक ऐसी सरकार चल सकती है जो जनता की भावनाओं और आकांक्षाओं को बड़ी सीमा तक पूरा करती है। माकपा के अनुभवी नेताओं के पास ऐसी अद्‌भुत क्षमता है कि वे पूरे-देश को आकर्षित कर सकते हैं, लेकिन माकपा सरकार में शामिल नहीं हुई।

माकपा के सरकार में शामिल होने का बड़ा सार्थक प्रभाव हिन्दी प्रदेशों पर पड़ता। पिछड़ेपन के दलदल में फँसे ये प्रदेश अज्ञानता, शोषण, जातिवाद, धर्मवाद आदि के शिकार और पिछड़ेपन के श्रेष्ठ उदाहरण हैं। हिन्दी प्रदेशों में वामपंथी राजनीति का कोई आधार नहीं है। लेकिन इतना तय है कि हिन्दी प्रदेश अपनी विशेष समस्याओं के कारण वामपंथी राजनीति को अंगीकार कर सकते हैं। इन प्रदेशों में वामपंथी दलों के सदस्यों की संख्या से कहीं अधिक उन लोगों की संख्या है जो कभी वामपंथी पार्टियों के सदस्य थे और अब अलग हो गये हैं। इन्हीं प्रदेशों में बड़ी संख्या ऐसे बुद्धिजीवियों की है जो वामपंथी दलों को समर्थन देते हैं। ऐसी स्थिति में यदि माकपा साझा सरकार में शामिल होती तो निश्चय ही थके-हारे कैडर और समर्थकों को बल मिलता। निश्चित रूप से इन बातों की जानकारी माकपा को है। लेकिन फिर भी साझा सरकार में शामिल न होकर उसने क्या सिद्ध किया है? यह बताने की आवश्यकता नहीं है कि माकपा के संयुक्त प्रगतिशील गठबंधन के अन्तर्गत सरकार में न शामिल होने का बड़ा प्रभाव हिन्दी क्षेत्र में उसके समर्थकों पर पड़ा है। उन्हें लगता है कि पार्टी अपने दो-तीन प्रदेशों तक सीमित हितों के लिए पूरे देश को एक प्रभावशाली

विकल्प नहीं दे रही है।

हिन्दी प्रदेशों में वामपंथी राजनीति की स्थिति ध्यान देने योग्य है। पिछले पच्चीस सालों से वामपंथी दलों में यह चर्चा हो रही है कि हिन्दी प्रदेशों में उनका प्रभाव बढ़ना चाहिए। इस संबंध में पार्टी ने कुछ विशेष प्रयास भी किये हैं, लेकिन नतीजा वही ढाक के तीन पात। यानी कुछ नहीं हुआ। सोचने की बात यह है कि माकपा जैसी पुरानी और प्रभावशाली पार्टी हिन्दी प्रदेशों में अपना प्रभाव तो बढ़ा ही सकती थी। मतलब पार्टी द्वारा राज्यसभा में हिन्दी प्रदेशों से कुछ ऐसे पार्टी नेताओं को भेजा जा सकता था जो हिन्दी प्रदेशों में पार्टी के संगठन बनाते, लेकिन ऐसा भी नहीं हुआ। उल्टा हुआ यह कि हिन्दी प्रदेशों में माकपा का जो नेतृत्व उभर रहा था, वह भी अनजाने कारणों से दब गया। उदाहरण के लिए कानपुर से सुभाषिनी अली एक बार फिर संसद में आकर रह गयीं। पार्टी चाहती तो उन्हें राज्यसभा में तो ला ही सकती थी। इसी तरह डॉ. मुरली मनोहर प्रसाद सिंह जैसे सक्षम नेताओं को पार्टी ने न तो महत्त्वपूर्ण ज़िम्मेदारियाँ सौंपीं न उन्हें आगे बढ़ाने के प्रयास किये। हो सकता है कि माकपा नेतृत्व इस प्रकार के प्रयासों पर विश्वास न करता हो लेकिन संसदीय राजनीति का अपना गणित होता है जिससे बचा नहीं जा सकता या बचना घातक हो सकता है।

माकपा, कांग्रेस के साथ अपने रिश्तों को परिभाषित कर पाने की दुविधा में है। यह रिश्ता पुराना और जटिल है। यदि पीछे जाकर देखा जाये तो कम्युनिस्ट पार्टी के विभाजन के पीछे भी कांग्रेस ही एक बड़ा मुद्दा थी। सोवियत संघ की पंडित नेहरू के हाथ मज़बूत करने वाली रणनीति से कम्युनिस्ट पार्टी का एक गुट असहमत था। इस बीच चीन और सोवियत संघ के बीच बढ़े सैद्धान्तिक मतभेद भी भारतीय कम्युनिस्ट पार्टी पर असर डाल रहे थे। लेकिन यहाँ मुख्य मुद्दा कांग्रेस थी। मतलब यह कि कांग्रेस को समर्थन न देने के मुद्दे पर माकपा वजूद में आयी थी। आज आधी शताब्दी के बाद माकपा ऐसी स्थिति में आ गयी है कि वह कांग्रेस को समर्थन दे रही है।

इसे क्या माना जाये? क्या यह ऐतिहासिक भूल नहीं कही जायेगी? क्या यह एक ऐसी भूल नहीं कही जायेगी जिसके कारण न केवल फासीवाद एक बड़ी शक्ति के रूप में उभरा और गरीबी, शोषण, अन्याय आकाश छू रहे हैं। शोषण, अन्याय और अत्याचार में जनता पिस रही है। वामपंथी यदि कांग्रेस को समर्थन देते तो निश्चय ही कांग्रेस की नीतियों पर सार्थक प्रभाव पड़ता। भाकपा ने भी कांग्रेस का साथ दिया तो आधे दिल से। वैसे भी विभाजन के बाद भाकपा कमज़ोर हो चुकी थी और माकपा कट्टर कांग्रेस विरोधी बन गयी थी। नतीजा यह हुआ कि कांग्रेस दक्षिणपंथियों के हाथ में आ गयी।

संसदीय लोकतांत्रिक प्रणाली को स्वीकार करते समय भी कम्युनिस्ट दुविधा में थे। उनका उद्देश्य क्रांति करना था और उन्होंने संसद को एक मंच के रूप में प्रयोग करने की बात कही थी। लेकिन हुआ यह कि क्रांति तो कहीं पीछे रह गयी और वे संसदीय लोकतंत्र में आगे बढ़ते चले गये। आज क्रांति की कोई बात भी नहीं करता और उसी के साथ-साथ कोई खुलकर नहीं बताता कि वामपंथी दलों का 'लॉन्ग टर्म गोल' या बुनियादी एजेंडा क्या है? वे क्या संसदीय प्रणाली द्वारा ऐसे समाज की स्थापना करना चाहते हैं जिसमें असमानता कम हो, शोषण कम हो, मानव अधिकारों का हनन कम हो आदि-आदि। यदि ऐसा नहीं है, तो क्या वे क्रांति करना चाहते हैं और वर्गहीन समाज की स्थापना उनका उद्देश्य है? इन सवालों पर वामपंथी दलों को नये सिरे से विचार करना चाहिए। इन मुद्दों पर स्पष्ट होने के बाद ही वामपंथी कांग्रेस के प्रति अपना रवैया निर्धारित कर सकते हैं। आज हम एक विकट स्थिति में पड़े हुए हैं। फासीवादी सांप्रदायिक ताकतों ने अपनी पकड़ बहुत मज़बूत बना ली है और पूरे लोकतंत्र के लिए खतरा बन गयी हैं।

जनता दरअसल अब कुछ होता हुआ देखना चाहती है और यदि कुछ न हुआ तो खाली पड़ी जगह को भाजपा आसानी से भर देगी और एक बार फिर हम ऐतिहासिक भूल करेंगे। बार-बार की जाने वाली ऐतिहासिक भूलें इतिहास में तो दर्ज होती हैं पर उनसे देश और जनता की अपार क्षति होती है।

नयी चुनौतियाँ और आरएसएस

यह प्रसन्नता का विषय है कि राष्ट्रीय स्वयंसेवक संघ की नयी भूमिका की चर्चा की जा रही है। जहाँ तक वैचारिक आधार का प्रश्न है, संघ आज भी उसी ज़मीन पर खड़ा है जहाँ 82 वर्ष पूर्व खड़ा था। आज भी उसका उद्देश्य 'हिन्दू राष्ट्र' का निर्माण करना है। शब्दों के हेर-फेर में यह ज़रूर हुआ है कि आज उसी बात को 'भारतीय राष्ट्र का मूल तत्व हिन्दू संस्कृति है' के रूप में माना जा रहा है। बहुत स्पष्ट शब्दों में कहना चाहें तो कह सकते हैं कि संघ एक ऐसे राष्ट्र के लिए प्रयत्नशील है जो मूलतः हिन्दू धर्म, दर्शन, संस्कृति पर आधारित हो। संघ लगभग अस्सी साल से यह प्रयास कर रहा है। सोचने की बात यह है कि ऐसा हुआ क्यों नहीं? जिस देश में विशाल बहुमत से हिन्दू बसते हों, वहाँ 'हिन्दू राष्ट्र' स्थापित क्यों नहीं हो पाया और इस संबंध में क्या बाधाएँ हैं? संभवतः सबसे बड़ी बाधा तो यह है : भारत को, या कहें अखण्ड भारत को, 'हिन्दू राष्ट्र' बनाने वाले यह नहीं जानते कि वास्तव में भारत है क्या? भारत एक महादेश है, एक उपमहाद्वीप के समान है। इसका इतिहास प्राचीन है। यह महा मानव-समुद्र है। यहाँ की सबसे बड़ी पहचान अनेकता है जिससे सहयोग और भाईचारे का ताना-बाना बनता है और उसे एकता प्रदान करता है। भारत का इतिहास गवाह है कि किसी एक धर्म या जाति के आधार पर यहाँ कभी कोई राज्य स्थापित नहीं हो सका है। हद यह है कि मध्यकाल के मुसलमान शासक तक राजपूत राजाओं तथा अन्य हिन्दू शासकों के साथ गठजोड़ करने के बाद ही सफल हो सके थे। अंग्रेज़ों ने भी यही किया था। दरअसल, भारत की विविधता एक मीठा या कड़वा यथार्थ है जिसे स्वीकार किया जाना चाहिए और यह भी मानना चाहिए कि यही इस देश की शक्ति है, जो लोगों को आपस में जोड़ती है। इस शक्ति को तोड़ने का मतलब इस महादेश को तोड़ना होगा।

नयी शताब्दी आने वाले युगों का स्पष्ट संकेत दे रही है। यह लोकतंत्र का युग है जहाँ व्यक्ति और व्यक्ति के बीच धर्म, जाति, संप्रदाय, भाषा के आधार पर कोई भेद नहीं किया जा सकता। इस परिदृश्य में यदि कोई संगठन किसी एक धर्म के आधार पर राष्ट्र-निर्माण की बात करता है तो यह चिन्ता का विषय है। पिछली

शताब्दी गवाह है कि जिन देशों और समूहों ने धर्म के नाम पर राष्ट्र बनाये थे, उनका क्या हुआ? अफगानिस्तान में इस्लाम के आधार पर राष्ट्र बनाने की कोशिश के नतीजे हमारे सामने हैं। धर्म वास्तव में बहुत विराट और आध्यात्मिक सत्य है जिसे राष्ट्रीयता की भावना से जोड़ना न केवल धर्म को सीमित करने जैसा है बल्कि उसे विकृत करना भी है। धर्म की पवित्रता और उसकी भूमिका उसी समय तक प्रभावकारी रहती है जब तक वह वास्तव में धर्म रहता है। राजनीति से जुड़ने के बाद धर्म धर्म नहीं रह जाता। संगठन के स्तर पर संघ की उपलब्धियाँ विचारणीय हैं। इतना तय है कि संघ एक सक्रिय अनुशासनबद्ध क्रियाशील संगठन है जिसने अपना आधार बढ़ाया है और बड़ी जमात को आकर्षित किया है, लेकिन पूरी प्रगति के मूल में जो विचार है, वह 'हिन्दू राष्ट्र' के निर्माण का है और यह सीधे-सीधे हिन्दू धर्म से जुड़ा हुआ है। हम सब जानते हैं कि जनता को धर्म, जाति और भाषा की एकता के नाम पर संगठित करना सरल होता है, क्योंकि ये सवाल सीधे उसकी भावनाओं से जुड़े होते हैं जबकि सामाजिक, आर्थिक, राजनीतिक मुद्दों पर लोगों को जोड़ना कठिन होता है, क्योंकि इसमें जनता को नये विचारों की प्रक्रिया से गुज़रना पड़ता है।

जिस तरह किसी भी धर्म, जाति, भाषा और संस्कृति का विरोध अमान्य है, उसी तरह किसी भी एक धर्म, जाति और भाषा की राजनीतिक सत्ता अमान्य होगी, क्योंकि वह समता के सिद्धान्त का विरोध करेगी, जबकि आज का समाज समता के सिद्धान्त के बिना चल नहीं सकता। कहा जाता है कि भारतीय संविधान में स्थापित धर्मनिरपेक्षता पश्चिमी है और इसे अस्वीकार कर देना चाहिए। मतलब यह है कि हमें यह नहीं देखना चाहिए कि यह हमारे लिए कितनी उपयोगी या अनुपयोगी है। इसको केवल इसलिए खारिज कर देना चाहिए कि यह पश्चिमी है। यदि ऐसा है तो पश्चिम से आये अन्य विचारों के साथ क्या करना चाहिए? पश्चिम से आयी टेक्नोलॉजी के साथ क्या करना चाहिए? पश्चिम इतना ही बुरा है तो उसके साथ क्या राजनयिक संबंध तोड़ लेने चाहिए? अणुबम तो बनाना ही नहीं चाहिए था, क्योंकि वह पूर्णतः पश्चिम की टेक्नोलॉजी पर आधारित है।

मुद्दा यह होना चाहिए कि कौन-सा विचार और कौन-सी टेक्नोलॉजी हमारे देश के हित में है और कौन-सी नहीं। इस तरह विचार करना देश-हित में होगा। यदि देश के हित में यह है कि सभी धर्मों को सम्मान दिया जाये, सभी जातियों को बराबर और पूरे अवसर मिलें, सभी समुदायों में मेल-जोल रहे, राज्य किसी एक धर्म को दूसरे धर्म पर वरीयता न दे तो इस विचार को स्वीकार करने में क्या कठिनाई है? देश-हित और जन-हित से ऊपर किसी धार्मिक व्यवस्था को स्थापित करना उचित नहीं है।

सिद्धान्तहीनता के इस दौर में

पिछले छह दशकों पर विचार करें तो दो-तीन मुद्दों की तरफ़ ध्यान जाता है। यह तो 1947 में ही कहा जा रहा था कि भारत जैसे देश में पश्चिमी मॉडल के लोकतंत्र की स्थापना कुछ अर्थों में असफल सिद्ध हो सकती है। शिक्षा के प्रचार-प्रसार के बिना लोकतांत्रिक व्यवस्था को स्थापित करना बहुत कठिन माना जा रहा था।

पिछले छह दशकों ने यह सिद्ध कर दिया है कि हमारा लोकतंत्र धर्म, जाति और क्षेत्रीयता की सीमाओं में बँट चुका है। धर्म और जाति पर आधारित राजनीति ने न केवल लोकतंत्र को नकारा है, बल्कि कानून और व्यवस्था को भी शिथिल कर दिया है। स्थिति यहाँ तक पहुँच गयी है कि आज हमारे समाज को ऐसा समाज कहा जाने लगा है, जहाँ किसी भी अपराध के लिए कोई दंड नहीं है। ऐसी अराजक स्थिति में निश्चय ही सबसे ज़्यादा प्रभावित होता है–'विकास का एजेंडा।'

धर्म और जाति के केन्द्र में आ जाने के कारण प्रशासन के निष्क्रिय और गैर-जवाबदेह होने के कारण भ्रष्टाचार अपनी सभी सीमाएँ पार कर चुका है। भ्रष्टाचार प्रायः किसी-न-किसी रूप में हर देश और समाज में देखा जा सकता है, लेकिन हमारे देश में जिस तरह के भ्रष्टाचार का स्वरूप सामने आया है, वह न केवल भयावह है, बल्कि जन-विरोधी, समाज-विरोधी और देश-विरोधी भी है।

उदाहरण के लिए अंग्रेज़ों के ज़माने में सरकार यदि किसी तरह के निर्माण कार्य करने का फैसला लेती थी, तो थोड़े-बहुत निर्धारित किस्म के भ्रष्टाचार के बाद निर्माण-कार्य संतोषजनक तरीके से हो जाया करता था, अर्थात् भ्रष्टाचार का समाज और देश-विरोधी स्वरूप नहीं था। आज हमारे देश का भ्रष्टाचार 'सेल्फ डिफीटिंग' है अर्थात् ऐसा भ्रष्टाचार है जो स्वयं देश और समाज को ही 'पराजित' करने में लगा हुआ है।

आज़ादी से पहले भ्रष्टाचार कुछ क्षेत्रों या विभागों तक सीमित था। उदाहरण के लिए शिक्षा या स्वास्थ्य के क्षेत्र में भ्रष्टाचार लगभग जीवन और समाज के सभी क्षेत्रों में इतना अधिक फैल गया है और उसकी जड़ें इतनी मज़बूत हो गयी हैं कि आम नागरिक उसके आगे असहाय महसूस करता है। धर्म और जाति की राजनीति

करने वालों की गद्दियाँ सुरक्षित रहती हैं। वे इस भ्रष्टाचार से लाभ उठाते हैं, उनके एजेंडे में भ्रष्टाचार से लड़ना कोई मुद्दा ही नहीं बनता।

पिछले छह दशकों में देश की कूटनीति में बहुत अधिक परिवर्तन आये हैं। यह सच है कि अंतरराष्ट्रीय परिदृश्य बदला है और वह स्थिति आज नहीं है, जो साठ साल पहले द्वितीय विश्वयुद्ध के बाद थी। आज की 'यूनीपोलर' दुनिया में पश्चिम के प्रभाव से बच पाना अत्यंत कठिन है, लेकिन पश्चिम के प्रभाव में पूरी तरह चले जाना, अत्यंत खतरनाक भी हो सकता है। अमेरिका से हुए नये समझौते इन अर्थों में चिन्ता का विषय हो सकते हैं।

भारत की विदेश नीति का आधार क्षेत्रीय समीकरण ही हो सकते हैं। यह प्रसन्नता का विषय है कि भारत 'शंघाई कोऑपरेशन' में 'दर्शक सदस्य' के रूप में भाग ले रहा है।

दरअसल शंघाई कोऑपरेशन और सार्क संगठन भारत की विदेश नीति का आधार बन सकते हैं। शंघाई कोऑपरेशन मध्य एशिया में अमेरिका के बढ़ते हुए प्रभाव पर अंकुश लगाने का प्रयास है, जो आज इस महाद्वीप और एशिया के लिए बहुत महत्त्वपूर्ण है। इस संबंध में भारत की पहल सबसे पहले अपने पड़ोसी देशों जैसे पाकिस्तान और चीन के साथ सौहार्दपूर्ण समझ बनाकर ही हो सकती है।

आज देश जिस जगह पर खड़ा है, वहाँ उसी तरह लम्बे समय तक खड़ा नहीं रह सकता। कहने का मतलब यह है कि देश जैसी हालत में है, जिस दिशा में है, उसे यथास्थिति में नहीं रखा जा सकता। यदि सार्थक दिशा में उचित कदम न उठाये गये, तो बिखराव की शक्तियाँ और अधिक शक्तिशाली होती जायेंगी और उनसे निबटना कठिन हो जायेगा।

आतंकवाद पर यह नरमी भारी पड़ेगी

राजनीतिक दल सत्ता में बने रहने या सत्ता प्राप्त करने के लिए क्या कुछ नहीं करते। सत्ता के लिए देश की जनता को बाँटने और लड़ाने का घृणित काम भी राजनेता करते दिखायी पड़ते हैं। दरअसल जनता जितनी कम शिक्षित होती है, उसमें जागरूकता जितनी कम होती है, उसे उतना ही अधिक गुमराह किया जा सकता है। दुनिया के दूसरे देशों की तरह हमारे यहाँ भी इसके कई उदाहरण उपलब्ध हैं। जनता को धर्म, रंग, नस्ल, जाति और भूगोल के आधार पर बाँटने वाले अपना काम अक्सर बहुत धीरे-धीरे और छिपकर करते हैं। लेकिन हमारे देश में यह काफ़ी बड़े स्तर पर और खुल्लम-खुल्ला हो रहा है।

दुनिया के किसी भी देश और समाज में पूर्ण रूप से एकरूपता नहीं हो सकती। लोगों के धर्म, विचार, भाषाएँ, संस्कृतियाँ अलग-अलग होती हैं। भिन्नता के इस आधार पर लोगों से घृणा करने का मतलब देश की एकता-अखंडता को कमज़ोर करना है। आधुनिक युग ने हमें सिखाया है कि विभिन्नताओं के साथ जीना पड़ेगा। हमारे देश में आतंकवाद की जो आँधी आयी है, उसकी जितनी निंदा की जाये, कम है। सरकारों तथा संबंधित एजेंसियों को आतंकवाद खत्म करने के लिए कड़े-से-कड़े कदम उठाने चाहिए, क्योंकि आतंकवाद से न केवल जनता की अपार हानि होती है, बल्कि यह समुदायों के बीच अविश्वास और घृणा को भी बढ़ाता है। एक आतंकवादी घटना से सौ आतंकवादी घटनाओं का जन्म होता है।

आतंकवाद का किसी धर्म विशेष से जुड़ जाना बहुत ही खतरनाक है। यह पूरे देश के लिए जितना भयावह है, उससे कहीं ज़्यादा भयानक धर्म विशेष के मानने वालों के लिए है। यह दो तरह से धर्म विशेष के मानने वालों को प्रभावित करता है। बहुसंख्यक जनता या दूसरे धर्मों को मानने वाले, धर्म विशेष के लोगों से घृणा करने लगते हैं, जो स्थिति कभी-कभी बहुत विस्फोटक हो सकती है और बड़ी हिंसक घटनाएँ सामने आ सकती हैं। इन घटनाओं के परिणामस्वरूप आतंकवादी गतिविधियाँ और बढ़ती हैं। यह क्रम जारी रहता है। इस क्रम को कोई भी समाज या देश लम्बे समय तक झेल नहीं सकता। धार्मिक हिंसा के शिकार और इससे तबाह-बर्बाद कई

देश देखे जा सकते हैं।

आतंकवाद देश को तोड़ देता है, यह जानने के बावजूद किसी भी कीमत पर सत्ता प्राप्त करने के इच्छुक राजनेता आतंकवाद को प्रत्यक्ष या परोक्ष रूप से समर्थन देने में जुटे दिखायी देते हैं। सवाल यह नहीं है कि आतंकवाद से लड़ाई निर्दोष जनता के दमन का कारण बन जाये और कोई उस पर उँगली उठाये। हमारे देश में ही निर्दोष लोगों को आतंकवादी करार देकर गिरफ्तार और प्रताड़ित किये जाने की घटनाओं का बड़े स्तर पर विरोध हुआ है। विरोध करने वालों में सभी धर्मों के लोग शामिल रहे हैं।

लेकिन सवाल यह है कि चुनाव के मद्देनज़र समुदाय विशेष के अधिक वोट पाने के लिए आतंकवाद के आरोपी से सहानुभूति व्यक्त करना क्या उचित है? आरोपी से सहानुभूति नितान्त मानवीय स्तर पर हो सकती है। लेकिन आतंकी से सहानुभूति यदि राजनीतिक फायदे के लिए व्यक्त की जा रही है, तो उसे किस रूप में देखना चाहिए?

पिछले दिनों इस्लामिक स्टूडेंट मूवमेंट ऑफ इंडिया (सिमी) के बारे में हमारे दो राष्ट्रीय स्तर के नेताओं ने जो रुख अपनाया था, वह हैरान कर देने वाला था। सोचने की बात है कि सुप्रीम कोर्ट जिस संगठन को गैर-कानूनी गतिविधियों में लिप्त मान रहा है, उसे हमारे राष्ट्रीय स्तर के नेता क्लीन चिट दे रहे हैं। पता चलता है कि अहमदाबाद की आतंकवादी घटनाओं के आरोपी अबू बशर के गाँव में नेताओं की आवा-जाही तेज़ हो गयी है।

सवाल यह है कि कांग्रेस के रामनरेश यादव अबू बशर के गाँव क्यों गये थे? उन्होंने मीडिया के सामने कुछ कहा हो या नहीं, लेकिन मौजूदा स्थिति में बशर के घर जाने का मतलब निश्चित तौर पर उसके परिवार के प्रति सद्भावना व्यक्त करना माना जायेगा। यह ठीक है कि अबू बशर अभी केवल आरोपी हैं और उन पर आरोप सिद्ध नहीं हुआ है। लेकिन कल उन पर लगे आरोप सच साबित होते हैं, तो रामनरेश यादव क्या करेंगे?

रामनरेश यादव के बाद बसपा के सांसद अकबर अहमद डंपी ने अबू बशर के पिता से न्याय दिलाने का वायदा किया। ये दोनों नेता अबू बशर को न्याय दिलाने में इतनी दिलचस्पी क्यों दिखा रहे हैं? क्या ये दोनों नेता देश या प्रदेश या आजमगढ़ में गिरफ्तार किये गये हर आदमी के घर जाते हैं और उसे न्याय दिलाने का वायदा करते हैं?

ज़ाहिर है, ऐसा नहीं होगा। अबू बशर के पिता को न्याय दिलाने की बात के पीछे हकीकत कुछ और ही ध्वनित होती है। साफ़ तौर पर पता चलता है कि यह वोटों का खेल है, जो आतंकवाद की आग पर खेला जाता है। इन राजनेताओं

को न्याय-अन्याय से ज़्यादा चिन्ता अपनी सत्ता की है।

अबू बशर के गाँव जाने वालों की सूची में दिल्ली की जामा मस्ज़िद के इमाम सैय्यद अहमद बुखारी और सपा नेता अबू असीम आजमी के नाम भी शामिल हैं। इमाम बुखारी उन धार्मिक राजनेताओं की श्रेणी में आते हैं, जो अपने बयानों के कारण हमेशा चर्चा में रहते हैं, क्योंकि उनके बयान विवादास्पद होते हैं। इस तरह के बयान देने वाले लोगों की हमारे देश में कमी नहीं है।

ये लोग क्यों नहीं सोचते कि उनके बयानों से देश के पूरे माहौल पर कितना बुरा असर पड़ेगा? इनसे शान्ति भंग हो सकती है, हिंसा हो सकती है। धर्म की आड़ में राजनीतिक आकांक्षाएँ पूरी करने वाले नेता न तो अपने प्रति ईमानदार हैं और न ही जनता के प्रति। दुर्भाग्य से पिछले साठ साल मुस्लिम मतदाताओं को रिझाने और लुभाने के रहे हैं। यह काम कमोबेश हर दल ने किया है। इस काम में सपा को अगर चैंपियन कहा जा सकता है, तो कांग्रेस भी इसमें पीछे नहीं रही। भाजपा जैसी पार्टी भी रोजा इफ्तार पार्टियों के आयोजन में पीछे नहीं रहती। पश्चिम बंगाल की कम्युनिस्ट सरकार तक मुस्लिमों की तुष्टि करने के लिए तसलीमा नसरीन को लेकर परेशान हो उठी थी।

राजनीतिक दलों और देश की जनता को सोचना पड़ेगा कि मुस्लिम वोट प्राप्त करने के लिए अलगाववादी, संकीर्णतावादी, पुरातनपंथी रवैया अपनाना कहाँ तक ठीक है? ज़ाहिर है, यह न सिर्फ़ आत्मघाती है, बल्कि इससे मुसलमानों और पूरे देश की तबाही निश्चित है।

नक्सलवाद : जड़ें कहाँ हैं?

देश के राजनेताओं, नौकरशाहों और नीतियाँ बनाने वालों ने इस देश के साथ क्या किया है, यह हमारे सामने आ रहा है। इतना तो स्पष्ट है कि राजनेता, नौकरशाह, नीतियाँ बनाने वाले देश की समस्याओं का समाधान नहीं कर सके हैं, बल्कि समस्याएँ बढ़ गयी हैं। इसलिए यदि आज हम देश की बड़ी समस्याओं से निपटने का काम केवल राजनेताओं और नौकरशाहों पर छोड़ देंगे, तो परिणाम बहुत भयानक निकलेंगे।

सरकार नक्सल समस्या के प्रति कितनी गंभीर है यह सरकार और मंत्रियों के उन बयानों से पता चलता है जो अन्तरविरोधी और अस्पष्ट विचारों से भरे पड़े हैं। यू.पी.ए. के न्यूनतम साझा कार्यक्रम के दस्तावेज़ में यह माना गया है कि नक्सल समस्या केवल कानून-व्यवस्था की समस्या नहीं है, इसके सामाजिक व आर्थिक कारण भी हैं। लेकिन यू.पी.ए. से वामदलों के अलग होते ही सरकार ने कानून-व्यवस्था के अन्तर्गत नक्सल समस्या का समाधान करने के लिए एक बड़ा कदम उठाया। सरकार ने नक्सलियों का सफ़ाया करने के लिए 10 बटालियनें गठित करने की मंज़ूरी दे दी है। नक्सलवादी हिंसा को कुचलने के इस अभियान को 'कोबरा' अर्थात् 'कम्बैट बटालियन फॉर रिजॉल्यूट एक्शन' कहा जायेगा।

एक बटालियन में एक हज़ार कर्मी होंगे और इस पूरी कार्यवाही पर 1389.47 करोड़ रुपया खर्च आयेगा। प्रधानमंत्री ने नक्सलवाद को तेरह राज्यों में फैला वायरस बताया। लेकिन 18 मार्च, 2008 को राज्यसभा में केन्द्रीय गृहमंत्री ने बयान दिया था कि नक्सल समस्या को अतिरंजित करके भय नहीं पैदा करना चाहिए। यह समस्या देश के केवल दो प्रतिशत गाँवों तक सीमित है। एक सवाल का जवाब देते हुए उन्होंने कहा था कि यह समस्या देश के दस राज्यों में 180 जिलों तक सीमित है। मार्च से अगस्त तक नक्सली समस्या इतनी बढ़ गयी कि सरकार को 'कोबरा' फोर्स बनाने की आवश्यकता पड़ गयी। यह घटनाचक्र सिद्ध करता है कि सरकार नक्सली समस्या के प्रति कितनी गंभीर है।

सरकार नक्सली समस्या के प्रति चाहे जो कहे, पर अध्ययन और आँकड़े इसे एक बहुत गंभीर समस्या के रूप में सामने लाते हैं। यह भी तय है कि पिछले 10-15

सालों में नक्सलवाद का प्रभाव बहुत तेज़ी से बढ़ा है और भविष्य में उसकी गति और तेज़ हो सकती है। कुछ ग़ैर-सरकारी संस्थाओं के अनुसार देश के 15 राज्यों के 170 जिलों में नक्सल गतिविधियाँ जारी हैं। 12 राज्यों के 55 जिले नक्सलवाद से बड़ी हद तक प्रभावित हैं। कुछ क्षेत्रों में नक्सलवादियों ने समान्तर सरकार तक बना डाली है। नक्सली हमले तथा उनकी भीषणता लगातार बढ़ रही है। पुलिस बलों के मारे जाने से सशस्त्र बलों में नक्सली हिंसा के प्रति डर का भाव भी बढ़ रहा है। ऐसी विकट स्थिति से निपटने के लिए सरकार जो कर रही है, क्या वह काफ़ी है?

सबसे पहले तो यही देखना चाहिए कि यूपीए के साझा कार्यक्रम की समझ के विपरीत सरकार नक्सल समस्या को केवल कानून व्यवस्था की समस्या के रूप में क्यों देख रही है? साझा कार्यक्रम पर वामपंथियों का दबाव रहा होगा, लेकिन खुली हुई बात यह है कि कांग्रेस और बीजेपी की सरकारें नक्सलवाद को कानून-व्यवस्था और सुरक्षा की समस्या मानती रही हैं और वे नक्सली हिंसा को सरकारी हिंसा से समाप्त करना चाहती हैं। यानी हिंसा प्रति हिंसा...की नीति। इससे पहले नक्सली हिंसा और सरकारी हिंसा की चर्चा की जाये। यह जानना रोचक होगा कि आज़ादी के बाद सरकार ने जिन-जिन क्षेत्रों में हिंसात्मक हस्तक्षेप किया वहाँ उसकी तीव्र प्रतिक्रिया हुई और अपेक्षित परिणाम सामने नहीं आये। क्या नक्सलवाद के प्रति हिंसा का प्रयोग सफल सिद्ध होगा?

नक्सलवाद से निपटने और उसके प्रति रणनीति बनाने से पहले यह सोचना होगा कि नक्सलवाद क्या है? क्यों है? इतनी तेज़ी से क्यों फैल रहा है? इन बुनियादी समस्याओं की चर्चा किये बिना नक्सलवाद से निपटने की कोई रणनीति शायद सफल न हो सके। नक्सलवाद दरअसल समाज व्यवस्था की देन है।

हमने आज़ादी के बाद जो समाज बनाया है, विशेष रूप से ग्रामीण क्षेत्रों में जो परिवर्तन आये हैं, उन्होंने बड़े स्तर पर गरीब खेतिहर लोगों का जीवन कठिन बना दिया है। ज़मीन पर कुछ लोगों का एकाधिकार, रोज़गार की कमी, भुखमरी, अकाल, बाढ़, सरकारी कर्मचारियों, बड़े सामंतों और साहूकारों द्वारा अबाध शोषण, संसाधनों का उजड़ जाना, पलायन, भ्रष्टाचार, योजनाओं की आड़ में मूल निवासियों का विस्थापन आदि भयानक समस्याएँ देश के ग्रामीण अंचलों विशेष रूप से नक्सल प्रभावी क्षेत्रों में व्याप्त हैं।

यही समस्याएँ नक्सलवादी राजनीति को बल देती हैं। चारों ओर से हताश और निराश लोग नक्सलवाद की शरण में आते हैं। इसलिए अगर नक्सलवाद से लड़ना है, तो वस्तुतः इन समस्याओं से लड़ना पड़ेगा और कारगर तरीके खोजने पड़ेंगे। 'कोबरा' जैसे ऑपरेशन तो नक्सलवाद को कमज़ोर नहीं मज़बूत ही करेंगे। सीमा सुरक्षा बल के भूतपूर्व प्रमुख प्रकाश सिंह ने नक्सलवाद पर केन्द्रित अपनी पुस्तक

में लिखा है कि नक्सलवाद को समाप्त किया जाना कठिन है, क्योंकि वह जनता की तकलीफ़ों से शक्ति ग्रहण करता है और जनता की इन तकलीफ़ों का सरकारों ने समाधान नहीं किया है।

बिहार के भूतपूर्व मुख्य सचिव कमला प्रसाद ने नक्सलवादी राजनीति की पड़ताल करते हुए यह स्पष्ट लिखा है कि उसका कारण राज्य की नीतियों की असफलता है। यह गरीब, भूमिहीन किसानों का विद्रोह है, जिन्हें उनके अधिकारों और न्याय से वंचित कर दिया गया है। एक बड़े वर्ग का लोकतंत्र से मोहभंग हो गया है। उसे लोकतंत्र से जो मिलना चाहिए था, वह नहीं मिला।

नक्सल समस्या के मूल कारणों की तह में जाये बिना और उससे निपटने की सार्थक रणनीति बनाये बिना हिंसा का प्रयोग न तो जनहित में होगा और न देशहित में होगा। इस पूरी प्रक्रिया में जनता के संसाधन बर्बाद ही नहीं होंगे, बल्कि हज़ारों लोगों को अपनी जान भी गँवानी पड़ेगी। इसलिए यह बहुत गंभीर समस्या है।

नक्सल समस्या को हल करने के लिए राजनैतिक पहलें भी की गयी हैं। 1980 में आंध्र प्रदेश के मुख्यमंत्री वाई.एस. राजशेखर रेड्डी ने पी.डब्ल्यू.जी., सी.पी.आई. माओवादी से संवाद स्थापित किया था, पर अविश्वास के कारण यह सफल नहीं हो सका। पर राजनैतिक रास्ता नक्सल समस्या के समाधान का एक बेहतर रास्ता है। इस तरह न केवल सैकड़ों लोगों की जानें बचेंगी, बल्कि संसाधनों का सही उपयोग भी होगा। सैकड़ों करोड़ रुपया जो नक्सलवादी हिंसा से लड़ने के लिए लगाया जा रहा है, वह यदि नक्सल प्रभावी क्षेत्रों में राजनैतिक पहल के साथ-साथ विकास कार्यों में लगाया जाये, तो संभवतः अच्छे परिणाम सामने आयेंगे।

दरअसल मुख्य समस्या राजनेताओं, नौकरशाहों और नीतियाँ बनाने वालों की सोच बदलने की है।

चुनाव सुधार प्रक्रिया

चुनाव सुधार संबंधी प्रयास केवल अपराधियों को राजनीति में आने से रोकना तथा चुनाव में कालेधन के प्रयोग पर अंकुश लगाना मात्र नहीं है। चुनाव सुधार का एक प्रमुख मुद्दा अधिक-से-अधिक मतदाताओं को पोलिंग बूथ तक लानां है। यदि चुनाव में जनता की पूरी भागीदारी नहीं होगी, तो प्रतिनिधित्व भी नहीं होगा। अधिक-से-अधिक लोगों का मतदान सुनिश्चित करने के लिए तरह-तरह के सुझाव दिये जाते रहे हैं जिनमें कुछ लोग वोट न देने वालों को दंड देने के प्रावधान की भी बात करते हैं।

दरअसल, चुनाव प्रक्रिया को अधिक सरल और तेज़ बनाने की ज़रूरत है। लोगों को वोट देने में पहली दिक्कत यह आती है कि पोलिंग स्टेशन के सामने बहुत लम्बी लाइनें होती हैं और दूसरी यह कि पोलिंग स्टेशन दूर होते हैं। कुछ चुनाव क्षेत्रों में बाहुबली भी मतदाताओं को पोलिंग स्टेशन तक जाने से रोकते हैं।

इंटरनेट के ज़माने में ऐसी व्यवस्था की जा सकती है कि चुनाव प्रक्रिया बहुत सरल, सहज और मतदाताओं के लिए सुविधाजनक हो जाये। विशेषज्ञ इस संबंध में अधिक जानकारी दे सकेंगे। होना यह चाहिए कि पूरे देश की मतदाता सूची और पहचान पत्र के आँकड़े एक केन्द्रीय पोर्टल पर सुरक्षित हों। प्रत्येक मतदाता को एक इलेक्ट्रॉनिक पहचान पत्र दिया जाये जो इंटरनेट के माध्यम से केन्द्रीय पोर्टल से जोड़ा जा सकता हो। आईपॉड जैसा उपकरण मतदाता के पहचान पत्र की वैधता परखने के बाद उसे आईपॉड के पर्दे पर बने चुनाव चिह्न पर उँगली रखकर वोट डालने की सुविधा दे सकता हो।

चुनाव में काले धन को रोकने का एक मात्र और सरल तरीका यह है कि सभी उम्मीदवारों का चुनाव प्रचार चुनाव आयोग करे। उम्मीदवारों को स्वयं अपना चुनाव प्रचार करने की अनुमति न हो। सभी उम्मीदवारों का समान ढंग से एक साथ चुनाव प्रचार करने का प्रारूप बनाया जा सकता है।

प्रायः सभी राजनीतिक दल चुनाव के जातीय-धार्मिक समीकरणों के अनुसार उम्मीदवारों को टिकट देते हैं। इस तरह लोकतंत्र खण्डित होता है। हमारा संविधान विशेष जातियों को विशेष सुविधाएँ देता है, क्योंकि वे पिछड़ी हैं, उन्हें मुख्यधारा

में सम्मिलित किया जाना है। संविधान में विभिन्न धर्मों के मानने वालों के लिए अलग-अलग नियम-कानून बनाने का प्रावधान है। ऐसे समाज में यह आशा करना कि धर्म और जाति की राजनीति जल्दी समाप्त हो जायेगी, एक कोरी कल्पना मानी जायेगी।

धर्म और जाति के आधार पर चुनाव जीतने वाले विधायकों और सांसदों की पहली प्रतिबद्धता अपने धर्म और जाति के साथ होती है। ऐसी स्थिति में रास्ता केवल एक बचता है। चुनाव सुधार की प्रक्रिया को चुने हुए विधायकों या सांसदों की कार्य-कुशलता से जोड़ दिया जाये। तात्पर्य यह है कि उन विधायकों या सांसदों को अगला चुनाव लड़ने के अयोग्य माना जाये, जो न्यूनतम कार्य-कुशलता स्थापित न कर सकें। सांसदों या विधायकों की कार्य-कुशलता परखने के आधार बनाये जा सकते हैं। इस प्रकार सांसदों की जवाबदेही बनेगी और अधिक सक्रिय लोकतंत्र सामने आयेगा। जातिवादी राजनीति में कार्य-कुशलता का समावेश होगा। चुनाव सुधार के संबंध में अन्ना और उनकी टीम दो मुद्दों पर खास ज़ोर दे रही है।

पहला मुद्दा किसी चुने हुए सांसद या विधायक के काम से असंतुष्ट जनता उसकी सदस्यता को रद्द करने में सक्षम हो। प्रायः देखा यह गया है कि एक बार चुनाव जीत जाने के बाद सांसद या विधायक अपनी ज़िम्मेदारी पूरी नहीं करते, वे अपने राजनीतिक प्रभाव का लाभ उठाकर पैसा कमाने में लग जाते हैं। प्रतिनिधियों की सदस्यता समाप्त कर देने का कानूनी अधिकार उन लोगों के पास होना चाहिए जिन्होंने उसे चुना था। 'राइट टु रिकॉल' के अधिकार के बारे में अलग-अलग मत हैं। इतना सब जानते हैं कि यह एक जटिल प्रक्रिया होगी और इसके साथ बहुत खर्चीली भी होगी। मतदाताओं के बीच विरोध और संघर्ष की स्थितियाँ भी पैदा हो सकती हैं। ऐसे नेताओं की बड़ी संख्या है जो समझ रहे हैं कि जनता के आक्रोश को चालाकियों और चालबाज़ियों से भोंथरा किया जा सकता है। इसी कारण चुनाव सुधारों का दायरा बहुत सीमित है। सरकार केवल यह प्रयास कर रही है कि अपराधियों को संसद या विधान सभाओं में चयनित होने से कैसे रोका जा सकता है और दूसरा मुद्दा यह कि चुनाव में काले धन के प्रयोग पर कैसे पाबंदी लगायी जा सकती है। ये दोनों मुद्दे महत्त्वपूर्ण हैं, लेकिन इन पर पर्याप्त अंकुश नहीं लगाया गया है।

संविधान संशोधनों में छिपा है समाधान

आज देश में हर सोचने-समझने वाला आदमी यह महसूस करता है कि देश की व्यवस्था में सार्थक बदलाव लाये बिना काम नहीं चलेगा। एकाध समस्या पर कड़ा रुख अपनाने से भी कोई रास्ता नहीं मिलेगा। परन्तु व्यवस्था में सार्थक बदलाव लाने की दिशा में कम सोचा जा रहा है। किसी बड़े नेता ने ऐसा नहीं कहा कि देश की राजनीतिक, आर्थिक तथा सामाजिक व्यवस्था में बड़े परिवर्तन करने की आवश्यकता है। अन्ना हजारे तक सिर्फ़ भ्रष्टाचार मिटाने की बात करते हैं, व्यवस्था में सार्थक बदलाव की बात नहीं करते।

सत्ता और विरोधी दल के नेता केवल गरीब जनता को तरह-तरह की सहूलियतें देने की बात ही करते हैं। अब तो कैश पैसे तक देने की बात हो रही है। मैं एक गाँव की आँगनबाड़ी में गया तो वहाँ बताया गया कि यहाँ बच्चों को दूध, दलिया आदि मिलता है। मैंने कहा कि यह सब उनको अपने-अपने घरों में क्यों नहीं मिलता? इस पर बताया गया कि योजना यही है कि बच्चों को गाँव की आँगनबाड़ी में सरकार/प्रशासन की ओर से दूध-दलिया मिले, घर में नहीं। आँगनबाड़ी में दूध-दलिया आदि खाकर बच्चों की क्या समझ और मानसिकता बनेगी? वे सोचेंगे कि माता-पिता उनका पेट नहीं भर सकते, पर एक ऐसी जगह है, जहाँ उन्हें मुफ़्त खाना मिलता है। मुफ़्तखोरी की आदत कैश सब्सिडी तक ले जायेगी। मुख्य सवाल यह है कि लोकतांत्रिक ढाँचे में रहते हुए व्यवस्था में क्या परिवर्तन लाया जा सकता है? लोकतांत्रिक ढाँचे से बाहर होकर परिवर्तन लाने की बात आज की स्थिति में व्यावहारिक नहीं लगती। सत्ता और सरकार के पास गैर-वैधानिक तरीकों से परिवर्तन लाने वालों को कुचलने के लिए अपार ताकत है। इसलिए परिवर्तन की बात संवैधानिक तरीके से ही की जानी चाहिए।

लोकतांत्रिक ढाँचे में सबसे अधिक शक्तिशाली संविधान है, जिसके अन्तर्गत कानून बनते हैं, जिसके आधार पर राजनीतिक व्यवस्था, प्रशासन और सरकार चलती है। हमारे देश में सरकार कैसे चल रही है, यह सबको मालूम है। मौलिक अधिकारों का हनन, असमानता, अन्याय आदि व्याप्त हैं। हमारा संविधान जो देने की बात

करता है, वही मिल रहा है। पर देखने की बात यह है कि अच्छे सिद्धान्तों और अच्छे कानूनों की कमी नहीं है। मुश्किल है उन्हें लागू करने की। कानून लागू करने वाले अपनी ज़िम्मेदारी पूरी नहीं कर रहे हैं। कानून बनाने वाले भी बड़ी हद तक अपनी ज़िम्मेदारी पूरी नहीं कर रहे हैं। ऐसी हालत में एक तीसरी शक्ति की ज़रूरत है जो कानून लागू करने वालों और कानून बनाने वालों पर कुछ नियंत्रण रख सके, क्योंकि इन दोनों ने बहुत अधिक शक्ति संचित कर ली है और प्रायः उसका मनमाना प्रयोग करते हैं।

यह तीसरी शक्ति भारतीय संविधान ही बना सकता है। हमारे संविधान की सीमा यह है कि वह केवल संसद और विधानसभाओं में चुनकर आये जन-प्रतिनिधियों के अलावा संसद, सरकार और प्रशासन में जनता की भागीदारी सुनिश्चित नहीं करता। हमारी मुख्य समस्या यही है। सौ करोड़ लोगों के देश में चुनाव के माध्यम से चुनकर आये केवल कुछ हज़ार प्रतिनिधि वास्तव में संसद, सरकार और प्रशासन में जनता की आशाओं और भावनाओं का निर्वाह नहीं कर सकते। लाखों लोगों द्वारा चुना गया प्रतिनिधि, लाखों लोगों के इलाके में क्या-क्या कर सकता है? इसलिए संविधान को इस पर ध्यान देना चाहिए।

संसद से यह आशा करनी चाहिए कि वह देशवासियों की आशाओं का सम्मान करेगी। कुछ ऐसे बिल पास होंगे और कानून बनेंगे, जो लोगों को यह अवसर देंगे कि वे इस महान देश के निर्माण में अपनी भूमिका निभा सकें। ऐसे बिलों का प्रारूप तैयार किया जा सकता है, जो प्रशासन और नीति-निर्धारण के विभिन्न अवसरों पर संवैधानिक तरीके से लोगों को अपनी भूमिका निभाने का अवसर दे।

विचार किया जाना चाहिए कि चुनाव में विभिन्न इलाकों से केवल सांसद और एक विधायक ही क्यों चुना जाये? क्यों न मतदाता उन कमेटियों को चुनें, जो प्रभावकारी तरीके से कानून बनाने वाली समितियों और प्रशासन में अपनी सक्रिय भूमिका निभायें। राष्ट्रीय स्तर से लेकर जिला स्तर तक ऐसी चुनी हुई संवैधानिक समितियों का गठन किया जाना चाहिए, जो नीति निर्धारण और प्रशासन में सक्रिय योगदान दे सकें।

इन समितियों को सहभागिता, पारदर्शिता और जवाबदेही (सपाज) के आधार पर गठित करना होगा। वर्तमान में नीतियों और उनको लागू करने की कमज़ोरियों को दूर या कम करने का एक प्रभावकारी तरीका यही हो सकता है। इसके माध्यम से कानून और नीतियाँ जनता की वास्तविक ज़रूरतों और निर्धारित उद्देश्यों को ध्यान में रखकर बनायी जा सकती हैं। प्रशासन में जन भागीदारी से बदलाव आ सकता है। प्रशासन और जनता के बीच की दूरी को कम किया जा सकता है। प्रशासकों की मनमानी कार्य-शैली पर अंकुश लग सकता है। निश्चित रूप से भ्रष्टाचार पर लगाम कसी जा सकती है।

सहभागिता, पारदर्शिता और जवाबदेही (सपाज) के आलोक में संविधान में क्या परिवर्तन किये जायें, यह बहुत बड़ा और जटिल विषय है। परन्तु इस संबंध में कुछ इशारे किये जा सकते हैं। उदाहरण के लिए संविधान में यह संशोधन किया जाये कि सांसद या विधायक के चुनाव के साथ ऐसी समितियों को भी चुना जाये, जो न केवल सांसदों और जनता के बीच सेतु का काम करें बल्कि यदि ज़रूरत हो तो सांसद पर आंशिक नियंत्रण आदि भी रखें। समितियाँ चुने हुए प्रतिनिधियों के काम को पारदर्शी बनायेंगी। इसी प्रकार की वैधानिक समितियाँ केन्द्रीय और प्रांतीय सरकारों और मंत्रालयों के लिए भी बनायी जा सकती हैं। जनपद स्तर पर ऐसी समितियाँ बहुत आवश्यक हैं। यह स्पष्ट है कि ऐसी समितियाँ जनपद स्तर पर होने वाली हर तरह की धाँधली, अत्याचार और अन्याय पर कुछ नियंत्रण करेंगी। यह किसी से छिपा हुआ नहीं है कि जिला और ग्रामीण स्तर पर सबसे अधिक ध्यान देने की आवश्यकता है।

लेकिन, मुख्य सवाल यह है कि क्या हमारी संसद, राजनैतिक दलों और प्रशासकों की यह इच्छा है कि देश के लोगों को नीति-निर्धारण और प्रशासन के क्षेत्रों में प्रभावकारी वैधानिक साझीदारी दी जाये या नहीं? इस बात का सही उत्तर तो सांसद और राजनैतिक दल ही दे सकते हैं। लेकिन इतना कहा जा सकता है कि राजनैतिक दलों, सांसदों और प्रशासन के लिए अपने अधिकारों में जनता को हिस्सा देना बहुत सरल न होगा। लेकिन आज की स्थिति में अगर लोकतंत्र को मज़बूत नहीं बनाया जाता है, तो गैर-लोकतांत्रिक ताकतें मज़बूत होती जायेंगी और ऐसी हालत में संसद, सरकार और राजनैतिक दल गहरे संकट में फँस जायेंगे और सबसे ज़्यादा नुकसान जनता का होगा।

क्या ऐसा हो सकता है कि अगले चुनाव में कोई राजनैतिक दल संविधान सुधार का मुद्दा लेकर जनता के सामने आये? इसकी संभावना तो कम लगती है, क्योंकि आज राजनैतिक दलों ने चुनाव जीतने के लिए कुछ दूसरे हथकंडे अपना लिये हैं। उनके पास आज मुद्दों पर राजनीति करने की हिम्मत नहीं है, जबकि आज देश को सबसे अधिक ज़रूरत इसी की है।

लोकतांत्रिक मूल्य और मुसलमान

सभी धर्म उदार, मानवीय और सहिष्णु होते हैं, लेकिन समय-समय पर धर्म के आधार पर राजनीति करने वाले तत्व या धर्म के आधार पर सत्ता में बने रहने या सत्ता प्राप्त करने का प्रयास करने वाले धर्म को आक्रामक बना देते हैं। धर्म की आड़ में राजनीति होती है। यदि फ्रांस या संसार के अन्य भागों में मुस्लिम आतंकवादियों की हिंसक गतिविधियों के आधार पर इस्लाम को हिंसक धर्म मान लिया जाये, तो प्रश्न यह उठ खड़ा होगा कि इस्लाम के अतिरिक्त जिन धर्मों की आड़ में राजनीतिक स्वार्थ पूरे करने के लिए हिंसा का सहारा लिया गया, क्या वे हिंसक धर्म नहीं कहे जायेंगे?

इतिहास बताता है कि बौद्ध धर्म को मानने वाले दूसरे धर्मों और विश्वासों के प्रति उदार और सहिष्णु नहीं थे। सम्राट अशोक (304-232 ई. पू.) ने 18,000 जैनियों की हत्या करा दी थी क्योंकि किसी ने एक चित्र बनाया था जिसमें महात्मा बुद्ध को महावीर के चरणों को स्पर्श करते दिखाया गया था। क्या इस आधार पर बौद्ध धर्म को हिंसक धर्म कहा जा सकता है? या कालान्तर में बौद्ध धर्म को मानने वालों पर अत्याचार करने वालों के धर्म को हिंसक धर्म कहा जा सकता है?

पिछले वर्षों के दौरान म्यांमार और श्रीलंका में मुस्लिम समुदाय के विरुद्ध की गयी हिंसा में लगभग 250 मुसलमान मारे गये थे। यह हिंसा बौद्धों ने की थी। क्या इस आधार पर कहा जाये कि बौद्ध धर्म हिंसक धर्म है। इसका सीधा अभिप्राय है कि धर्म हिंसक या अहिंसक नहीं होता।

धर्मों का उदय प्रायः समाज और देश की भलाई और मानवीय मूल्यों की स्थापना के लिए होता है। धर्म के आधार पर लोग संगठित होते हैं। संगठन सत्ता में आने के लिए राजनीति में प्रवेश करते हैं। इस तरह धर्म राजनीति का हिस्सा बन जाते हैं। फिर सत्ता में बने रहने के लिए ये संगठन वही करते हैं, जो सत्ताएँ करती हैं। हर प्रकार के नैतिक और अनैतिक तरीके से सत्ता में बने रहना।

इस्लामी दुनिया में फैली हिंसा का कोई संबंध इस्लाम धर्म से नहीं, बल्कि मुस्लिम धर्म की राजनीति और विश्व राजनीति से है। इसमें क्या संदेह हो सकता है कि विश्व की बड़ी शक्तियों ने अपना प्रभुत्व बनाये रखने और दूसरे देशों के संसाधनों

पर अधिकार जमाये रखने के लिए धार्मिक कट्टरता को भड़काया है। तालिबान को एक समय में दी जाने वाली अमेरिकी सहायता इसका उदाहरण है।

पेरिस से लेकर पेशावर तक फैली हिंसा के कारणों पर बात करना ज़रूरी है। पाकिस्तान की हिंसा मुख्य रूप से दो मुस्लिम समुदायों के आपसी विवाद की पैदाइश है। इनमें से एक समुदाय को एक बड़े मुस्लिम देश का समर्थन प्राप्त है और दूसरे को एक अन्य देश से पूरी मदद मिलती है। यह प्रभुत्व की लड़ाई है, जिसमें दो मुस्लिम पंथ एक-दूसरे के सामने खड़े हैं। इनमें से एक देश को बड़े पूँजीवादी देशों का समर्थन प्राप्त है। पाकिस्तान में दूसरे प्रकार की धार्मिक हिंसा का आधार भी इस्लाम के विभिन्न पंथों के बीच प्रभुत्व की लड़ाई ही है।

आतंकी संगठन हथियार और पैसा कहाँ से पाते हैं? तालिबान या दूसरे आतंकी वे हथियार नहीं बना सकते, जिनका वे इस्तेमाल करते हैं। वे हथियार विकसित और धनवान देशों में ही बनते हैं। सवाल यह है कि आधुनिक हथियार आतंकियों तक कैसे पहुँच जाते हैं? आतंकी कहाँ से ऐसे साधन जुटाते हैं कि महँगे हथियार खरीद सकें? आतंकियों को कौन पैसा देता है? गरीब देशों के पास इतना धन नहीं है और संसार के सभी धनवान मुस्लिम देश अमेरिका के प्रभाव में हैं। बड़े मुस्लिम देशों का व्यापार, मुख्य रूप से तेल का व्यापार अमेरिकी योरोपीय कंपनियों के पास है। अरब क्षेत्र के सभी बड़े धनवान अमेरिकी गठबंधन का हिस्सा हैं। यही देश आतंकी संगठनों को धन देते हैं, तो आतंकवाद को अधिक गहराई से समझने की आवश्यकता है।

आधुनिक विचारों और शासन पद्धति से मुसलमान बहुत ज़्यादा परिचित नहीं हैं। मेरा मानना है कि विश्व के मुसलमान और विशेष रूप से भारत-पाक के सामान्य मुसलमान ज़्यादा पढ़े-लिखे या आधुनिक विचारों से संपन्न नहीं हैं। लोकतांत्रिक विचारों पर उनका विश्वास नहीं है, लेकिन वे हिंसक और आतंकी नहीं हैं। लोकतांत्रिक विचारों पर उनका विश्वास होना चाहिए, लेकिन वे सामंती विचारों को अधिक स्वीकार करते हैं।

भारत में इस समय एक दक्षिणपंथी सरकार है, लेकिन यह समझदार और चतुर सरकार है। भारत में बहुत प्रभावशाली और सटीक तरीके से अल्पसंख्यकों के प्रति विरोध और तिरस्कार की भावना फैलाई जा रही है। इसका पता भी मुसलमानों को नहीं चल रहा है। समय आने पर यह दूषित प्रचार वैसे ही काम करेगा, जैसा गुजरात में हुआ था। मुसलमान भारतीय जनतंत्र में अपना स्थान बना पाने में सक्षम नहीं हैं। सुदूर इराक और सीरिया की घटनाओं से भारतीय मुसलमान इसलिए जुड़ रहे हैं क्योंकि वे अपने यथार्थ से परिचित नहीं हैं। भावुक और अनपढ़ हैं। खिलाफ़त आंदोलन जैसे विदेशी आंदोलनों ने उन्हें सुदूर मुस्लिम देशों और समस्याओं से जोड़ने

का काम किया है।

भारतीय मुसलमानों में समाज सुधार आंदोलन सर सैय्यद अहमद खाँ के शिक्षा आंदोलन के बाद आगे नहीं बढ़ सका। हालाँकि यह बात उत्तर भारतीय मुसलमानों के संदर्भ में ही कही जा सकती है। दक्षिण भारतीय मुसलमान बिलकुल भिन्न हैं। उत्तर भारत के मुसलमान पाकिस्तान बन जाने और पढ़े-लिखे मुसलमानों के पाकिस्तान चले जाने के बाद मध्यमवर्ग विहीन हो गये थे। अब जो मध्यमवर्ग बना है वह स्वार्थी, धर्मान्ध और विभाजित है। भारत में मुसलमानों के लिए यह बहुत कठिन समय है। अपनी अज्ञानता के कारण वे उसे पहचान नहीं पा रहे हैं।

भारतीय मुसलमान देश के बड़े सामाजिक-राजनीतिक संदर्भों से जुड़कर ही आगे बढ़ सकते हैं। अलगाव, कट्टरता और अशिक्षा उनके सबसे बड़े दुश्मन हैं।

नाली से खून बहेगा या गंदा पानी?

सांस्कृतिक रूप से पिछड़े समाज में सामाजिक विकास नहीं हो सकता। संसार के जितने देशों ने सामाजिक विकास किया है, उन्होंने अपनी संस्कृति पर भी ध्यान दिया है। केवल सड़कें बनवा देना, इमारतें खड़ी कर देना, पुल और नालियाँ बनवा देना विकास नहीं है। विकास उस समय तक विकास नहीं बनता जब तक समाज में सांस्कृतिक जागरूकता नहीं आती। किसी समाज की सांस्कृतिक जागरूकता ही यह तय करती है कि नाली में गंदा पानी बहेगा या खून बहेगा। उस नाली को बनाने से क्या फ़ायदा जिसमें खून बहे।

साहित्य और कलाएँ मानव समाज में मानवीय मूल्यों की स्थापना करती हैं। ये आदमी को बताती हैं कि वह जानवर से बहुत श्रेष्ठ जीव है जिसके अन्दर मानवीय संवेदनाएँ हैं। जहाँ जिस समाज में साहित्य और कलाएँ विकसित नहीं होतीं वहाँ का समाज अमानवीय होता है जिसके उदाहरण रोज़ अख़बारों में देखे जा सकते हैं।

उत्तर प्रदेश संसार के सबसे बड़े लोकतंत्र का हृदय है। इस प्रदेश ने देश को कई प्रधानमंत्री दिये हैं। राष्ट्रीय और अंतरराष्ट्रीय स्तर के कलाकार, लेखक, बुद्धिजीवी यहाँ पैदा हुए हैं। इस प्रदेश का इतिहास जितना गौरवपूर्ण है, वर्तमान उतना ही निराशाजनक है। इसमें कोई संदेह नहीं कि उत्तर प्रदेश लगभग प्रत्येक सकारात्मक क्षेत्र में भारत के अन्य प्रदेशों से पीछे है। आर्थिक और सामाजिक विकास हो या सांस्कृतिक विकास की बात करें, उत्तर प्रदेश को हम 'उत्तम प्रदेश' नहीं कह सकते।

आज़ादी से पहले सांस्कृतिक विकास की ज़िम्मेदारी जनता और जनता द्वारा बनाये गये संगठन वहन करते थे। उदाहरण के लिए हिन्दी भाषा और साहित्य के विकास के लिए ही बड़ी संस्थाएँ थीं, जो बहुत ज़िम्मेदारी से अपना काम करती थीं।

आज़ादी के बाद सांस्कृतिक विकास की ज़िम्मेदारी सरकार के पास आ गयी। सब जानते हैं कि सरकारों का प्रमुख काम सरकार चलाना और सत्ता में बने रहना है। संस्कृति प्रायः सरकारों के एजेंडे में बहुत नीचे आती है, क्योंकि सरकार बनाने वाले राजनीतिज्ञ भी संस्कृति को इसलिए अधिक महत्त्व नहीं देते क्योंकि संस्कृति उन्हें सत्ता में बनाये रखने का काम नहीं कर सकती। जबकि सांप्रदायिकता, जातिवाद,

क्षेत्रवाद, भाई-भतीजावाद उन्हें सत्ता में बनाये रखने में बहुत कारगर सिद्ध होते हैं। इसलिए जब राजनेताओं का ध्यान संस्कृति पर नहीं रहता, तो उसके अन्तर्गत या सहयोग से चलने वाली संस्थाएँ साहित्य और कलाओं के प्रति कैसे संवेदनशील हो सकती हैं? उत्तर प्रदेश में यही हुआ है। यह सवाल पूछा जा सकता है कि ऐसा अन्य प्रदेशों में क्यों नहीं हुआ? इसका स्पष्ट उत्तर यह है कि अन्य प्रदेशों की भाषाई अस्मिताएँ इतनी सशक्त रही हैं कि सांस्कृतिक गतिरोध उत्पन्न नहीं हो पाये। उदाहरण के लिए बंगाल, असम तथा दक्षिण के राज्यों को देखा जा सकता है। दूसरा कारण यह रहा कि भारतीय लोकतंत्र की अपनी विशिष्ट भूमिका के कारण उत्तर प्रदेश पूरी तरह से 'राजनीति' में डूब गया। राजनीति इतनी प्रधान हो गयी कि और सब गौण हो गया। तीसरा कारण यह है कि उत्तर प्रदेश के संस्कृतिकर्मी तेज़ी से सत्ता और राजनीति के इतने निकट आ गये कि उनकी सांस्कृतिक पहचान धूमिल होती चली गयी। चौथी वजह यह है कि उत्तर प्रदेश सांप्रदायिकता और जातीयता की चपेट में इतना अधिक आ गया कि समाज टुकड़े-टुकड़े हो गया। विभाजित समाज में सांस्कृतिक चेतना का गुज़र हो पाना लगभग असंभव है। सांस्कृतिकता के प्रति उत्तर प्रदेश की उपेक्षा का इससे बड़ा प्रमाण क्या होगा कि तमिलनाडु ने पब्लिक लाइब्रेरी एक्ट 1948 में पास किया था, जबकि उत्तर प्रदेश ने यह एक्ट 2005 में पास किया है। वैसे भी जहाँ तक पुस्तकालयों का संबंध है, उत्तर प्रदेश में सौ पब्लिक लाइब्रेरी हैं, जबकि तमिलनाडु में यह संख्या चार हज़ार से ऊपर है। यही नहीं, 1931 से तमिलनाडु में चलती-फिरती लाइब्रेरी की सेवाएँ उपलब्ध करायी जाती रही हैं। जबकि आज भी उत्तर प्रदेश के कई जिलों में कोई पब्लिक लाइब्रेरी नहीं है। दुःखद बात यह है कि जो पुस्तकालय आज़ादी से पहले या सन् 1950-55 तक सेवाएँ दे रहे थे, वे आज बंद पड़े हैं। उदाहरण के लिए फतेहपुर नगर पालिका के पास बहुमूल्य प्राचीन मूर्तियों का एक संग्रह था, जो अब इतनी उपेक्षित स्थिति में है कि उसका उल्लेख भी नहीं किया जा सकता।

उत्तर प्रदेश में सबसे कम साहित्यिक पत्रिकाएँ बिकती हैं, जबकि बिहार इस संबंध में बहुत आगे है। उत्तर प्रदेश में हिन्दी की पुस्तकों की खरीदारी भी बिहार की तुलना में कम होती है। कभी इलाहाबाद और बनारस हिन्दी साहित्य के केन्द्र हुआ करते थे, लेकिन आज स्थिति बहुत बदल गयी है।

तीन साल पहले चेन्नई गया था तो बताया गया था कि आजकल शहर के किसी होटल में ठहरने के लिए कमरा नहीं मिल सकता, क्योंकि वार्षिक संगीत समारोह हो रहा है। महाराष्ट्र के दलित लेखक सम्मेलन में चार हज़ार लोग हिस्सा लेते हैं। जिस शहर में सम्मेलन होता है वहाँ किताबों की झाँकी निकाली जाती है और आरती उतारी जाती है। लेखक किताबों की झाँकी के साथ पूरे शहर में पैदल चलते हैं।

कर्नाटक के एक छोटे से गाँव में 'नीनासम' जैसी बड़ी नाट्य संस्था है जहाँ सालभर नाटक होते रहते हैं। कलकत्ता में बांग्ला के कवियों और साहित्यकारों को आम जनता पहचानती है। मैसूर में आयोजित एक नाट्य समारोह का उद्घाटन करते हुए कन्नड़ लेखक यू.आर. अनंथमूर्ति ने कर्नाटक के बारे में एक टिप्पणी कर दी थी जिस पर अगले ही दिन कर्नाटक के मुख्यमंत्री का स्पष्टीकरण छपा था।

उत्तर प्रदेश को सरकारों ने संभवतः लेखकों और संस्कृतिकर्मियों ने एक ऐसा गुट मान लिया है जिसे मोटी रकमवाले पुरस्कार देकर प्रदेश में सांस्कृतिक जागरूकता आ सकती है। मुख्य प्रश्न यह है कि सरकार संस्कृति संबंधी नीतियों को, यदि वे हैं, तो कितना और कैसे आगे बढ़ा रही है। यह भी तय है कि सब कुछ सरकार के बलबूते नहीं छोड़ा जा सकता। लेकिन यह भी निश्चित है कि सरकार की उपेक्षा से भी काम नहीं बनेगा। संस्कृति या उसके नाम पर सस्ते मनोरंजन आदि को लखनऊ तक सीमित कर देना भी समाधान नहीं है। व्यापक कार्यक्रम बनाकर प्रदेश स्तर पर लागू करने की आवश्यकता है। सबसे पहले तो पुस्तकालयों के काम को ही उठाया जा सकता है।

पिछले महीने लखनऊ में आयोजित साहित्य समारोह की सर्वथा प्रशंसा हुई है। इस संबंध में प्रसिद्ध पटकथा लेखक अतुल तिवारी का यह कमेंट बहुत अर्थपूर्ण है कि जयपुर के साहित्यिक समारोह में डिग्गी पैलेस (जहाँ समारोह आयोजित होता है।) को छोड़कर और कुछ राजस्थान का नहीं होता। लेकिन लखनऊ साहित्य समारोह में सब कुछ उत्तर प्रदेश का ही था। साहित्य समारोह का एक अपना निश्चित स्वरूप था। लखनऊ से हिन्दी की दो महत्त्वपूर्ण पत्रिकाएँ *तद्भव* और *कथाक्रम* निकल रही हैं, जो बहुत बड़ा काम है। अलग-अलग स्तरों पर बहुत से संस्कृतिकर्मी सक्रिय हैं, जिनके योगदान को नकारा नहीं जा सकता।

एक मूल समस्या यह है कि उत्तर प्रदेश ही नहीं शायद पूरे हिन्दी क्षेत्र के बुद्धिजीवियों, संस्कृतिकर्मियों और कलाकारों ने प्रभावशाली ढंग से सत्ता पर यह दबाव नहीं बनाया कि साहित्य और संस्कृति संबंधी नीतियाँ न केवल बनायी जायें बल्कि उनका पालन किया जाये। ऐसा न करने का परिणाम यह निकला कि सत्ताधारियों ने अपनी इच्छा, समझ और सुविधा के अनुसार जो जैसा ठीक समझा वैसा करना शुरू कर दिया। इसी से जुड़ी बात बल्कि कड़वी सच्चाई यह है कि जातिवादी, धर्मवादी और क्षेत्रवादी राजनीति करने वालों की नज़र में साहित्य संस्कृति का कोई महत्त्व नहीं होता। लेकिन इस स्थिति को स्वीकार भी नहीं किया जा सकता, क्योंकि सब चाहते हैं कि नाली से गंदा पानी ही बहे, खून न बहे।

आतंकी हमले और मुसलमान

पिछले सप्ताह इस्लामी चरमपंथियों द्वारा 17 लोगों की हत्या कर दिये जाने के बाद फ्रांस की सड़कों पर बड़े स्तर पर प्रदर्शन हो रहे हैं। बताया जाता है कि 80 हज़ार लोगों ने प्रदर्शन में भाग लिया था। पश्चिमी योरोप में 80 हज़ार लोगों का सड़क पर उतर आना बहुत बड़ी बात है। इससे यह तो स्पष्ट पता चलता है कि जनता में इस्लामी चरमपंथियों की भर्त्सना और निंदा का भाव ही नहीं बल्कि योरोपीय सरकारों की अप्रवासन नीति पर भी सवाल उठाये जा रहे हैं। यह विदित है कि समय-समय पर योरोप और पश्चिमी योरोप ने तीसरी दुनिया के संकटग्रस्त लोगों को अपने देशों में बस जाने की अनुमति दी थी। इसके अन्तर्गत आज फ्रांस में प्रायः अफ्रीकी और अरब देशों से आये मुसलमानों की संख्या 7% है। इस्लामी आतंकवादियों की गतिविधियों का प्रभाव बड़े स्तर पर पूरे योरोप और मुख्य रूप से फ्रांस पर क्या पड़ेगा? यह एक महत्त्वपूर्ण सवाल है।

आतंकवादियों ने यह दावा किया था कि पैगंबर हज़रत मुहम्मद के अपमान का बदला ले रहे हैं। उनके इस बयान ने एक पुराने विवाद को पुनः जीवित कर दिया है। पाकिस्तान में इस्लामीकरण के दौरान तौहीने रिसालत कानून (रसूल अल्लाह का अपमान) बनाया गया था। जिसके दोषी की सज़ा मृत्युदंड तय की गयी थी। पाकिस्तान में इस कानून के अन्तर्गत या इसके प्रभाव में दसियों लोगों की हत्याएँ हो चुकी हैं या फाँसी दी जा चुकी है। इस कानून को लेकर इतनी उग्रता है कि पंजाब के गवर्नर सलमान तासीर की इसलिए हत्या (2011) कर दी गयी थी कि वे इस आरोप में बंदी एक ईसाई औरत से मिलने चले गये थे।

तौहीने रिसालत कानून के बारे में इस्लाम धर्म के विद्वान पूरे विश्वास के साथ यह कहते हैं कि यह *क़ुरान शरीफ़* पर आधारित नहीं है और न ही *क़ुरान* में इस आरोप की कोई सज़ा बतायी गयी है। इस तरह यह कानून मनुष्यों द्वारा बनाया गया है। यह 'शरा' पर आधारित है जो हज़रत मुहम्मद साहब के बाद हुए ख़लीफ़ाओं ने मुख्य रूप से इस्लामी शासन, समाज तथा परिवार व्यवस्था की नियमावली और कानून के रूप में बनायी थी।

इस्लाम के नाम पर की जा रही हिंसा से इस्लाम धर्म और मुसलमानों की जो छवि बनती है। वह कालान्तर में व्यापक स्तर पर समाज विरोधी हो सकती है। इस्लाम धर्म का आधार क़ुराने पाक है जिसमें क्षमा, दया, उदारता, सेवा, संतोष जैसे मूल्यों पर बहुत बल दिया गया है। *क़ुरान शरीफ़* का आदेश है, "सब्र करना और अपराध को क्षमा करना बड़े साहस के काम हैं।" और "गुस्सा पी जाया करो और लोगों को क्षमा कर दिया करो।", "बुराई को भलाई से दूर करो। इससे बड़ी-से-बड़ी शत्रुता खत्म हो सकती है।" दुर्भाग्यपूर्ण यह है कि *क़ुरान* की इस शिक्षा को इस्लाम के नाम पर इस तरह प्रस्तुत किया जा रहा है कि अर्थ ही अनर्थ हो गया है।

पैगंबर हज़रत मुहम्मद के जीवन में उनके विरोधियों ने कई प्रकार से उनका अपमान किया था, जिसके उत्तर में वे प्रेम, उदारता और क्षमा से काम लेते थे। यदि कोई पैगंबर के जीवन और आदर्शों का सम्मान नहीं करता है तो वह अपने आपको कैसे मुसलमान कह सकता है? यही नहीं इससे भी बड़ी बात यह है कि वह संसार के सामने मुसलमानों की क्या तस्वीर पेश कर रहा है? सारे संसार में आतंक और हिंसा फैलाने वाले इन तथाकथित इस्लाम के सेवकों ने मुस्लिम विरोधी वातावरण बना दिया है। आज प्रायः अधिकतर लोग यह मानने लगे हैं जो गलत है कि मुसलमान असहिष्णु और हिंसक होते हैं। यह स्पष्ट है कि संसार आज 'ग्लोबल विलेज' बन चुका है। हर देश ही नहीं हर समुदाय को एक-दूसरे की मदद और सहयोग की दरकार होती है। ऐसे वातावरण में एक समुदाय की खराब छवि बना देना, उसका सबसे बड़ा अहित है। इतिहास में ऐसे उदाहरण मिलते हैं कि कई सौ साल तक एक विशेष समुदाय को खलनायक के रूप में चित्रित किया जाता रहा और अन्ततः एक ऐसी स्थिति पैदा हो गयी जहाँ समुदाय विशेष के लाखों लोगों की निर्मम हत्या कर दी गयी और पूरा संसार असहाय होकर उसे देखता रहा। इतिहास से यह सीखने की आवश्यकता है कि हिंसा और आक्रामकता से कोई समस्या हल नहीं होती।

एक बहुत महत्त्वपूर्ण और जटिल प्रश्न यह है कि मुस्लिम समुदाय के कुछ तत्व कट्टरपंथी और जड़ क्यों हो गये? यदि हम इतिहास में जायें तो पता चलता है कि एक समय था जब मुस्लिम समुदाय प्रखर बौद्धिक समाज था। इस्लाम के स्वर्णिम काल (786-1258 ई.) का एक प्रसिद्ध वाक्य था, "विद्वान की रौशनाई शहीद के खून से अधिक पवित्र है।" बौद्धिकता पर अत्यधिक बल दिये जाने के कारण ज्ञान, विज्ञान, कला और साहित्य के क्षेत्रों में ऐसी महान उपलब्धियाँ प्राप्त हुई थीं जिन्होंने योरोप के आधुनिकीकरण में महत्त्वपूर्ण योगदान दिया था। 18वीं और 19वीं शताब्दी में स्थिति बदल चुकी थी। पतन और विघटन के कारण मुस्लिम समाज बहुत अशक्त हो गया था। इसी दौरान योरोप और अमेरिका के बड़े देशों ने अपने स्वार्थ के लिए मुस्लिम देशों की प्रतिगामी शक्तियों को पूरा समर्थन दिया। यह सिलसिला

सोवियत संघ द्वारा अफ़गानिस्तान पर जमाये गये अधिकार का विरोध करने के लिए अमेरिकी और तालिबानी गठबंधन तक निर्बाध चलता रहा। यह एक ऐसी घटना थी जिसने वही काम किया था जो ईरान की इस्लामी क्रांति ने किया था। पहली बार कट्टर धार्मिक समूहों को लगा था कि वे शासन की बागडोर सँभाल सकते हैं।

यह कितनी बड़ी विडम्बना है कि इस्लाम के तथाकथित रक्षकों को इस्लामी दुनिया की बदहाली नज़र नहीं आती जहाँ मुसलमान ही एक-दूसरे के दुश्मन बन गये हैं। इन्हें पाकिस्तान नहीं दिखायी पड़ता जहाँ मस्ज़िदों में बम विस्फोट होते हैं और जहाँ हर मुस्लिम समुदाय दूसरे समुदाय का पक्का शत्रु है। इन जिहादियों को अफ़गानिस्तान का गृहयुद्ध और उसके कारण मुसलमानों की बदहाली नज़र नहीं आती। इन्हें सीरिया के शरणार्थी नहीं दिखायी पड़ते जो भयानक बर्फ़बारी के कारण मर रहे हैं। इस्लाम की सबसे बड़ी सेवा मुस्लिम संसार से हिंसा और गृहयुद्धों को समाप्त करना ही होगा। पूरी इस्लामी दुनिया में सऊदी अरब और ईरान एक तरह की 'प्रॉक्सी वार' में उलझे हुए हैं। पूरा मध्य एशिया इस आग में जल रहा है, मानव जीवन का मूल्य शून्य हो गया है, इन स्थानों पर इस्लाम के 'रक्षकों' को जाना चाहिए। इस्लाम और मुसलमानों की सेवा करनी चाहिए।

आज मुसलमानों और इस्लाम की सुरक्षा के लिए ज़रूरी है कि अपने आपको मुसलमान कहने वाले इन उग्रपंथियों और आतंकवादियों से इस्लाम की रक्षा की जाये। सस्ती लोकप्रियता प्राप्त करने और मुसलमानों के मसीहा बनने की कोशिश में लगे कुछ धर्मान्ध नेताओं के स्वार्थ की वेदी पर भोली-भाली जनता को नहीं चढ़ाया जा सकता। भारत में ऐसे मुस्लिम नेताओं की कमी नहीं है जो अपने स्वार्थ के लिए पूरे देश को हिंसा की आग में झोंक देने को तैयार हैं। ऐसे तत्वों की पहचान करके उन्हें बेनक़ाब करने की ज़रूरत है।

सांप्रदायिकता का हिन्दी साहित्य पर प्रभाव

सांप्रदायिकता एक समस्या के रूप में, भारतीय समाज में ही नहीं, साहित्य में भी देखी जा सकती है। यह समस्या आज हिन्दी साहित्य में उल्लेखनीय स्थान रखती है। ध्यान देने योग्य बात है कि हिन्दी साहित्य में सांप्रदायिक विषयों पर लेखन अचानक नहीं शुरू हुआ है। इसका इतिहास लगभग 50-60 साल पुराना अवश्य है। वर्तमान समय में सांप्रदायिकता का हिन्दी साहित्य पर प्रभाव देखने के लिए सबसे पहले सांप्रदायिकता की परिभाषा, परिवेश और उन मुद्दों की चर्चा करना आवश्यक है जिसके आधार पर सांप्रदायिक वैमनस्य फैलाया जाता है। इसके बाद यह भी देखना आवश्यक होगा कि भारत-विभाजन से लेकर आज तक साहित्य में सांप्रदायिकता का चित्रण किस रूप में हुआ है और किस प्रकार सांप्रदायिकता के प्रति लेखकों के रवैये में परिवर्तन आते रहे हैं। ऊपर उल्लेख किये गये दोनों बिन्दुओं के आलोक में हम 1990 से लेकर 2005 तक हिन्दी साहित्य पर सांप्रदायिकता के प्रभाव की चर्चा कर सकेंगे।

भारतीय संदर्भ में दो धार्मिक समुदायों के बीच धर्म तथा अन्य सामाजिक मान्यताओं में मतभेद के कारण जन्मे वैमनस्य और हिंसा सांप्रदायिकता का आधार बनते हैं। जैसा कि हम जानते हैं, भारत में विभिन्न धर्मों, विश्वासों और संस्कृतियों पर विश्वास करने वाले लोग रहते हैं। मुख्य रूप से देश में हिन्दू और मुस्लिम दो बड़े समुदाय हैं जो अलग-अलग धर्मों पर विश्वास करते हैं। भारत में इस्लाम धर्म नया नहीं है। आठवीं शताब्दी के आस-पास इस्लाम का भारत में आगमन हुआ था जिसने इस देश के समाज पर अपने तरह-तरह के प्रभाव छोड़े हैं। इस्लाम और भारतीय धार्मिक विश्वासों ने एक-दूसरे को प्रभावित भी किया है और समन्वय तथा सामंजस्य भी स्थापित हुआ है। मध्यकाल तक भारत की राजसत्ता मुगलों के हाथ में थी जो अपनी राजसत्ता में दूसरे मुस्लिम और ग़ैर-मुस्लिम समूहों को उचित स्थान दिया करते थे। यही कारण है कि मुगल दरबार में सत्ता का एक केन्द्र राजपूत भी हुआ करते थे। देश के सूफ़ी संतों ने इस्लाम और हिन्दू धर्म के बीच जो सामंजस्य स्थापित करने का प्रयास किया था उसका बड़ा सार्थक प्रभाव समाज पर पड़ा था।

आधुनिक युग में भारत की राजसत्ता अंग्रेज़ों के हाथों में चली गयी जिन्होंने

सत्ता में बने रहने के लिए हिन्दू और मुस्लिम समुदायों को एक-दूसरे के आमने-सामने लाकर खड़ा कर दिया। इसके साथ-साथ आधुनिक युग में लोकतंत्र के प्रचार-प्रसार और अंग्रेज़ी शासन में अधिक भागीदारी सुनिश्चित करने के कारण दोनों संप्रदायों में आपसी होड़-सी मच गयी थी। इस युग में दोनों समुदाय अपनी अलग-अलग पहचान बनाकर साम्राज्यवादी ब्रिटिश शासन से अपनी माँगें भी पूरी कराना चाहते थे। अलगाववाद के इन रुझानों को साम्राज्यवादी शासकों ने लगातार खाद-पानी दिया, जिसके परिणामस्वरूप देश में सैकड़ों साल पुरानी हिन्दू-मुस्लिम एकता और सामंजस्य की बहुत-सी कड़ियाँ टूटती चली गयीं। जैसे-जैसे राष्ट्रीय आंदोलन तेज़ होता गया, वैसे-वैसे अंग्रेज़ों की प्रेरणा से मुस्लिम संप्रदाय के बड़े हिस्से ने अलग राष्ट्रीयता की बात उठायी और परिणामस्वरूप भारत-विभाजन की त्रासदी हमारे सामने आ गयी। हिन्दू और मुस्लिम सांप्रदायिक ताकतें एक-दूसरे पर तरह-तरह के आरोप लगाती रहीं। जिसके कारण उनके बीच सद्भाव समाप्त हो गया।

इस युग की सांप्रदायिक ताक़तों ने अविश्वास, घृणा और हिंसा फैलाने के लिए जिन मुद्दों का प्रचार किया था उनमें पहला भ्रामक मुद्दा यह था कि हिन्दू और मुसलमान दो अलग-अलग राष्ट्रीयताएँ हैं और ये दोनों एक साथ नहीं रह सकतीं। इस कारण भारत का विभाजन आवश्यक है। बाद में चलकर यह मुद्दा हिन्दी साहित्य में सांप्रदायिकता विरोधी रचना करने वालों का एक केन्द्रीय मुद्दा बन गया और लगातार यह सिद्ध और स्थापित किया जाता रहा कि राष्ट्रीयता का आधार धर्म नहीं होता तथा हिन्दू और मुसलमान एक साथ रह सकते हैं। अलग-अलग राष्ट्रीयताओं के आधार पर देश के बँटवारे के बाद भी भारत में बड़ी संख्या में मुसलमान रह गये, लेकिन पाकिस्तान से हिन्दू जनता का भारी पलायन हुआ और वहाँ नाम-मात्र के लिए हिन्दू बचे। आज़ादी के बाद हिन्दू सांप्रदायिकता ने मुसलमानों का विरोध दो मुद्दों पर करना शुरू कर दिया था। पहला मुद्दा यह था कि भारत के सभी मुसलमानों को पाकिस्तान चले जाना चाहिए। दूसरा मुद्दा था कि भारत के मुसलमान मन, वचन और कर्म से भारतीय नहीं हैं। वे पाकिस्तान से सहानुभूति रखते हैं। ये दोनों मुद्दे भी उस युग के सांप्रदायिकता विरोधी हिन्दी साहित्य पर छाये रहे जिनका एक उदाहरण राही मासूम रज़ा द्वारा लिखी गयी *छोटे आदमी की बड़ी कहानी* अर्थात् 1965 भारत-पाक युद्ध में भारतीय सैनिक 'अब्दुल हमीद' की जीवनी है। दूसरे मुद्दे जिन्हें हिन्दू सांप्रदायिक गुट उठाते रहे हैं। धर्मान्तरण, मुसलमानों की जनसंख्या में वृद्धि, मुसलमानों की देश की निष्ठा के प्रति कमी और मुसलमानों द्वारा अतीत में किये गये तथाकथित अत्याचार हैं। इन मुद्दों पर बहस करने से पहले हिन्दी साहित्य पर सांप्रदायिकता के प्रभाव को चार चरणों में विभाजित किया जा सकता है। पहला चरण विभाजन के तुरन्त बाद लिखा गया सांप्रदायिकता विरोधी साहित्य है। दूसरा

चरण आज़ादी के बाद देश में 1970 के आस-पास सांप्रदायिक दंगों को माना जा सकता है। तीसरा चरण बाबरी मस्ज़िद के ध्वंस के बाद लिखा गया साहित्य है और चौथा चरण गुजरात नरसंहार के बाद लिखी गयीं सांप्रदायिकता विरोधी रचनाएँ हैं।

सांप्रदायिकता के विरोध के पहले चरण अर्थात् भारत-विभाजन के दौरान या उसके बाद लिखी गयीं रचनाओं में मानवीय त्रासदी, हिंसा, अपराधबोध, संस्कारों और परम्पराओं का टूटना, घोर निराशा के क्षणों में आशा के सूत्र मिलना और हिन्दू-मुस्लिम एकता पर बल देना है। इस युग के सर्वश्रेष्ठ कहानीकार सआदत हसन मंटो ने अगरचे उर्दू में कहानियाँ लिखी हैं, लेकिन आज उन्हें केवल उर्दू का साहित्यकार नहीं माना जाता, वे हिन्दी में भी उतने ही लोकप्रिय हैं जितने उर्दू में हैं। मंटो ने सांप्रदायिकता की विभीषिका को एक भयावह त्रासदी के रूप में चित्रित किया है। उन्होंने सांप्रदायिकता की आग में मनुष्यता के श्रेष्ठतम् को स्वाहा होते इस तरह दर्शाया है कि संवेदनाएँ दहल जाती हैं।

सआदत हसन मंटो ने सांप्रदायिकता को एक विशेष दृष्टिकोण से देखा था। हृदय विदारक नर-संहार में उन्होंने इन्सान के वहशी बन जाने के साथ इस बात पर भी ज़ोर दिया है कि अमानवीयता की चरम स्थिति में पहुँचने के बाद भी मानवीयता कहीं जीवित रहती है और यही एक अच्छे भविष्य का संकेत माना जा सकता है। मंटो निष्कर्षों पर पहुँचने वाले लेखक नहीं हैं और न वे पूरी तरह 'फोटो ग्राफिक रियलिज़्म' के लेखक हैं। उनकी सधी हुई कलम इन दोनों अतियों के बीच अपना रास्ता बनाती है।

मंटो के अलावा इस दौर के सभी बड़े लेखकों ने सांप्रदायिकता को अपना विषय बनाया है। हिन्दी में मोहन राकेश, कृष्णा सोबती, भीष्म साहनी, यशपाल और अज्ञेय ने इस विषय पर पर्याप्त लिखा है। उनका नज़रिया इस मानव त्रासदी का चित्रण ही नहीं बल्कि उन कारणों की खोज भी रहा है जिनके कारण यह स्थिति पैदा हुई थी। इन कहानियों में 'विभाजन' पर सार्थक सवाल भी उठाये गये हैं और विभाजन को अनावश्यक कृत्रिम राजनैतिक चाल बताया गया है। विशेष रूप से सांप्रदायिक राजनीति और साम्राज्यवाद की भूमिका को सामने रखा गया है। मिली-जुली संस्कृति के उन पक्षों पर बल दिया है जिनके आधार पर विभाजन गलत साबित होता है।

छठे और सातवें दशक में सांप्रदायिक दंगे तो इधर-उधर होते रहे, लेकिन उन्हें बहुत गंभीरता से नहीं लिया गया। इन दंगों का राजनैतिक लाभ उठाया जाता रहा और राजनैतिक दल अपना-अपना वोट बैंक पक्का करने के लिए इनका प्रयोग करते रहे। लेकिन आठवें दशक में सांप्रदायिकता फिर उफान पर आती दिखायी देती है। इस दशक में न केवल भयानक दंगे होते दिखायी पड़ते हैं बल्कि उनका कोई समाधान

भी नज़र नहीं आता। इस युग में सांप्रदायिक समस्या पर लिखी गयीं कहानियों का स्वर कुछ भिन्न है। इन कहानियों में सांप्रदायिकता के उन पक्षों पर बल दिया गया है तथा सांप्रदायिकता को इस तरह समझने का प्रयास किया गया है जैसा पहले नहीं होता था। सांप्रदायिकता को मानव त्रासदी मानने के साथ-साथ ये कहानियाँ भारतीय लोकतंत्र के सामने यह सवाल खड़ा करती हैं कि आज़ादी के इतने सालों बाद भी क्या कारण है कि सांप्रदायिक दंगे नहीं रोके जा सके? इन कहानियों में उभरकर आता है कि सांप्रदायिकता के विरोध के प्रयास तथा रणनीति कितनी कारगर है? इस बात पर खुलकर लिखा गया कि सांप्रदायिक सद्भाव के प्रयास लगातार किये जा रहे हैं, सांप्रदायिकता विरोधी समितियाँ बनी हुई हैं। भारत सरकार भी सांप्रदायिक सद्भाव के प्रति प्रतिबद्ध है। तब देश में सांप्रदायिकता लगातार क्यों बढ़ रही है? क्या सांप्रदायिक सद्भाव बनाये रखने के प्रयासों का कोई प्रभाव नहीं पड़ रहा है? क्या सांप्रदायिकता से लड़ने वाले हथियार पुराने पड़ गये हैं? क्या सांप्रदायिकता से निपटने के लिए नयी रणनीति बनाने की आवश्यकता है? इन कहानियों में प्रशासन, पुलिस तथा राजनेताओं की भूमिका पर भी गंभीर सवाल उठाये गये हैं। यह कहा गया है कि सांप्रदायिकता का विरोध क्या निरर्थक बन गया। यह कहा गया है कि सांप्रदायिक शक्तियों पर शिकंजा कसने का काम नहीं हो सका है। ऐसे कानून क्यों नहीं बनाये गये हैं जो सार्थक ढंग से सांप्रदायिकता की समस्या से निपटने का काम कर सकें? इस युग के कहानीकारों में अब्दुल बिस्मिल्लाह, स्वयं प्रकाश, मंजूर एहतेशाम के नामों का उल्लेख किया जा सकता है। मैंने इसी दौर में 'जख़्म' नाम की एक कहानी लिखी थी जिसका नायक एक मुसलमान दर्ज़ी है जो सांप्रदायिक दंगे में घायल हो जाता है। उसके सिर पर 'एसिड' भरी बोतल मारी जाती है। सिर में गंभीर घाव हो जाता है। कहानी का कथावाचक इस पात्र को अपने साथ एक सांप्रदायिकता विरोधी सम्मेलन में ले जाता है। सम्मेलन में बड़े-बड़े लोग सांप्रदायिकता के खिलाफ भाषण देते हैं। सब कुछ बहुत औपचारिक लगता है। सांप्रदायिकता विरोधी सम्मेलन में लगाया गया 'बैनर' पुराना है और उस पर पिछली तारीख मिटाकर नयी तारीख डाल दी गयी है। इसका मतलब यह है कि जब भी कभी सांप्रदायिक दंगा होता है उसके बाद एक सांप्रदायिकता विरोधी सम्मेलन कर दिया जाता है। बड़े-बड़े नामी लोग आते हैं, भाषण देते हैं, चले जाते हैं। इस स्थिति पर कहानी गंभीर सवाल उठाती है।

सांप्रदायिकता के विरोध में लिखा जाने वाला साहित्य बाबरी मस्ज़िद ध्वंस के बाद एक नया मोड़ लेता है। यह ऐसी घटना थी जिसने हिन्दी ही नहीं दूसरी भारतीय भाषाओं के लेखकों को भी हिलाकर रख दिया था। दरअसल यह घटना भारतीय सौहार्द, सहिष्णुता, सद्भावना, मिली-जुली संस्कृति की उपलब्धियों, लोकतंत्र

की गरिमा, धार्मिक आस्थाओं और विश्वासों पर इतना बड़ा हमला थी कि उसने बुद्धिजीवियों और जनमानस को विचलित कर दिया था। देश के बँटवारे के बाद शायद बाबरी मस्ज़िद ध्वंस ही ऐसी घटना थी जिस पर लेखकों और कवियों ने बड़ी संख्या में रचनाएँ लिखी थीं। इन रचनाओं में क्षोभ और आक्रामकता के स्वरों के साथ-साथ ग्लानि का स्वर भी प्रमुख रूप से सामने आता है। इस संदर्भ में पहली बार रचनाओं में आक्रोश के स्वर बहुत उग्र रूप में मुखरित हुए हैं। सांप्रदायिक शक्तियों के कड़े विरोध और ध्वंस से हुए नुकसान को न पूरी होने वाली क्षति के रूप में सामने रखा है। बाबरी मस्ज़िद ध्वंस पर हिन्दी में कई संकलन आ चुके हैं जो इस तथ्य को सामने लाते हैं कि हिन्दी लेखक जो सातवें, आठवें दशक में सांप्रदायिकता को बहुत गंभीरता से नहीं ले रहे थे, वे बाबरी मस्जिद के तोड़े जाने के बाद किस तरह सांप्रदायिकता को देश पर ख़तरा समझने लगे थे। इन रचनाओं में पौराणिक पात्रों और गाथाओं के माध्यम से भी अपनी बात कहने के प्रयास दिखायी पड़ते हैं।

बाबरी मस्ज़िद की घटना के बाद सांप्रदायिकता भयावह रूप में पहुँचती दिखायी देती है। यह क्रम लगातार चलता है और इसकी परिणति तो नहीं, पर एक चरण गोधरा और गुजरात के नरसंहार के रूप में हमारे सामने आता है। गुजरात के दंगों की भारतीय इतिहास में कोई दूसरी मिसाल नहीं मिलती। इन दंगों ने सिद्ध किया है कि सांप्रदायिक वैमनस्य का भाव बहुत गहराई तक गुजराती समाज के अन्दर उतर गया है। इन दंगों को प्रायोजित करने का काम या इन्हें बढ़ावा देने और अल्पसंख्यकों को संरक्षण न देने का काम गुजरात के मुख्यमंत्री नरेन्द्र मोदी की मूक सहमति से हुआ था। इस कारण इन दंगों पर जो लिखा गया, उसमें सबसे अधिक रचनाएँ प्रत्यक्ष और परोक्ष रूप से नरेन्द्र मोदी को केन्द्र में रखकर लिखी गयी हैं। संभवतः नरेन्द्र मोदी भारतीय राजनीति के अकेले व्यक्ति हैं जिनके खलनायकत्व पर बेहिसाब रचनाएँ लिखी गयी हैं। इन रचनाओं की कलात्मकता तथा काव्य-कौशल पर सवाल खड़े किये जा सकते हैं। लेकिन फिर भी यह भारतीय साहित्य की एक विलक्षण घटना है। कहानियों और उपन्यासों में नरेन्द्र मोदी को प्रतीक बनाकर पात्र बनाये गये हैं।

गुजरात नरसंहार ने मीडिया को ही नहीं भारत के समूचे बौद्धिक जगत को हत्प्रभ कर दिया था। इस घटना के बाद सांप्रदायिकता की नयी परिभाषा तथा नयी कार्य-शैली को आधार बनाकर जो कहानियाँ लिखी गयीं, उनमें कविता के प्रतिमानों का प्रयोग बहुत किया गया। दरअसल वस्तुस्थिति की जटिलता, समस्याओं और व्यक्तियों के बहुआयामी रूप ने लेखकों को इस पर विवश कर दिया था। समाज, व्यक्ति, राजनीति, देश, लोकतंत्र और विकास आदि शब्दों के इतने आयाम निकल

आये थे कि उन पर आधारित कथा में जटिलता आना आवश्यक है। गुजरात के नरसंहार पर मैंने 'शाह आलम कैम्प की रूहें' कहानी में यथार्थ को फैन्टेसी का रूप दिया है जिसमें वस्तुस्थिति का काल्पनिक रूप एक नये ढंग से प्रभाव उत्पन्न करता है।

सांप्रदायिकता की समस्या पर रचनाकारों ने पिछली आधी शताब्दी से ध्यान किया है और साहित्य में सांप्रदायिकता का चित्रण प्रायः यांत्रिक नहीं रहा है। जैसे-जैसे वस्तुस्थिति में परिवर्तन आते गये हैं, वैसे-वैसे सांप्रदायिकता का चित्रण भी बदलता गया है।

विपक्ष की तलाश

आज शायद ही कोई ऐसा हो जो यह कह सके कि हमारी वर्तमान राजनीतिक व्यवस्था जनता और देश की बुनियादी आवश्यकताओं को पूरा कर रही है। इसके विपरीत प्रायः सभी यह सोचते हैं कि इस व्यवस्था को बदलना, अधिक बेहतर बनाना ज़रूरी है। यह भी पता चल गया है कि प्रायः सभी राजनैतिक दल प्रायः एक-सी सरकार और एक-सा प्रशासन देते हैं। मतलब, देश में कोई भी राजनैतिक दल या समीकरण सत्ता में रहे उससे कोई फ़र्क नहीं पड़ता।

वर्तमान सत्ता-व्यवस्था ने बहुत चतुराई से लोकतंत्र, संविधान और न्यायपालिका के नाम पर ऐसी स्थिति बना दी है जहाँ आमूल परिवर्तन लगभग असंभव है। वर्तमान सत्ता-व्यवस्था को न तो चुनाव से बदला जा सकता है, न न्याय पालिका के माध्यम से और न प्रेस के माध्यम से परिवर्तित किया जा सकता है। मतलब यह कि आमूल परिवर्तन के सभी रास्ते 'लोकतांत्रिक' तरीके से बंद कर दिये गये हैं। इस पृष्ठभूमि में नक्सलवाद को देखने और समझने की आवश्यकता है।

नक्सलवाद या माओवाद प्रशासनिक समस्या नहीं है। ऐसी समस्या नहीं है जिसे प्रशासन का डंडा दुरुस्त कर सकता है। लेकिन हमारी केन्द्रीय सरकार तथा राज्य सरकारें लगातार बल प्रयोग को ही महत्त्व देती हैं। परिणामस्वरूप इधर भी गरीब देशवासी मरते हैं और उधर भी यही होता है। नक्सलवादियों से लड़ने वाली फोर्स में संभ्रान्त कुलीन वर्ग के लोग नहीं, बल्कि साधारण सामान्य गरीब घरों के लोग होते हैं। यही नक्सलवादियों की भी स्थिति है। इन हालात में जो भी मारा जाता है वह देश का सामान्य नागरिक ही है।

सरकार यह दावा करती है कि वह नक्सल प्रभावित क्षेत्रों में विकास के बड़े काम भी करती है या करना चाहती है, लेकिन नक्सलवादी उन कामों को नहीं होने देना चाहते। यह सच हो सकता है, लेकिन देखने की बात यह है कि क्या देश के पिछड़े इलाकों और गरीब जनता को केन्द्र में रखकर सरकार ने अपनी नीतियाँ बनायी हैं? जल, जंगल, ज़मीन, बहुसंख्यक जनता के जीने के आधार पर सरकार की नीतियाँ; पूँजीपतियों, बहुराष्ट्रीय कंपनियों और बिचौलियों को ही फ़ायदा पहुँचाती हैं। यही

कारण है कि देश में खरबपतियों की संख्या तो लगातार बढ़ रही है, लेकिन गरीबी, अभाव, असमानता, बेरोज़गारी कम नहीं हो रही है। मतलब यह कि सरकार की नीतियाँ ही नक्सलवाद या माओवाद को जन्म देती हैं और उसके बाद सरकार ही नक्सलवाद या माओवाद को समाप्त करना चाहती है, यह कैसी विडम्बना है।

व्यक्तिगत रूप से मैं सत्ता प्राप्त करने के लिए हिंसा के प्रयोग को ग़लत समझता हूँ और यही कारण है कि उद्देश्यों से सहमत होते हुए भी मैं नक्सलवाद या माओवाद की कार्य-पद्धति को अस्वीकार करता हूँ और मानता हूँ कि हिंसा पर केन्द्रित सत्ता हिंसा को ही जन्म देती है। वास्तविक परिवर्तन विचारों का परिवर्तन है जो मज़बूत और लम्बे समय तक टिकाऊ रहता है।

नक्सलवादी या माओवादी यदि समतामूलक और शोषण मुक्त समाज की स्थापना करना चाहते हैं, तो सबसे पहले इस संबंध में जनता के विचार, सहमति और सहयोग बनाने की आवश्यकता है। लेकिन प्रायः देखा यह गया है कि माओवादी आंदोलन क्षेत्र विशेष के अतिरिक्त जनमत बनाने पर ध्यान नहीं देता। दरअसल सामाजिक परिवर्तन का काम जटिल और बहुत लम्बा चलने वाला काम है। दसियों वर्ष में कुछ उपलब्धि होती है, अगर कार्य सही दिशा में किया जा रहा हो। हमारे देश में तो दिक्कत यह है कि न तो सत्ताधारियों की दिशा सही है और न सत्ता का विरोध करने वाले सही दिशा में जा रहे हैं।

खण्ड-3

साहित्य-कला

साहित्य की बहुआयामी भूमिकाएँ

साहित्य के संबंध में यह धारणा शायद बहुत नयी है कि साहित्य की उपयोगिता का क्षेत्र बहुत सीमित है। संभवतः स्कूल और कॉलेजों में यांत्रिक ढंग से पढ़ाये जाने के कारण साहित्य सीमित और संकुचित होता चला गया है। यह धारणा बन गयी है कि कक्षा में पढ़ाये जाने के अतिरिक्त साहित्य की और उपयोगिता नहीं है। यह भी माना जाता है कि कहानी और कविता अधिक-से-अधिक मनोरंजन करते हैं जिससे समय कटता है।

हिन्दी के हास्य कवियों ने साहित्य को हँसने-हँसाने का माध्यम स्थापित कर दिया है। कहने का मतलब यह कि साहित्य की भूमिका की चर्चा न केवल बंद-सी हो गयी है बल्कि उसके क्षेत्र को लगातार सीमित किया जा रहा है। साहित्य लोगों के जीवन से इतना दूर चला गया है कि उसके और जीवन के घनिष्ठ संबंध ओझल हो गये हैं। साहित्य जीवन को चमकाने का जो शाश्वत काम किया करता था, उसकी चर्चा बहुत कम होती है।

विश्व के ज्ञान का केन्द्र मनुष्य है। साहित्य का केन्द्र भी मनुष्य है। ज्ञान के क्षेत्र लगातार मनुष्य और समाज की ओर उन्मुख हो रहे हैं। मानविकी विषय ही नहीं बल्कि विज्ञान की विभिन्न शाखाएँ इस बात पर बल देती हैं कि उनका केन्द्र समाज और मनुष्य ही हैं। सामाजिक और मनोवैज्ञानिक पद्धतियों पर केन्द्रित प्रशिक्षण कार्यक्रम नयी वैज्ञानिक पद्धतियाँ अपना रहे हैं, लेकिन उन्होंने प्रायः साहित्य का किसी उपकरण के रूप में प्रयोग नहीं किया।

उदाहरण के लिए स्वयंसेवी संस्थाएँ तथा समाज विज्ञान के क्षेत्र में ट्रेनिंग देने वाली अन्य संस्थाएँ कार्यकर्ताओं के समूह को सामाजिक विषयों पर संवेदनशील बनाने का काम करती हैं। कार्यकर्ताओं के समूह को संवेदनशील बनाने की ट्रेनिंग 'मॉड्यूल' में साहित्य का प्रयोग किया जा सकता है।

पिछले कुछ वर्षों से यह चर्चा हो रही है कि साहित्य से क्रांति नहीं हो सकती, जबकि सच्चाई यह है कि साहित्य से ही क्रांति होती है। यह सर्वविदित है कि क्रांति की शुरुआत पहले लोगों के दिमाग में होती है, उसके बाद वह समाज में दिखायी

देती है। विचारों में क्रांति लाने का काम साहित्य करता है। इतिहास साक्षी है कि विश्व की बड़ी क्रांतियों में साहित्य की सक्रिय भूमिका रही है।

एशियाई देशों में, सामाजिक बदलाव की प्रक्रिया में, साहित्य और कलाओं की भूमिका सदा से ही महत्त्वपूर्ण रही है। योरोप के बौद्धिक विकास में साहित्य और कला की शायद वह भूमिका नहीं रही, जो भारत में रही है। प्राचीन एशियाई समाजों में धार्मिक आंदोलन साहित्य के माध्यम से चलाये गये थे। वेद पुराण हों या *महाभारत* और *रामचरितमानस, कुरान* हो या *गुरुग्रंथ साहिब* सभी धार्मिक ग्रंथ कविता के माध्यम से समाज में अवतरित हुए हैं।

इस कारण यह कहा जा सकता है कि धर्म ने भी कविता के महत्त्व, उसकी भूमिका और प्रभाव को पूरी तरह स्वीकार किया है। साहित्य में प्रतिरोध की शक्ति या प्रेरणा देने की ताकत इतनी अधिक है कि उसका उपयोग मनुष्य और समाज को नयी दिशा देने में किया जा सकता है।

आधुनिक भारतीय साहित्य ने अपने समय और समाज को साहित्य के माध्यम से उद्घाटित और संबोधित किया है। 1857 की असफल क्रांति के बाद साहित्य ने सामाजिक कुरीतियों, अंधविश्वासों, जड़ता और मनुष्य विरोधी मुद्दों पर पर्याप्त ध्यान दिया। इन विषयों की सूची में स्त्रियों के दारुण जीवन के चित्रण का स्थान बहुत ऊपर है। विधवा-जीवन, बाल-विवाह, दहेज-प्रथा, नारी-शिक्षा, स्त्री को समान अधिकार तथा स्त्री की गरिमा और सम्मान संबंधित विषयों पर बहुत खुलकर लिखा गया है।

योरोपीय प्रभाव के अन्तर्गत जो समाज सुधार के आंदोलन चलाये गये उनका सीधा प्रभाव हिन्दी साहित्य पर पड़ा था। भारतेन्दु मण्डल का एक प्रमुख उद्देश्य नारी उत्थान था। उसके बाद भी स्त्री जीवन की विसंगतियों और स्त्रियों के प्रति रुढ़िवादी रवैये का विरोध होता रहा। सुधारवादी उपन्यासों ने स्त्रियों के प्रति बहुत सार्थक और प्रभावशाली रवैया अपनाया। हिन्दी में *परीक्षागुरु* जैसा उपन्यास लिखा गया, तो उर्दू में *मेरातुलउरुस* की रचना हुई। दोनों उपन्यास नारी समस्या पर केन्द्रित हैं।

प्रेमचंद ने तो स्त्री समस्या को अपने साहित्य की 'परमानेंट थीम' ही बना लिया था। *निर्मला* जैसे उपन्यास में ही नहीं, प्रेमचंद दूसरी रचनाओं में भी स्त्री के प्रति बनी रूढ़ियों का विरोध करते हैं। कुल मिलाकर प्रेमचंदयुगीन स्त्री-विमर्श एक ओर स्त्री-जीवन की दारुण कथा को सामने लाता है तो दूसरी ओर एक भारतीय नारी के आदर्श स्वरूप को भी स्थापित करता है।

प्रेमचंद के बाद 1836 में प्रकाशित *अंगारे* कहानी संग्रह स्त्री-विमर्श के दूसरे आयाम खोलता है। वह पुरुष प्रधान समाज की बर्बरता, आक्रामकता और हिंसा को केन्द्र में लाता है। इस युग के साहित्यकारों का स्त्री संबंधी रूढ़िवाद का विरोध

पूर्ववर्ती साहित्यकारों से भिन्न है। अन्तर यह है कि प्रेमचंदोत्तर स्त्री-विमर्श स्त्री और पुरुष को बराबरी का दर्जा देने की बात करता है।

वह पूरे रूढ़िवाद का विरोध करते हुए पुरुष प्रधान समाज की नैतिकता का पर्दाफाश करता है। हिन्दी-उर्दू के प्रगतिशील साहित्यकारों ने न केवल रूढ़िवाद क़ा विरोध किया बल्कि और आगे बढ़कर स्त्री और पुरुष की बराबरी की बात भी उठायी।

स्त्री संबंधी रूढ़ियों में सबसे बड़ी रूढ़ि जिस पर शताब्दियों तक विश्वास किया जाता रहा, यह है कि स्त्री पुरुष से कमतर होती है। पुरुष स्त्री से श्रेष्ठ होता है। सामंती युग से चली आ रही इस धारणा को मुखर रूप से पहली बार प्रगतिशील कवियों ने चुनौती दी और यह कहा कि स्त्री और पुरुष समान हैं और उनके साथ समानता का व्यवहार करना चाहिए। समानता के इस व्यवहार की परिधि प्रेम से लेकर क्रांति तक फैली हुई है।

यह ज़ोर देकर कहा गया, "तेरे माथे पर ये आँचल बहुत ही खूब है लेकिन तू इस आँचल से एक परचम बना लेती तो अच्छा था।"

समानता के सिद्धान्त को आगे बढ़ाकर प्रेम के क्षेत्र को भी व्यापकता प्रदान की गयी। शताब्दियों से यह समझा जाता था कि स्त्री-पुरुष प्रेम संबंधों में पुरुष की भूमिका बड़ी होती है। पुरुष स्त्री से प्रेम करता है और पुरुष की श्रेष्ठता के प्रभाव में स्त्री कोई निर्णायक भूमिका नहीं निभा सकती। निर्णय करने का अधिकार केवल पुरुष के पास है।

इस धारणा को खण्डित करते हुए कैफ़ी आज़मी के अनुसार—"तू मुझे छोड़ के ठुकरा के भी जा सकती है, तेरे हाथों में मेरा हाथ है ज़ंजीर नहीं।" की अवधारणा को स्थापित किया। शताब्दियों से प्रचलित रूढ़ि को तोड़ते हुए उन्होंने स्त्री-पुरुष के प्रेम संबंधों में स्त्री की भूमिका को भी निर्णायक बताया और यह कहा कि स्त्री भी अगर चाहे तो अपनी इच्छा से प्रेम संबंधों को समाप्त कर सकती है।

भारतीय समाज में नारी संबंधी रूढ़िवादिता के विरोध में प्रगतिशील कविता और आगे बढ़ती है; जब 'फैज़' अहमद फैज़ तथा अन्य दूसरे कवि प्रेम, सामाजिक चेतना और क्रांति का त्रिकोण बनाते हैं। इस त्रिकोण के अन्तर्गत प्रेम सामाजिक चेतना को विकसित करने की एक कड़ी बनाता है जिसमें प्रेमिका की भूमिका बहुत महत्त्वपूर्ण होती है। हिन्दी कविता में यही काम निराला, पंत, नागार्जुन और त्रिलोचन शास्त्री आदि ने किया है।

इसमें संदेह नहीं है कि साहित्य ने न केवल स्त्री संबंधी रूढ़िवादिता से संघर्ष किया है बल्कि इस रूढ़िवादिता के प्रति पाठक को सचेत और संवेदनशील भी बनाया है। आज इस बात की बड़ी आवश्यकता है कि साहित्य की उन भूमिकाओं को पहचाना जाये जो सामाजिक परिवर्तन की प्रक्रिया में सार्थक सिद्ध हो सकती हैं।

जैसे कोई जहाँ से उठता है : आत्मतर्पण

आज बाथरूम में गिरकर बयासी साल का एक बूढ़ा मर गया। दूसरे कमरे में चूँकि तेज़ आवाज़ में वी.सी.आर. पर फिल्म देखी जा रही थी इसलिए बूढ़े के गिरने, चीखने और कराहने की आवाज़ें नहीं सुनी जा सकीं। कुछ घंटे बाद जब 'कैसेट' बदलने के लिए वी.सी.आर. रोका गया तो बाथरूम से पानी गिरने की आवाज़ सुनाई दी और देखा गया कि बूढ़े का दुबला-पतला, दसियों ऑपरेशनों और सैकड़ों बीमारियों के झटके-झेला शरीर फ़र्श पर पड़ा था। सिर फट गया था। खून, पानी और साबुन एक साथ घुल-मिल कर बह रहे थे। बूढ़े की मटमैली आँखें खुली थीं। उनमें आशा की एक किरण थी कि शायद वी.सी.आर. पर चलने वाली फिल्म जल्दी खत्म हो जायेगी। उसका पोपला मुँह इस तरह बंद था कि होंठ तक मुँह के अन्दर चले गये थे। चश्मा फ़र्श पर गिरकर टूट गया था। उसकी किरचें सड़क पर दुर्घटनाग्रस्त कार के शीशे की तरह फैल गयी थीं, उन्हीं के बीच बूढ़े के नकली दाँतों का चौखटा हँस रहा था।

बूढ़े के मर जाने के कारण आज योजना आयोग बंद है। बूढ़ा न तो योजना आयोग का भूतपूर्व अधिकारी था और न ऐसा ऊँचा व्यक्ति कि उसके मरने पर ऐसा होता। योजना आयोग बंद होने का कारण यह है कि बूढ़ा योजनाएँ बनाने में बड़ा माहिर था। उसने पूरा जीवन योजनाएँ बनायी थीं। हद यह है कि बाथरूम में फिसलकर गिरने से पहले भी वह एक योजना बना रहा था।

बूढ़े को योजनाओं से प्यार था। वह हर किसी के लिए योजना बना सकता था। भिखारी से लेकर खरबपति तक के लिए उसके पास योजनाएँ थीं। योजनाएँ बनाने वालों को शेखचिल्ली कहा जाता था। योजनाओं को खयाली पुलाव समझा जाता था। वह तो भला हो भारत सरकार का कि योजनाओं को सम्मानजनक बना दिया और जिनके लिए योजनाएँ बनायी जाती हैं उन्हें छोड़कर योजनाओं से जुड़े बाकी सारे लोगों की पाँचों उँगलियाँ घी में होती हैं।

बूढ़ा जब थोड़ा सयाना हुआ तो अपने भविष्य के बारे में योजनाएँ बनाने लगा। चूँकि बूढ़ा उन योजनाओं को पूरा करने की दिशा में प्रायः कुछ न करता था। पहला

सपना उसने देखा कि वह डॉक्टर हो गया। क्लीनिक, मरीज, दवाएँ, कंपाउंडर, ऑपरेशन और सुन्दर नर्सें...यह सपना उस समय बहुत प्यार से टूट गया जब पता चला कि हकीकत यह थी कि वह पढ़ाई में बहुत ही कमज़ोर था। अब वह निराश रहने लगा था। निराशा में जैसे कि हर युवक सेना में भर्ती हो जाने की बात सोचता है, वैसे ही उसने भी सोचा। सैलूट, वर्दी, परेड, गोलियाँ, घायल, जख्म, तोपें, युद्ध और पदक ...सब कुछ हो गया...बूढ़े की बेवकूफी देखिए कि सेना का अधिकारी बनने का विचार छोड़ा तो वैज्ञानिक बन गया। वह भी 'जिओलॉजिस्ट'। जीप में बैठा बीहड़ों, रेगिस्तानों, हिमालय की घाटियों में भटक रहा है। इतना कठिन जीवन कि अगर कठिनाई को दे दिया तो पनाह माँग ले। किसी रेगिस्तान में ड्रिलिंग चल रही है, बूढ़ा मशीन चला रहा है। विलायती मज़दूरों वाली टोपी लगाए। पसीने में नहाया। बलिष्ठ...बूढ़े का यह सपना चलता रहा। अचानक नहीं बल्कि धीरे-धीरे ही यह साफ़ हो गया कि वह भूगर्भशास्त्री नहीं बन सकता। बी.एससी. का रिज़ल्ट आया तो बूढ़ा तीन टाँगों पर खड़ा था। और होता क्यों न? क्लासें छोड़-छोड़कर कहानियाँ सुनाने जाया करता था। विश्वविद्यालय की काव्य संध्याओं में विचारता था। पेंटिंग करता था। पढ़ता साइंस था और रचता साहित्य था।

बूढ़े की दो जन्म-तिथियाँ हैं और दो जन्म-स्थान हैं। बूढ़े ने पूरे जीवन में कभी यह सफ़ाई देने की कोशिश नहीं की कि दरअसल उसका जन्म कब और कहाँ हुआ था। वह समझता था कि इससे क्या फ़र्क पड़ता है? विशेष रूप से योजनाएँ बनाने पर तो इससे कोई फ़र्क पड़ नहीं सकता कि कोई आदमी कब और कहाँ पैदा हुआ था। उसने जिस माहौल में आँखें खोलीं, वह बड़ा अजीबोगरीब था। बूढ़े के दादा सनकी और गुस्सैल किस्म के छोटे-मोटे जमींदार थे। ज़िद और हठ उनकी शख्सियत में इतनी थी कि बड़े-से-बड़ा नुकसान उठाकर भी चैन की नींद सो जाया करते थे। खुश हो गये तो हाथ खोलकर दिया करते। नाराज़ हो गये तो बड़े-से-बड़े आदमी को दो टके-सा जवाब देकर घर आ जाते। डाँट-फटकार, गाली-गलौज, फ़ौजदारियाँ, अनाज से भरी गाड़ियाँ, आम की पाल, बरसात में निकलते साँप, टपकती खपरैलें, चारों तरफ़ फैले पेड़, झाड़-झंखाड़, नौकरों की रेलपेल, छोटी-छोटी साजिशें, खेत और बाग, इक्का और घोड़ा, लालटेनों की मद्धिम रोशनी, डाकुओं और चोरों का डर, भूतों-शैतानों के किस्से, बड़ों का अदब, रोज़ सुबह मिलनेवाली इकन्नी और रात की कहानी—सबके बीच उसका बचपन बीता था। बचपन में बूढ़े की आँखें बहुत दुखा करती थीं और वह हकलाता था, इसलिए वह चुप रहता था। दीवार की तरफ़-मुँह किये बैठा रहता था और बोलता न था, सिर्फ़ सोचता था। ख्वाब देखता था।

वह जब सयाना होने लगा तो ख्वाबों में गोलियों, पतंगों और गेंदों की जगह लड़कियाँ घुस आयीं। लड़कियाँ जो थीं नहीं, लड़कियाँ जो थीं भी। वह कल्पना के

घोड़ों को दौड़ाता। लेकिन कल्पना महज कल्पना के सहारे तो बहुत दूर तक जाती नहीं। बूढ़े को काफ़ी परेशानी होती। परेशानी से निकल पाने का रास्ता भी न था।

इतनी ठोकरें खाने के बाद भी बूढ़ा जीवन-भर सपने देखता रहा...योजनाएँ बनाता रहा...लेखकों के सहकारी प्रकाशन की योजना...साहित्यिक, सांस्कृतिक आंदोलन की योजना...पत्रिका निकालने की योजना...फिल्म बनाने की योजना...विश्व-भ्रमण की योजना...बूढ़े की आस्था केवल योजनाएँ बनाने में थी। योजनाओं को पूरा करने या व्यवहार रूप में लागू करने में न थी। यही कारण है कि उसकी अधिकतर योजनाएँ दूसरों के लिए हुआ करती थीं। मतलब, दूसरे काम करें, वह केवल योजनाएँ बनाये।

बूढ़े की कुछ योजनाएँ जो अंशतः पूरी हो गयीं उनमें उसका हाथ नहीं था। वह अमेरिका हो आया इसलिए कि एक अमेरिकन लड़की से प्रेम करने लगा था। चूँकि यह उसके दो दर्जन आध्यात्मिक प्रेमों के बाद पहला शारीरिक प्रेम था इसलिए बूढ़ा दीवाना हो गया था। आहें भरता था, तारे गिनता था। उसे मालूम न था कि अमेरिकन लड़की न तो आहें भरती है न तारे गिनती है। शादी का सपना देखने लगा। उसने अमेरिकन लड़की से जब शादी की बात की तो लड़की ने कहा कि तुमसे प्रेम करना तो गवारा है पर तुम जैसे आदमी से शादी? तब बूढ़ा दार्शनिक हो गया। वह सूफ़ी विचारधारा की ओर आकर्षित हो गया था और अपने को 'प्रेक्टिसिंग सूफ़ी' कहने लगा। उस दौरान वह पीने लगा था। वैसे पीता पहले भी था। पर पहले के पीने में वह मज़ा न आता था जो असफल प्रेम के बाद पीने में आया।

बूढ़ा साहित्य में क्यों आया इसकी कोई वजह नहीं है। उसके परिवार ही नहीं बल्कि मोहल्ले-पड़ोस तक में साहित्य से किसी को कोई लेना-देना न था। नौजवान शिकार खेलते थे। बूढ़ों की रखैलें थीं। अधेड़ उम्र के लोग ज़मींदारी और खेती-बाड़ी देखते थे। लड़के डॉक्टर और इंजीनियर बनने के चक्कर में थे। ऐसे माहौल में बूढ़ा हिन्दी लेखक कैसे बन गया? दरअसल बूढ़े के बस में कुछ न था। ख्वाब देखते-देखते एक दिन उसने सोचा कि कागज़ पर एक ख्वाब बनाया जाये। उसने बनाया। लोगों को पसंद आया। यह उसका पहला काम था, जिसे लोगों ने पसंद किया था। बूढ़ा खुश हो गया। उसे धीरे-धीरे लगने लगा कि वह दूसरा कोई ऐसा काम कर ही नहीं सकता जिसकी लोग तारीफ़ करें। इसलिए वह लिखने लगा।

कैरियर के बारे में जब बूढ़े के कई ख्वाब चकनाचूर हो गये तो उसने एक काम बिना ख्वाब देखे कर डाला। यानी हिन्दी में एम.ए. करने के लिए कमर कसी। बूढ़े ने पहले हिन्दी न पढ़ी थी। वह हिन्दी के 'ह' तक से अपरिचित था। दूसरी तरफ़ वह पूरा माहौल था जो हिन्दी को मज़ाक समझता था। हिन्दी में एम.ए. करना लगभग आधा हिन्दू हो जाने के बराबर समझा जाता था। लोग हँसते थे। दुश्मन खुश होते थे। परिवारजन ठंडी साँसें भरते थे। दोस्त दामन बचाते थे। बूढ़े तक को

नहीं मालूम था कि आगे क्या होगा। उसे हिन्दी में एम.ए. करना इतना उबाऊ लगा कि वह निराश रहने लगा। मानने लगा कि लोग कह रहे हैं तो ठीक ही कहते होंगे।

बूढ़ा उस तरह लिखता रहा जैसे लोग सिगरेट पीते हैं। यानी वह खुश हुआ तो लिखने लगा। उदास हुआ तो लिखने लगा। आराम से बैठा तो लिखने लगा। दुखी हुआ तो लिखने लगा। उसे लगता था कि हाथ में कलम नहीं है, पंखा है। पंखा नहीं, डंडा है। डंडा नहीं, फूल है। उसे यह भी न मालूम था कि वह लेखक हो जायेगा। वह तो यह सब अपने और दोस्तों को खुश करने के लिए करता था। धीरे-धीरे उससे लोग कहने लगे कि वह लेखक है। शुरू में तो यकीन न आया। हँसकर टाल जाता था। उसे यह भी पता नहीं था कि वह कब तक लिखेगा। कब लिखना बंद कर देगा और बस कुछ न करेगा। कभी उसे लगता कि यार 'बदला लेने' का सबसे अच्छा यही तरीका है जो हमें तंग करता है, सताता है उसे पीटने का इससे अच्छा तरीका और कोई नहीं है। और वह रगड़ते-घिसटते लेखक बन गया।

बहुत दिनों तक तो अन्य साहित्यकारों की समझ में उसका नाम तक नहीं आया...नाम साला ऐसा है कि ठीक से लेने की कोशिश में लगता है गला गुब्बारे की तरह फट जायेगा...गले से 'ग़' और 'क' निकालना सीधे-सादे लोगों के बस की बात नहीं है। हमारा संस्कार तो 'श' को 'स' बना देता है।

नाम के उच्चारण को छोड़ भी दें और यह मान भी लें कि हमारा महान् देश मिली-जुली संस्कृति के कुछ ऐसे नमूने भी पेश करता है जो गला तक फाड़ सकते हैं, तो सवाल उठता है नाम लिखने का। बूढ़े के बहुत-से दोस्त जीवन-भर न समझ पाए कि उसके नाम में किस अक्षर के नीचे बिन्दी लगती है। इतना सबको ज्ञात था कि बिन्दी कहीं-न-कहीं लगती ज़रूर है, क्योंकि मुसलमानों के नामों में बिन्दी का वही स्थान है जो उनके शरीर में खतने का है। यानी बेबिन्दी नाम मुसलमान नाम हो ही नहीं सकता। लेकिन बिन्दी लगती कहाँ है इसके बारे में लोग अटकलें लगाते थे। कभी सोचा गया, 'यार, कहीं गलती न हो जाये इसलिए जितने भी अक्षरों के नीचे बिन्दी लगती है लगा दो।' कुछ और लोगों ने कहा कि पूरी डिक्शनरी देख डाली, असग़र तो कुछ होता ही नहीं। ज़रूर यह अजगर का बिगड़ा हुआ रूप है। नाम तो तय हो गया, पर बिन्दी कहाँ लगे? सोचा 'ज' के नीचे भी लगा दो और 'ग' के नीचे भी लगा दो। कोई 'रिस्क' लेने से क्या फायदा। नाम हो गया अज़ग़र। अब इस नाम पर यदि 'अजगर' भी कहता कि तुम लोगों ने मेरा नाम किसी आदमी को क्यों दे दिया तो लोग हाथ जोड़कर कहते, "श्रीमान, बिन्दियाँ भी तो देखिए!"

ये तो गनीमत है कि इनके ऊपर खुद अपना नाम रखने का इल्ज़ाम नहीं है। अगर कहीं ऐसा होता, शायद सबसे पहले लंगोटिया यार पंकज बिष्ट किसी दिन आँखें निकालकर कहते, "यार, ये तुमने क्या उल्टा-सीधा नाम रख छोड़ा है। पता

है तुम्हें, मित्रों को कितना कष्ट होता है? न साले का सिर है न पैर...ऐसा करो अपना नाम बदल डालो...मुसलमानी नाम ही रखना है तो सीधा-सादा रखो यार...''

बूढ़े का नाम पूरे जीवन एक बड़ी समस्या रहा। ये फ़ोन पर अपना नाम बताते तो उधर से सौ प्रतिशत उत्तर आता 'क्या?' दोहराने पर फिर 'क्या?' 'अशर?' चौथी बार में 'अपर'। पाँचवीं बार में हिम्मत हार जाते और कहते, ''जी हाँ, यही नाम है।'' इस वजह से बूढ़ा किसी अजनबी को फ़ोन नहीं करता था। अपना नाम बताते शर्माता था। नाम के प्रति पेशेवर औरतों जैसा रवैया अपना लिया था। अगर कोई फ़ोन पर पूछता, ''अफ़गर बोल रहे हैं,'' तो वह कहता, ''जी हाँ।'' हद यह है कि 'अजगर' तक पाकर हाँ कह देता। 'असोगर बजाज' पर भी हामी भर देता। इन्दी-बिन्दी की क्या बिसात है, वह अपना असली नाम तक भूल गया था। इतना याद रह गया था कि कुछ अटपटी-सी ध्वनियों का समूह उसका नाम है।

बूढ़े के घर में सब कुछ मिला, किताबें नहीं मिलीं। इस पंर लोगों को, जो बूढ़े को नहीं जानते थे, आश्चर्य हुआ। बात गंभीर थी। बूढ़े पर आँच आती थी। उसने अपना चरित्र-हनन आप कर दिया था। साला सौ-दो सौ किताबें रख लेता तो क्या कयामत आ जाती। बात बनाने के लिए बूढ़े के दोस्त साले चोर थे। बूढ़े की निगाह जब कमज़ोर हो गयी थी तो किताबें उठा लाते थे। इस बीच बूढ़े की डायरी में लिखा पाया गया : "किताबें रखने की जगह नहीं है, पढ़ने का वक्त नहीं है। इतना बोझ क्यों उठाऊँ।"

बूढ़े के योगदान के बारे में जो चर्चा आयोजित की गयी वह कहानीकारों, नाटककारों, फिल्मकारों आदि के बीच मनमुटाव का कारण बन गयी। कहानीकार कहते थे, ''बूढ़ा नाटक करता था।'' नाटकवाले कहते थे, ''बूढ़ा मूलतः कहानियाँ गढ़ता था।'' कहानीकार कहते थे, ''वह फिल्मवाला था।'' फिल्मवाले कहते थे, ''उसे साहित्यकार माना जाना चाहिए।'' बुद्धिजीवी कहते थे, ''यही उसका पतन है।'' मरने वाला प्रेम करने का बड़ा शौकीन था। उसे प्रेम करने वाले आदमी तो बहुत मिले पर लड़कियाँ कम ही मिलीं। उसे बुढ़ापे में एक लड़की मिली। वह लड़की भी उस समय जवान नहीं थी। उसने बूढ़ी लड़की को भी अपना लिया। प्रेम करने लगा। लोग हँसने लगे। लोगों ने कहा, ''साले का दिमाग खराब हो गया है।'' पत्नी ने कहा, ''ये तो मैं दस-बीस साल से कह रही हूँ। आप लोग पहले क्यों नहीं मानते थे।'' लेकिन बूढ़ा नहीं माना। ढलती उम्र में उसने प्यार किया। पत्नी ने कहा, ''शर्म नहीं आती?'' बेटे ने कहा, ''मैं तुम्हारे हाथ-पैर तोड़ डालूँगा।'' वह हाथ-पैर तुड़वाने को भी तैयार हो गया। उसका कहना था, ''प्रेम करने के लिए उम्र की कैद नहीं है। यह भी कैद नहीं है कि केवल एक औरत से प्रेम किया जाये।'' इसके जवाब में जब उससे पूछा जाता कि क्या महिलाएँ भी दो-चार प्रेम कर सकती हैं तो वह

'हाँ' में उत्तर देता। उस पर लोग कहते—''साला बेशर्म है।''

मरहूम (मरने वाले) में एक खूबी यह थी कि वह कभी किसी को 'नहीं' नहीं कहता था। 'हाँ' कर देना उसके लिए इतना ही आसान था जैसा धोबी के लिए गधे को दो डंडे मार देना। वह जानता भी था कि काम न हो सकेगा। मुश्किल ही नहीं बल्कि असंभव है। लेकिन बूढ़ा कह देता था—'हाँ', 'हाँ', कहकर फँस जाता था। मौका आने पर बगलें झाँकने लगता था। उससे भी काम न चलता था। बहाने बनाता था। वे भी फेल हो जाते थे, तो बेशर्मी लाद लेता था और लगातार 'हाँ', 'हाँ' करता जाता था।

मरहूम काम टालने में भी विशेष योग्यता प्राप्त कर चुका था। अपने दोस्तों को भी इसकी प्रेरणा दिया करता था। काम टलते-टलते टल जाता था या इतना ज़्यादा हो जाता था कि बूढ़ा उसे छोड़कर भाग खड़ा होता था। इसी टालने की आदत के कारण वह अपनी मौत भी बयासी साल तक टालता चला गया।

बूढ़े ने यह वसीयत की थी कि उसे दफ़न किया जाये और जलाया भी जाये। दरअसल बूढ़ा न मुसलमानों को नाराज़ करना चाहता था, न हिन्दुओं को। न प्रगतिशीलों को दुःख देना चाहता था, न प्रतिक्रियावादियों को। न परिवारजनों को निराश करना चाहता था, न दोस्तों को। इसलिए उसने वसीयत की थी कि पहले उसे बिजली की भट्टी में झुलसाया जाये और फिर दफ़न कर दिया जाये। हुआ यह कि उसके झुलसे हुए शरीर को मुसलमानों ने कब्रिस्तान में दफ़न नहीं होने दिया। दूसरी तरफ़ बिजली की भट्टी वालों ने जलाने से इनकार कर दिया, क्योंकि बूढ़े की वसीयत सिर्फ़ झुलसाने की थी।

सबको खुश करने के चक्कर में बूढ़ा जीते-जी मरता रहा और मरने के बाद मर भी नहीं सका।

एक अनपढ़ का विलाप

आजकल मैं कुछ ज़्यादा ही परेशान रहता हूँ। परेशानी से बचने के लिए काम शुरू कर देता हूँ। लोग समझते हैं काम कर रहा हूँ जबकि मैं तो सिर्फ़ परेशानी से बच रहा होता हूँ। परेशानी यह है कि बहुत बड़े पैमाने पर झूठ बोला जा रहा है। आप कहेंगे, "मेरी सेहत पर क्या फ़र्क पड़ता है।" मैं कहूँगा, "बहुत बड़े पैमाने पर बहुत सारा झूठ बोले जाने का फ़र्क हमारे ऊपर पड़ता है, क्योंकि सच्चाई धुँधलाने लगती है। चीज़ें समझ में नहीं आतीं और 'कन्फ्युज़न' वाली स्थिति पैदा हो जाती है।" पाकिस्तानी अणु-वैज्ञानिक डॉ. खान को सज़ा दी जा रही है कि उसने परमाणु तकनॉलोजी ईरान और सीरिया को दी है, तो जनाब बाकी दूसरे देशों को यह तकनीक कहाँ से मिली? मैं एटम-बम आदि का कट्टर विरोधी हूँ, अमेरिका ने सबसे पहले एटम-बम बनाया और जापान पर गिराया, यानी अणु तकनीक सबसे पहले अमेरिका में विकसित हुई फिर रूस यानी उस ज़माने में सोवियत यूनियन में। संसार के अधिकतर देश जिन्होंने अणुबम बनाया वे कहीं-न-कहीं अमेरिका और रूस के ऋणी हैं, अब सवाल यह है कि अमेरिका या रूस अणुबम बनाने की तकनीक किसी देश को देते हैं, तो वह मानवता के लिए खतरा नहीं होता। पर जैसे ही यह काम कुछ अन्य देश करने लगते हैं, यह मानवता के लिए खतरा बन जाता है, क्यों? लेकिन यह सवाल कोई नहीं पूछ रहा।

अमेरिका कहता है कि एटम-बम सामूहिक नरसंहार का हथियार है। इसलिए वह उसका कट्टर विरोधी है। अब सवाल यह है कि सामूहिक नरसंहार के हथियारों से मतलब क्या है? एटम-बम से हज़ारों-लाखों लोग मर सकते हैं। लेकिन टैंक, फाइटर प्लेन आदि से सैकड़ों लोगों को मारा जा सकता है। अमेरिका हथियारों का सबसे बड़ा विक्रेता है। उसके हथियारों से सामूहिक नरसंहार नहीं होता; पर नरसंहार तो होता है और नरसंहार अगर लगातार किया जाये तो सामूहिक नरसंहार जैसा ही नुकसान हो सकता है। क्या अमेरिका ने मध्य एशिया में सामूहिक नरसंहार नहीं किये थे? पर उस समय सामूहिक नरसंहार के विरोध में वह वातावरण क्यों नहीं बन पाया था जो आज है? या उन हथियारों के खिलाफ़ एकसमान जनमत क्यों नहीं बन रहा

है जो अमेरिका बेचता रहता है? इसलिए मेरी यह समझ में नहीं आता कि सामूहिक नरसंहार के हथियार कौन से हैं? और नरसंहारी कौन हैं?

मेरी समझ में यह भी नहीं आता कि ग्लोबलाइज़ेशन और उदारीकरण का केवल यह मतलब क्यों है कि एक देश को दूसरे देश में जाकर व्यापार करने की छूट है तथा वहाँ अपना सामान बेचने की अनुमति है। ग्लोबलाइज़ेशन और उदारीकरण का यह अर्थ क्यों नहीं लगाया जाता कि एशियाई मज़दूर अपनी मेहनत संसार में जहाँ चाहे जाकर बेच सकता है। एशियाई, अफ्रीकी, लातीनी अमेरिकी और अरबी जहाँ चाहें जाकर काम करते हैं? उदारीकरण और पेटेंट का क्या संबंध है? उदारीकरण का मतलब तो यह है कि सब कुछ सबके लिए खुला है...संसार उदार हो गया है, एकाधिकार नहीं है। लेकिन पेटेंट का मतलब तो उदार होना नहीं है। मान लीजिए भारत 'शून्य' को पेटेंट करा ले? मान लीजिए अमेरिका टेलीफ़ोन पेटेंट करा ले? मतलब यह कि उदारीकरण और पेटेंट की वकालत एक साथ करने का मतलब क्या है?

यह भी अजीब रहस्य है कि एक ही राजनैतिक दल एक तरफ़ तो कहता है कि हम विश्व को बिरादरी मानते हैं, दूसरी तरफ़ वही राजनैतिक दल किसी भारतीय को इसलिए भारतीय स्वीकार नहीं करता कि उसका पिता या माता विदेशी थे। विश्व को बिरादरी मानने वाला राजनैतिक दल अपने ही देशवासियों का नरसंहार करा देता है, पर फिर भी विश्व को कुटुंब मानता रहता है। एक ऐसा राजनैतिक दल भी मेरी समझ में नहीं आता जो पड़ोसी देश से मित्रता करना चाहता है और देशवासियों के एक बड़े समूह को देशद्रोही मानता है, उनके खिलाफ़ घृणा का प्रचार करता है, उनको बर्बाद कर रहा है, ये कैसे हो सकता है कि देश से प्रेम करने वाले लोग देश की संपत्ति विदेशियों को बेच डालें? यह भी रहस्य ही है कि चुनाव के पहले पूरे देश को घूस दी जाये और घूस देने की प्रशंसा भी हो। घूस देने वाली सत्ता नैतिकता की बातें भी करती है।

दुर्भाग्यपूर्ण यह है कि समाज में आदमियों के पारस्परिक संबंधों के अध्ययन की कोई विधि विकसित नहीं हुई है। यदि सिर्फ़ मोटे तौर पर ही देखा जाये तो आज हमारे देश में आदमी आदमी का सबसे बड़ा दुश्मन बन चुका है। दहेज के लिए औरतों को जला देना सहज है, दंगाइयों का प्रिय खेल आदमियों, औरतों, बच्चों को आग में जला डालना है, क्योंकि वे जानते हैं कि इस अपराध को हमारा सभ्य समाज अपराध ही नहीं मानता और उसकी सज़ा ही नहीं है। आपराधिक मामले छोड़ भी दें, तो समाज में धर्मगत, जातिगत, सैक्सगत हिंसा इतनी अधिक है कि उसकी कल्पना नहीं की जा सकती। चलती ट्रेन में हत्याएँ, बलात्कार, अपराध, अपहरण सब क्यों हो रहा है? सब कुछ इतना उग्र क्यों हो गया है? कारण यह है कि हमने एक ऐसे समाज का निर्माण किया है जो झूठ पर आधारित और जीवित है, सब

कुछ झूठ है और सब जानते हैं कि सब झूठ है और सब मानते हैं कि झूठ है, सबको यह लगता है कि सब झूठ है। हमारी न्याय व्यवस्था ऐसी है कि जहाँ मजिस्ट्रेट को पैसा खिलाकर कुछ भी किया जा सकता है। पुलिस के बड़े-बड़े अधिकारी हर तरह के आरोपों में फँसे हैं, राजनेता उनके बारे में सब जानते हैं—पत्रकार और मीडियाकर्मी बेचारे चीखते रहते हैं पर एक कड़े अनुशासन में बँधे हैं कि व्यवस्था को इतना बुरा मत कहो कि वह गिर जाये—क्योंकि तुम भी इसी व्यवस्था की पैदावार हो, यह गिर जायेगी तो तुम भी गिर जाओगे।

आदमी के सम्मान की तो बात ही छोड़ दीजिए, आज उसकी जान की कीमत शून्य है और हम कहते हैं कि देश के खज़ाने लबालब भरे हैं। प्रगति के आँकड़े आसमान छू रहे हैं। सबको अच्छा लग रहा है या लगना चाहिए। लेकिन दुःख की बात है कि मुझे अच्छा नहीं लग रहा है, क्योंकि मेरी प्रतिबद्धता संसार के सबसे कमज़ोर आदमी से है।

मेरी परेशानी की एक वजह प्राइवेटाइज़ेशन यानी निजीकरण भी है। हमारे देश में यह बड़े पैमाने पर हो रहा है। हमारे यहाँ पहले दो क्षेत्रों में उद्योग थे। एक निजी क्षेत्र में और दूसरा सार्वजनिक क्षेत्र में। निजी क्षेत्र बड़ी-बड़ी कंपनियों जैसे बिड़ला, टाटा, डालमिया आदि के उपक्रम थे और सार्वजनिक क्षेत्र में बड़ी-बड़ी सरकारी कंपनियाँ थीं जो सरकार के पैसे से यानी करदाताओं के पैसे से बनायी गयी थीं। सार्वजनिक क्षेत्र में जो पैसा लगा था वह जनता का पैसा था। अब सार्वजनिक क्षेत्र की कंपनियों को बेचा जा रहा है और उसे प्राइवेट कंपनियाँ खरीद रही हैं। इसे प्राइवेटाइज़ेशन कहा जा रहा है। क्या सार्वजनिक कंपनियों में प्राइवेट लोगों (जनता) का पैसा नहीं लगा था? यानी सार्वजनिक क्षेत्र तो पहले से ही प्राइवेट क्षेत्र था, उसे और अधिक प्राइवेट क्यों किया जा रहा है? मेरी यह समझ में नहीं आता। जनता का अरबों, खरबों रुपया लगाकर जो कंपनियाँ बनायी गयीं, उन्हें सरकारी अधिकारियों ने चलाया; इस तरह चलाया कि बुरी तरह लूटा, खाया और जब वे दिवालिया होने के कगार पर हैं तो कहा जा रहा है कि इन्हें रखना सरकार को महँगा पड़ता है और ये प्राइवेटाइज़ की जा रही हैं, बेची जा रही हैं। कहा जा रहा है, ''सरकार का काम उद्योग-धंधे चलाना नहीं है।'' तो क्या सरकार ने सभी धंधों से हाथ खींच लिया है? नहीं। तो क्या सरकार प्रतीक्षा में है कि कौन-सा धंधा चौपट हो और उसे बेच दिया जाये—प्राइवेटाइज़ कर दिया जाये?

थोड़ा सोचिए, 'सरकार ने जनता के पैसे से जो पब्लिक सेक्टर बनाया था, वह यदि लाभ में चलता तो क्या होता? मान लीजिए जिस तरह प्राइवेट सेक्टर ने दिन-दूनी रात-चौगुनी प्रगति की है, उसी तरह पब्लिक सेक्टर भी तरक्की करता तो क्या होता? जनता का एक रुपया आज एक लाख रुपये के बराबर होता, उसी तरह

जैसे पाँच साल पहले अंबानी का एक रुपया आज एक लाख के बराबर है।' थोड़ा सोचिए, 'सरकार को पब्लिक सेक्टर से इतनी आमदनी होती तो वह पैसा शिक्षा, स्वास्थ्य, रोज़गार, व्यापार आदि पर लगता और आज देश में वैसी ही प्रगति दर्ज होती जैसी एशिया के कुछ देशों में देखी जा सकती है।'

सवाल यह है कि अंबानी का एक रुपया आज एक लाख हो गया, पर हमारी जनता का पैसा क्यों नहीं हो पाया? और नहीं हो पाया तो इसका ज़िम्मेदार कौन है? ऐसा तो नहीं है कि हमें आपको यानी जनता को धोखा दिया गया हो? क्या जनता को धोखा देने वाले देश-प्रेमी हो सकते हैं? मेरी समझ में यह भी नहीं आता कि इराक की जनता को मुक्त कराने के लिए अमेरिका और ब्रिटेन ने युद्ध किया था और अब इराक की जनता उनका विरोध कर रही है। मेरी यह भी समझ में नहीं आता कि इराक की जनता की भावनाओं से ब्रिटेन के प्रधानमंत्री टोनी ब्लेयर जितने परिचित हैं उतना और कोई दूसरा नहीं है।

हमारे देश में चुनाव होने वाले हैं और सरकार ने अपने खज़ाने के मुँह खोल दिये हैं। हर वर्ग को लाभ—शुद्ध लाभ पहुँचाने की योजनाएँ घोषित हो रही हैं। सवाल यह है कि क्या योजनाएँ घोषित करने वालों को पहले से यह पता न था कि समस्याएँ क्या हैं? ऐसा नहीं हो सकता, समस्याओं की जानकारी सरकार को ही नहीं दरबान तक को होती है। तब फिर आजकल ही लाभकारी योजनाएँ क्यों लागू की जा रही हैं? क्या सरकार को योजनाएँ घोषित करने के समय की जानकारी न थी? पर यह कैसे हो सकता है कि चुनाव से पहले ही सबकी—सब राहत योजनाएँ एक साथ घोषित हो रही हैं? तुम्हें ये मिल जायेगा, मोबाइल सस्ते हो जायेंगे, नौकरी मिलेगी, आरक्षण होगा, आयात कर सकोगे, निर्यात में भी छूट मिलेगी। इन सब योजनाओं से पब्लिक को लाभ होगा। लाभ का सीधा मतलब है, अधिक पैसा और अधिक पैसा...और अधिक पैसा; जितना ज़्यादा पैसा जनता को मिलेगा या बचेगा जनता उतनी ही खुश होगी...तो क्या हमारी जनता लालची है? नहीं-नहीं, हमारी जनता लालची नहीं है। ठीक है, लालची नहीं है तो उसे लालची बनाया जा रहा है? ...और अगर जनता लालची बनायी जा रही है, तो जनता को क्या संस्कार दिये जा रहे हैं? जनता को सीधे-साधे संस्कार दिये जा रहे हैं—"बाप बड़ा न भइया, सबसे बड़ा रुपइया।" जनता में ये संस्कार हैं या उसे दिये जा रहे हैं, हो रहे हैं और जनता पैसे के लिए नव-विवाहिता लड़कियों को जला रही है, तो क्या बुरा कर रही है? भाई साहब, आप एक बहू को जला देंगे...दूसरी लायेंगे, तो दहेज दुगना हो जायेगा। हत्याएँ कीजिए पैसा...अपहरण कीजिए पैसा...जनता में लालच के संस्कार बढ़ते हैं और भ्रष्टाचार को सार्वजनिक मान्यता मिलती है, तो क्या बुरा है? भाई साहब, हमारी सरकार ने ही यह तय किया है कि रुपया, पैसा, धन, दौलत बड़ी चीज़ें हैं—चाहे वोट देने से

मिलें, चाहे वोट देने के बाद मिलें। भ्रष्टाचार का रोना-धोना दिखावा नहीं तो क्या है, जबकि सरकार ही प्रत्यक्ष रूप से उसे बढ़ावा दे रही है।

वे प्रांत जहाँ हमारी सरकारें हैं, वहाँ केन्द्र पैसा देगा, जहाँ नहीं हैं, वहाँ नहीं देगा। मतलब नियम कोई नहीं है। हमारे साथ हो, तो फायदे में रहोगे, नहीं हो तो नुकसान उठाओ।

पिछले पचास साल में हमने देश को कितना बनाया है, मैं नहीं जानता...लेकिन लोगों को बिगाड़ा है। बूढ़ों को बिगाड़ा है, जवानों और बच्चों को बिगाड़ा है। बिगाड़ने के लिए भी हम भाषा का प्रयोग करते हैं और आज की भाषा है—मीडिया की भाषा—संचार की भाषा, उस पर राजनीति की काली छाया है।

शब्दों पर जब राजनीति या कहिए अवसरवादी द्वंद्व राजनीति की काली छाया पड़ने लगे तो लेखक को बड़ी बेचैनी होती है और वह शब्दों को बचाने के लिए बेचैन हो जाता है। वह जानता है शब्द ही न रहेंगे—यानी अर्थवान शब्द ही न रहेंगे तो मनुष्य ही न रहेगा, समाज ही न रहेगा। इसलिए लेखक लिखता है। शब्दों को अर्थ देने या अर्थवान बनाये रखने के लिए।

इन दिनों से पहले कभी यह नहीं लगा कि लिखना कितना ज़रूरी है। वजह और सबसे बड़ी वजह यही है कि लेखक जो सोचता है, कहना चाहता है, उसके लिए साहित्य को छोड़कर कोई और मंच नहीं बचा है। हर जगह 'स्पेस' की कमी है। राजनीति और मनोरंजन ने सूचना-तंत्र पर अपना लगभग एकाधिकार जमा लिया है। ऐसी स्थिति में यदि लेखक अपनी बात कहना चाहे तो कहाँ कहे? लेखक यदि इस समाज व्यवस्था के समान्तर कोई दूसरी समाज व्यवस्था देना चाहता है तो कहाँ दे? कौन-सा ऐसा मंच है? क्या राजनैतिक मंच पर हम लेखक अपनी बात कह सकते हैं? हरगिज़ नहीं। फिर क्या मीडिया, टेलीविजन, रेडियो या पत्र-पत्रिकाएँ हमारी चिन्ताओं में शामिल होंगे? शायद नहीं, क्योंकि उनका काम हमारी चिन्ताओं में शामिल होना नहीं, बल्कि अपनी तरह का व्यापार करना है। ले देकर कागज़ और कलम ही हैं जो हमें शरण देते हैं—

मेरे शे'र हैं मेरी सल्तनत, इसी फ़न में है मुझे आफियन
मेरे कास-ए-शबो-रोज़ तेरे काम की कोई शम नहीं।

नासिर काज़मी शायरी में एक पूरी सल्तनत रचते हैं, यानी वे जो दुनिया बनाना चाहते हैं, वे जैसी व्यवस्था चाहते हैं, जैसा निज़ाम चाहते हैं वह शे'रों में है। इसी कला में यानी शायरी में शायर सुरक्षित है। कलाकार कला से बाहर आता है, तो मर जाता है। अपनी कला में ही वह समानान्तर जीवन और जगत रचता है। यह रचना निश्चित रूप से ऐसे लोगों के काम की नहीं है जो यथास्थिति के पक्षधर हैं।

यह सब लिखते हुए ध्यान आया कि सामाजिक परिवर्तन की माँग जब

कलाकार-लेखक करते हैं, तो यह कहा जाता है कि अरे, यह तो कोरी कल्पना है ऐसा कहाँ होता है। जबकि सच्चाई यह है कि मानव समाज के विकास का हर चरण एक समय मात्र कोरी कल्पना हुआ करता था। जैसे चाँद पर पहुँच जाना, आकाश में उड़ना, लोकतंत्र या समाजवाद—ये सब कभी बिलकुल कोरी कल्पनाएँ लगा करती होंगी, पर आज नहीं हैं और आज अगर हम लोग एक ऐसी दुनिया का सपना देख रहे हैं, जहाँ गरीबी नहीं होगी, अत्याचार नहीं होंगे, शोषण नहीं होगा, हर आदमी को शिक्षा मिलेगी, न्याय मिलेगा, सम्मान मिलेगा, तो यह कोरी कल्पना नहीं है। यह होगा और अवश्य होगा।

आज की तारीख में सोचना इस देश में सबसे बड़ा अपराध है। लेकिन कृपया ज़रूर सोचिए।

हिन्दी-उर्दू की विकास परम्परा

हिन्दी-उर्दू साहित्य के अध्ययन के लिए यह बहुत आवश्यक है कि इन दोनों भाषाओं के विकास के इतिहास पर टिप्पणी करते हुए उन सामाजिक और आर्थिक शक्तियों की भूमिका की चर्चा की जाये जिन्होंने उन्नीसवीं शताब्दी के अंतिम और बीसवीं शताब्दी के प्रारम्भिक दशकों में इन भाषाओं को दो अलग भाषाओं में स्थापित कर दिया था। यह इसलिए और भी आवश्यक है कि भाषा-विज्ञान की दृष्टि से हिन्दी और उर्दू दो भाषाएँ नहीं मानी जाती हैं, क्योंकि भाषाओं के साम्य अथवा भेद का आधार उनका व्याकरणिक गठन होता है, न कि शब्द-भंडार।

हिन्दी और उर्दू के क्रियापदों की समता से भी यही निष्कर्ष निकलता है कि ये दोनों एक भाषा हैं। फिर भी इनमें पर्याप्त अन्तर है एक ही मूल स्रोत अर्थात् खड़ी बोली से जन्मी इन दो भाषाओं में इतना अन्तर कैसे आया और वह अन्तर क्या है?

फारसी लिपि में लिखी जाने वाली खड़ी बोली के लिए उर्दू शब्द का प्रयोग पुराना नहीं है। 'मिर्ज़ा गालिब' ने अपनी कविता को हिन्दी कविता कहा है। खुसरो को हिन्दी और उर्दू विद्वान अपना आदिकवि स्वीकार करते हैं, इससे यह स्पष्ट होता है कि हिन्दी और उर्दू साहित्य के बीच जो काव्यशास्त्रीय और सांस्कृतिक अन्तर दिखायी पड़ता है वह मुख्यतः उन्नीसवीं और बीसवीं शताब्दी के दौरान विकसित हुआ था।

ग्यारहवीं शताब्दी के आस-पास दिल्ली आकर बसने वाले मुसलमानों और खड़ी बोली क्षेत्र के संपर्क ने एक ऐसी भाषा को विकसित किया जिसके साहित्य ने उन्नीसवीं शताब्दी तक एक महान 'काव्य परम्परा' स्थापित कर ली थी। यह कविता फारसी कविता की नकल नहीं थी और जीवन-जगत के प्रति इन कवियों का दृष्टिकोण नितान्त देशी था। खड़ी बोली के प्रति उनका लगाव और इसे साहित्यिक भाषा बना देने का उनका प्रयास ही यह सिद्ध करता है कि वे भारतीय जीवन-दृष्टि से न केवल प्रभावित थे, बल्कि उसे स्वीकार भी कर रहे थे।

फारसी लिपि खड़ी बोली को साहित्यिक भाषा बनाने वाले कवियों का संपूर्ण

कार्य-व्यापार केन्द्र यह देश था। यह कैसे संभव था कि वे अपनी उन अनुभूतियों को कविता में स्थान न देते जो उन्हें यहाँ हो रही थीं। लेकिन इसके साथ ही साथ उनके पास फारसी कविता की सशक्त परम्परा थी, जिसे वे एक झटके में न तो तोड़ सकते थे और न ही उसका अंधानुकरण करते हुए अभिव्यक्ति की ईमानदारी को बनाये रख सकते थे, इसलिए उन्होंने फारसी के 'फ्रेम' में एक नयी कलाकृति बनाने का प्रयास किया जिसमें वे सफल हुए।

फारसी लिपि में लिखी जाने वाली खड़ी बोली कविता के इतिहास में कई मोड़ आये हैं। प्रारम्भिक युग (13वीं शताब्दी से 18वीं शताब्दी) की कविताओं पर 'जनपदीय खड़ी बोली' तथा 'जनपदीय ब्रजभाषा' के संज्ञा और सर्वनाम पदों का पर्याप्त प्रभाव देखने को मिलता है। इसके अतिरिक्त इस कविता में संस्कृत के तत्सम शब्द भी देखे जा सकते हैं।

उन्नीसवीं शताब्दी के उत्तरार्ध में अंग्रेज़ी संस्कृति और ईस्ट इंडिया कंपनी के संगठित राजनीतिक प्रभुत्व तथा शासन अव्यवस्था ने यह सिद्ध कर दिया था कि फारसी-परस्त सामंती संस्कृति का अस्तित्व खतरे में है। राजनीतिक और आर्थिक शक्ति के क्षीण होने के कारण एक असुरक्षा की भावना मुसलमान सामंतों में पनप रही थी। वे अपने सांस्कृतिक दुर्ग की सुरक्षा में जुट गये। इसी युग में फारसी लिपि में लिखी जाने वाली कविता को मुगल दरबार का पूरा संरक्षण प्राप्त हुआ और सामंतों की अभिरुचियों के कारण इसमें फारसी का अनुपात बढ़ता गया। जामा मस्ज़िद की सीढ़ियों से उठकर इस कविता का दरबार लाल किले के दीवाने-आम में लगने लगा।

लेकिन शहर में रहने वाला मध्यम वर्ग इस समय तक इस कविता का महत्त्वपूर्ण श्रोता और पाठक बन चुका था। इसलिए पूरे युग में वही कविता और कवि प्रसिद्ध हुए जो साधारण बोलचाल की भाषा में कविता करते थे। इस प्रकार फारसी प्रधान और सीधी-सादी बोलचाल की भाषा का संघर्ष उन्नीसवीं शताब्दी की फारसी लिपि की खड़ी बोली कविता में देखा जा सकता है। 'गालिब' की ख्याति भी उनकी उस कविता के कारण नहीं हुई जो फारसी शब्दों और प्रतीकों के जाल में खोयी हुई थी।

पाँच सौ वर्षों तक फारसी लिपि में लिखे जाने वाले खड़ी बोली साहित्य की उपलब्धियों पर विचार करना आवश्यक है। जनपदीय खड़ी बोली को एक ऐसी साहित्यिक भाषा का स्वरूप दे देना जिसकी कविता को विश्व कविता के समक्ष रखा जा सके, साधारण बात नहीं है। पाँच सौ वर्षों तक भाषा, प्रतीक, बिम्ब अर्थात् पूरे काव्यशास्त्र को लेकर जो बहसें चली थीं, उन्होंने इस कविता को बहुत निखारा।

अंग्रेज़ सरकार यह स्वीकार करती थी कि उसने हिन्दुस्तान का राज्य मुसलमानों से प्राप्त किया है जिसे वापस लेने के लिए वे प्रयत्नशील हैं। ऐसी स्थिति में अंग्रेज़ सरकार नया शक्ति-संतुलन बनाना चाहती थी। लार्ड एलेनवरा ने ड्यूक ऑफ़ वेलिंगटन

के नाम अपने पत्र (18 जून, 1943) में लिखा था, 'मैं इस तथ्य की उपेक्षा नहीं कर सकता कि मुसलमान जाति इससे दुश्मनी रखती है, इसलिए हमें हिन्दुओं को अपनी ओर मिलाने की नीति पर चलना चाहिए।' 1772 से लेकर 1850 तक अंग्रेज़ सरकार ने ऐसी शासन-पद्धति लागू की जिसके कारण मुसलमानों का प्रभाव और उनकी सामाजिक-आर्थिक स्थिति कमज़ोर होती चली गयी।

1857 के स्वतंत्रता संग्राम के दमन के बाद अंग्रेज़ों की शिक्षा संबंधी नीति में बड़ा परिवर्तन यह आया कि अब स्कूल-कॉलेजों के पाठ्यक्रम से अरबी, फारसी और संस्कृत को हटाकर अंग्रेज़ी शिक्षा को अनिवार्य बनाया गया। इस परिवर्तन का प्रभाव उर्दू-फारसी जानने वाले हिन्दू मध्यम वर्ग पर उतना नहीं पड़ा जितना सरकारी नौकरियों में लगे मुसलमानों पर पड़ा; क्योंकि हिन्दुओं ने अंग्रेज़ी को उसी तरह स्वीकार कर लिया था जैसे फारसी और अरबी को स्वीकार कर चुके थे। परन्तु मुसलमान, जो अंग्रेज़ी पढ़ने को 'कुफ्र' माना करते थे, इससे प्रभावित हुए। अब ऐसे लोगों के लिए सरकारी नौकरी में कोई जगह नहीं थी जो अंग्रेज़ी न पढ़े हुए हों।

दूसरी ओर नयी परिस्थितियों के अनुसार अपने आपको बदल लेने वाला हिन्दू समाज पश्चिमी संस्कृति और शिक्षा को अधिक ग्रहण कर रहा था। उन्नीसवीं शताब्दी के उत्तरार्ध में पहली बार यह हो रहा था कि देश का शासन हिन्दू या मुसलमान शासकों के अतिरिक्त किसी तीसरी शक्ति के पास था।

अपनी सत्ता को बनाये रखने के लिए अंग्रेज़ फूट डालने की नीति को आधार बनाकर अपने संरक्षण द्वारा कभी मुसलमानों को हिन्दुओं के विरुद्ध और कभी हिन्दुओं को मुसलमानों के विरुद्ध भड़काते थे। एक जाति के रूप में हिन्दू अपने खोये हुए गौरव को प्राप्त करना चाहते थे। दूसरी ओर मुसलमान अपनी राजनीतिक शक्ति को पुनः प्राप्त करने की कोशिश कर रहे थे। तीसरी तरफ़ अंग्रेज़ शासक पूरे देशभर में अपना प्रभुत्व जमाने में लगे थे। यही उन्नीसवीं शताब्दी के उत्तरार्ध का वह ऐतिहासिक बिन्दु है जहाँ से उर्दू-हिन्दी की समस्या शुरू होती है।

अपनी अलग-अलग पहचान बनाने के लिए हिन्दू और मुसलमान उच्च मध्यवर्ग के लिए यह आवश्यक था कि उनकी अलग-अलग भाषाएँ हों। मुसलमान अपनी भाषा के रूप में उर्दू को स्वीकार करते थे, लेकिन हिन्दू यदि उर्दू को अपनी भाषा मान लेते तो अलग पहचान बनाने का काम कैसे होता। इसलिए हिन्दू समुदाय ने अलग पहचान बनाने के लिए उर्दू से पूरी तरह नाता तोड़कर हिन्दी को अपनी भाषा स्वीकार किया और इस प्रकार अपनी अलग पहचान बनायी।

उन्नीसवीं शताब्दी में जब फोर्ट विलियम कॉलेज ने कार्य करना प्रारम्भ किया तो डॉ. गिलक्रिस्ट के सामने हिन्दुस्तानी की तीन शैलियाँ थीं–

(1) दरबारी फारसी शैली।

(2) मध्य या विशुद्ध हिन्दुस्तानी शैली।

(3) हिन्दवी या गँवारू शैली।

डॉ. गिलक्रिस्ट ने मध्य या विशुद्ध हिन्दुस्तानी शैली को प्राथमिक़ता दी, क्योंकि दरबारी फारसी शैली साधारण लोगों के लिए बहुत कठिन थी। हिन्दवी या गँवारू शैली में उच्चकोटि का इतना साहित्य उपलब्ध न था और उसका कोई साहित्यिक स्वरूप न बन पाया था कि उसे प्राथमिकता दी जाती। मध्य या विशुद्ध हिन्दुस्तानी शैली को प्राथमिकता देते हुए डॉ. गिलक्रिस्ट ने उदाहरणस्वरूप जिन कवियों का नाम लिया है उनमें मिस्कीन, सौदा आदि उर्दू के प्रमुख कवि हैं। गिलक्रिस्ट की इस नीति के फलस्वरूप उन्हें हिन्दी विरोधी मान लिया गया था।

आगे चलकर भाषा और लिपि की समस्या को लेकर अंग्रेज़ विद्वानों के दो गुट बन गये थे। हिन्दी समर्थक ग्राउस साहब और उर्दू के बीम्स साहब का वाद-विवाद 1868 तक 'रॉयल एशियाटिक सोसाइटी जनरल' में प्रकाशित होता रहा। इन दोनों विद्वानों के वाद-विवाद में यह स्पष्ट देखा जा सकता है कि इन लोगों ने लिपि और भाषा के प्रश्न को हिन्दू और मुस्लिम पुनरुत्थानवाद के साथ जोड़कर देखा और उसे सांप्रदायिक रंग दिया।

इस बिन्दु पर उर्दू और हिन्दी के अलग-अलग स्वरूप तथा उनकी अलग-अलग विशेषताओं को बनाये रखने का प्रयास किया जाने लगा। उर्दू-समर्थक हिन्दी से अपने आपको अलग रखने तथा फारसी और अरबी प्रभाव को बनाये रखने के लिए फारसी-अरबी शब्दों का और अधिक प्रयोग करने लगे। भाषा में 'शुद्धि' आंदोलन दिखायी पड़ता है।

भारतेन्दु ने शुद्ध हिन्दी के स्वरूप को स्थापित किया। आज हिन्दी के जिस अखिल भारतीय स्वरूप की बात की जाती है वह भारतेन्दु के समय में ही बनना शुरू हो गया था। ध्यान देने योग्य बात यह है कि हिन्दी के स्वरूप को निर्धारित करने के प्रयास में पूर्व परम्परा अर्थात् फारसी लिपि में लिखी जाने वाली खड़ी बोली को नकारा जा रहा था, तो दूसरी ओर संस्कृत के तत्सम शब्दों को स्वीकार किया जा रहा था। यह काम साधारण जनता नहीं बल्कि बुद्धिजीवी कर रहे थे।

हिन्दी आंदोलन के पीछे धार्मिक, सांस्कृतिक, राजनीतिक और आर्थिक कारण थे। उर्दूभाषी इनसे परिचित थे और वे अपने सांस्कृतिक, राजनीतिक और आर्थिक प्रभुत्व को बनाये रखने के लिए देवनागरी आंदोलन का कड़ा विरोध कर रहे थे। पर ध्यान देने योग्य बात यह है कि हिन्दी और देवनागरी लिपि के आंदोलन का नेतृत्व और उर्दू के समर्थक एक ही वर्ग के लोग थे। सर सैय्यद अहमद खाँ या राजा शिवप्रसाद सिंह या राजा लक्ष्मण सिंह उच्च मध्यमवर्ग की भावनाओं और हितों का प्रतिनिधित्व कर रहे थे।

उर्दू और हिन्दी को वे जितनी सरलता से मुसलमानों और हिन्दुओं की भाषा में विभाजित करके अंग्रेज़ सरकार से सुविधाएँ प्राप्त करने का प्रयत्न कर रहे थे उस पर प्रश्नचिह्न अवश्य लग सकता है। उर्दू सब मुसलमानों की भाषा कैसे हो सकती थी, जबकि आज तक गाँव के या छोटे शहरों के मुसलमान की मातृभाषा क्षेत्र विशेष की बोली होती है।

यही प्रश्न हिन्दी के संबंध में उठाया जा सकता है। ब्रजभाषा, अवधी, राजस्थानी, मैथिली, भोजपुरी भाषाओं के क्षेत्र में रहने वाले निम्न मध्यम वर्ग और निम्नवर्ग की भाषा राजा शिवप्रसाद सिंह या राजा लक्ष्मण सिंह की भाषा कैसे हो सकती है। हिन्दी-उर्दू का विवाद उच्च मध्यमवर्ग के दो गुटों के टकराव का परिणाम था जिसको शक्तिशाली बनाने के लिए हिन्दुओं और मुसलमानों को घसीट लिया गया।

1880 में भारतेन्दु हरिश्चंद्र ने लिखा था कि यदि उर्दू सरकारी कामकाज की भाषा बनी रही तो मुसलमान सरलता से सरकारी नौकरियाँ प्राप्त करते रहेंगे और पेशकारी, सररिश्तादारी, वगैरह में आज भी उनका एकाधिकार है। इस स्थिति को बदलने के लिए 1880 से लेकर 1910 तक कठिन परिश्रम किया गया और हिन्दी भाषा तथा साहित्य ने अपना अलग स्थान बनाने का प्रयास किया। हिन्दी में छपने वाली पुस्तकों की संख्या उर्दू पुस्तकों से लगभग दुगनी हो गयी थी। धीरे-धीरे हिन्दी के समाचार पत्र भी अपना प्रमुख स्थान बना रहे थे और उनकी संख्या बढ़ रही थी।

देवनागरी प्रचार या हिन्दी के समर्थन में चलाए गये आंदोलनों ने निरन्तर व्यापक स्वरूप ग्रहण किया था। इसका परिणाम यह निकला कि लेफ़्टिनेंट गवर्नर सर मैकडानल ने अपने आदेश (नं. 585/III 343-868, 18 अप्रैल, 1900) द्वारा देवनागरी को भी उर्दू के साथ कचहरी और दफ़्तरों में समानाधिकार प्रदान कर दिया।

हिन्दी-उर्दू के आपसी संबंधों पर चर्चा करते समय यह ध्यान देने योग्य बात है कि इन दोनों भाषाओं के बीच राजनीतिक और आर्थिक कारणों से अलगाव को बढ़ाया गया था, जबकि वास्तविकता यह है कि ये दोनों भाषाएँ एक दूसरे की पूरक हैं। आज यह साबित हो चुका है कि सांस्कृतिक और भाषागत अन्तर होते हुए भी दोनों भाषाओं के बीच में एक अटूट रिश्ता है जिसे तोड़ा नहीं जा सकता।

बात निकलेगी तो फिर...

बहुत संभव है कि शासक दल या अधिक सटीक कहें तो 'सत्ता' जिसका काम यथास्थिति बनाये रखना है, अन्ना हजारे और सिविल सोसाइटी के आंदोलन को असफल कर दे। यह भी संभव है कि सत्ता अपने प्रभाव और कूटनीति के चलते 'यथास्थितिवाद' को आगे तक चलाने में सफल हो जाये। परन्तु सवाल यह है कि क्या अन्ना और सिविल सोसाइटी का आंदोलन विशेष सामाजिक-आर्थिक- राजनैतिक परिस्थितियों की उपज है, जिसे 'संबोधित' किया जाना ज़रूरी है और उसके बिना काम ही नहीं चलेगा? दरअसल यह एक राजनैतिक दल का मसला भी नहीं है। यह आज़ादी के बाद स्वतंत्र भारत में स्थापित 'सत्ता', जिसमें सभी राजनैतिक दल शामिल हैं—पर सवालिया निशान है। इस सवाल की जड़ें बहुत गहरी हैं और दूर तक फैली हुई हैं। इस प्रश्न को समझने के लिए कुछ बुनियादी सवालों के जवाब देने होंगे।

पहला बुनियादी सवाल यह है कि सत्तर साल की आज़ादी से सबसे अधिक लाभ किन वर्गों या समूहों को हुआ? आँकड़े बताते हैं कि पूँजीपति घरानों, उद्योगपतियों, व्यापारियों आदि को सबसे अधिक फ़ायदा पहुँचा है। दूसरा नम्बर राजनीतिज्ञों का आता है। प्रमाण यह है कि आज हमारी संसद जितने धनवान सांसदों से आलोकित है, उतनी नेहरूकालीन संसद नहीं थी। तीसरे नम्बर पर नौकरशाह आते हैं। उदाहरण देने की ज़रूरत नहीं है, क्योंकि रोज़ ही इसके उदाहरण अख़बारों में छपते रहते हैं। पिछले बीस साल पहले 'सत्ता' ने मध्यमवर्ग के लिए भी ऐसी नीतियाँ बनायीं और आर्थिक कार्यक्रम बने जिनका लाभ इस वर्ग को भी पहुँचा। तीस-पैंतीस साल पहले मध्यमवर्ग का व्यक्ति यह सोच नहीं सकता था कि आज वह इतना संपन्न हो जायेगा, जितना है। मध्यमवर्ग के उत्थान में मुक्त बाज़ार और अंतरराष्ट्रीय स्तरों पर होने वाले परिवर्तन की भूमिका भी है।

बुनियादी सवाल के दूसरे पक्ष पर आयें और गौर करें कि पिछले सत्तर सालों में किन वर्गों या समूहों को बहुत कम या कोई लाभ नहीं हुआ। उनकी स्थिति में पतन हुआ है। निम्न मध्यमवर्ग की स्थिति में बहुत सुधार नहीं हुआ है। खेतिहर

मज़दूरों, असंगठित श्रमिकों की स्थिति मज़दूरी बढ़ जाने के बाद भी उतनी ही दयनीय है जितनी पहले थी, क्योंकि मज़दूरी के साथ-साथ कीमतें भी बढ़ी हैं। आदिवासी समूहों की स्थिति में बड़े पैमाने पर गिरावट आयी है, जिसके कई कारण हैं। शहरीकरण और जंगल, पहाड़ों में छिपी संपदा के लिए आदिवासियों का खदेड़ा जाना, शहरों को और उद्योग-धंधों को लाभ पहुँचाने के लिए बड़ी योजनाओं को लागू करने के लिए आदिवासी क्षेत्रों पर एकाधिकार आदि कारण गिनाये जा सकते हैं। यह कहा और माना जाता है, बल्कि वास्तविकता यह है कि हमारी जनता 'अतियों' के बीच सहजता से रहने वाली जनता है। अर्थात् एक तरफ़ महल, दो-महलों और दूसरी तरफ़ झुग्गी-झोपड़ी का जीवन इस देश में अनन्तकाल से स्वीकार्य रहा है। सब मानते आये हैं कि ऊँच-नीच का सह-अस्तित्व तो हमेशा रहा है, हमेशा रहेगा। शायद इसके पीछे हमारे देश की जातिवादी समझ की भी बड़ी भूमिका रही है। जब भगवान ही ने सबको बराबर नहीं बनाया तो सरकार क्या बनायेगी? गरीब, दलित, सर्वहारा प्रायः 'रूखी-सूखी खाय के...' पर विश्वास करते आये हैं।

हमारे देश में सामाजिक परिवर्तन का वाहक मध्यम और उच्च मध्यम वर्ग रहा है। यही कारण है कि मध्यम और उच्च मध्यम वर्ग को संतुष्ट रखने के लिए 'सत्ता' ने उसे पर्याप्त सुविधाएँ दी हैं, लेकिन आज मध्यम और उच्च मध्यम वर्ग सिविल सोसाइटी के आंदोलन में सबसे आगे हैं। इसका कारण यह है कि आज के मध्यम वर्ग का 'प्रोफाइल' बदल गया है। पहली बात यह है कि उसकी संख्या में बड़ी वृद्धि हुई है, दूसरी बात यह है कि मध्यम वर्ग में युवाओं की संख्या और अधिक बढ़ी है। तीसरी बात यह है कि शिक्षा और जागरूकता ने युवाओं को 'कैरियर ओरिएंटेड' बना दिया है। वे बड़ी-से-बड़ी नौकरी चाहते हैं और अच्छे-से-अच्छा जीवन बिताना चाहते हैं। वे अधिक मुखर हैं दूसरे देशों के बारे में उनके पास बहुत अधिक जानकारियाँ हैं।

युवा मध्यम वर्ग अपने लिए जिस भारत का सपना देख रहा है, वह उस समय तक पूरा नहीं हो सकता जब तक देश के पास पर्याप्त साधन न हों। युवा वर्ग जानता है कि भारत कभी भी 'गरीब' देश नहीं रहा और न आज है, बल्कि आज भारत एक संपन्न देश है जहाँ धन-साधन की कोई कमी नहीं है। इन साधनों का उचित इस्तेमाल किया जाये, तो देश और देशवासियों के जीवन में बहुत सार्थक परिवर्तन आ सकता है। लेकिन देश का पैसा देश के काम नहीं आता। भ्रष्टाचार का मुद्दा नया नहीं है। यह भी नयी बात नहीं है कि विकास पर खर्च किये जाने वाला एक रुपये का अस्सी प्रतिशत घूसखोरों की जेबों में चला जाता है। मज़े की बात यह है कि यह बात भारत के एक भूतपूर्व प्रधानमंत्री कह चुके हैं। वे ऐसे प्रधानमंत्री थे कि संसद में उनका दो तिहाई बहुमत था। अर्थात् वे चाहते तो संविधान में परिवर्तन

करके भ्रष्टाचार से निपटने के सख़्त कानून बना सकते थे, लेकिन इसके बावजूद उन्होंने कुछ क्यों नहीं किया, यह बताना बहुत कठिन नहीं है।

भ्रष्टाचार और वह भी राजनैतिक भ्रष्टाचार देश की जड़ों को खोखला कर देता है। विकास के काम ही नहीं रुक जाते बल्कि देश और समाज का बुनियादी आधार ही समाप्त होने लगता है। भ्रष्टाचार अपने को अधिक शक्तिशाली बनाने के लिए देश और समाज की बुनियादी संस्थाओं जैसे न्यायपालिका, चुनाव प्रक्रिया, पुलिस प्रशासन, प्रेस और संचार माध्यमों आदि को अपने शिकंजे में ले लेता है। हमारे देश के लोकतंत्र के साथ यही हुआ है।

यदि कोई इतिहासकार, आज़ादी के बाद के भारत पर कोई सूत्र वाक्य लिखेगा तो वह यही होगा कि 'वह युग लोकतंत्र के नाम पर देश और जनता को लूटने का युग था।' यह भी कहा जा सकता है कि वह 'लोकतंत्र' के नाम पर लूट का युग था। दरअसल चिन्ता का कारण अन्ना हजारे या सिविल सोसाइटी का आंदोलन नहीं, बल्कि 'लोकतंत्र' से लोगों का डिगता हुआ विश्वास है। ऐसा होने का कारण यह है कि भ्रष्टाचार ने बड़ी-से-बड़ी संस्थाओं को भ्रष्ट कर दिया है। सुप्रीम कोर्ट ने कई बार ऐसी टिप्पणियाँ की हैं, जो इस तथ्य को स्थापित करती हैं। 'इस देश को भगवान भी नहीं बचा सकता' या विदेशों में भारत के काले धन को 'देश की लूट' कहना यह प्रमाणित करता है कि भ्रष्टाचार ने हमारी जड़ों को खोखला कर दिया है।

'भ्रष्टाचार केन्द्रित लोकतांत्रिक सत्ता' ने अपनी सुरक्षा के बड़े इंतज़ाम कर रखे हैं। साधारण आदमी क्या मध्यम वर्ग का पढ़ा-लिखा आदमी भी विरोध करने पर 'सत्ता' द्वारा 'चकरघिन्नी' बना दिया जाता है या अधिक कुछ ठोस करने की सोचता है, तो उसकी हत्या करा दी जाती है। इसका भी प्रमाण देने की आवश्यकता नहीं है। ऐसे समाचार रोज़ छपते हैं। भ्रष्टाचार के सहारे चलने वाला लोकतंत्र अन्दर से कमज़ोर लोकतंत्र होता है। वह अपने को बचाने के उपाय करता रहता है। व्यक्तिगत स्तर पर यदि उसका कोई विरोध करता है, तो उसे आसानी से खामोश कर दिया जाता है, लेकिन बड़े स्तर अर्थात् जनांदोलनों द्वारा किये जाने वाले विरोध को 'सत्ता' पुलिस, गुप्तचर विभाग, सेना आदि के माध्यम से शान्त करने की चेष्टा करती है। 'भ्रष्ट लोकतांत्रिक सत्ता' के पास राजनैतिक संवाद करने का नैतिक साहस नहीं होता और न वह इस जटिल प्रक्रिया में पड़ने में विश्वास करती है। उसके पास तो हर मर्ज़ का इलाज 'डंडा' होता है।

'भ्रष्टाचार केन्द्रित लोकतांत्रिक सत्ता' का एक महत्त्वपूर्ण प्रछन्न लक्ष्य एकाधिकारवाद भी है। इसके अन्तर्गत सत्ता पूरे देश और समाज के प्रति साम्राज्यवादी सोच को बल देती है। भारतीय नौकरशाही की यह सामान्य प्रवृत्ति है, जो उसे अंग्रेज़ी नौकरशाही

से विरासत में मिली है। यह प्रवृत्ति देश के विकास और राजनैतिक प्रक्रियाओं में बाधा पहुँचाती है। आज जो 'सत्ता' का स्वरूप बन गया है, वह अपने चरित्र में 'सिविल सोसाइटी' के प्रति शत्रु भाव रखता है। लेकिन सोचने की बात यह है कि नेहरू युग में कांग्रेस पार्टी ही नहीं बल्कि सरकार और 'सिविल सोसाइटी' के बीच बहुत आत्मीय और निकट संबंध थे। कारण यही था कि उस समय सत्ता भ्रष्टाचार मुक्त थी, इसलिए उसमें पारदर्शिता अधिक थी। आज की 'सत्ता' अपने गलियारों में 'बाहर के आदमी' को घुसने नहीं देती। निश्चय ही 'सिविल सोसाइटी' को असंवैधानिक कहने वाले पारदर्शिता के प्रति क्या रवैया अपनायेंगे यह सोचा जा सकता है।

भ्रष्टाचार पोषित लोकतंत्र अपने को मज़बूत बनाने के लिए प्रशासन, पुलिस और सेना को शासन में भागीदारी देता है। यह आश्चर्य की बात नहीं है कि इस दौरान सरकार में जितने भूतपूर्व पुलिस अधिकारी, सेनाधिकारी, राज्यपाल हैं, उतने कभी नहीं थे। यह अनायास नहीं है कि अवकाश प्राप्त करने के बाद भी उच्चाधिकारी सरकार के लाभ और प्रतिष्ठा देने वाले पदों पर वर्षों विराजमान रहते हैं। यह एक लेन-देन की प्रक्रिया बन गयी है। 'राजनैतिक सत्ता' पुलिस और सेना को उपकृत करती है, तो इसके बदले में सरकार को कुछ ऐसी सेवाएँ प्राप्त होती हैं जो संवैधानिक नहीं कही जा सकतीं। सरकार के पास जब राजनैतिक उत्तर होता है, तो वह 'सीधी कार्यवाही' के लिए पुलिस बल या सेना बल का प्रयोग करती है।

यह दुःखद है कि लोकतंत्र के सम्मुख मौजूद चुनौतियों पर कभी व्यापक चर्चा नहीं की गयी, बल्कि यथास्थिति को किसी-न-किसी तरह बनाये रखने की कोशिश होती रही। आज आवश्यकता इस बात की है कि देश में लोकतंत्र को मज़बूत बनाने के लिए भ्रष्टाचार, न्यायपालिका, चुनाव प्रक्रिया, सरकार और सिविल सोसाइटी के संबंधों, प्रेस और मीडिया की आज़ादी, शिक्षा नीति, संस्कृति नीति आदि बुनियादी मुद्दों पर खुलकर बात हो और बचाव की मुद्रा में आने से तथा यथास्थिति बनाये रखने से अच्छा होगा कि सभी राजनैतिक दल और सिविल सोसाइटी एक जवाबदेह और संवेदनशील व्यवस्था के लिए काम करें।

हमारी हिन्दी बनाम 'उनकी' हिन्दी...

विदेशों में हिन्दी पढ़ाने, विश्व हिन्दी सम्मेलनों में भाग लेने तथा विदेश से आने वाले हिन्दी विद्वानों तथा लेखकों के सम्पर्क में आने के कारण मैं यह तो विश्वास से कह सकता हूँ कि हिन्दी कई स्तरों पर विदेशों में फल-फूल रही है, लेकिन यह कह पाना कठिन है कि सरकारी स्तर पर किये जाने वाले प्रयास, व्यय की गयी राशि की तुलना में कितने सार्थक, उपयोगी और लोकप्रिय हैं।

इसके साथ-साथ यह भी देखा जा रहा है कि सरकारों का हिन्दी संबंधी 'एजेंडा' कुछ पीछे चला गया है और हिन्दी दिवस आदि आयोजित करने की विवशताओं के अतिरिक्त कोई उत्साह या प्रतिबद्धता नहीं दिखायी पड़ती। अभी हाल में ही भारतीय सांस्कृतिक आदान-प्रदान परिषद (आई.सी.सी.आर.) ने विदेशों में हिन्दी शिक्षक भेजने की नीति को बदला है और इस प्रकार बदला है कि पूरी योजना की सार्थकता ही समाप्त हो गयी है। सांस्कृतिक आदान-प्रदान के अन्तर्गत कुछ देशों से वहाँ की भाषा पढ़ाने के लिए अध्यापक भारत आते थे तथा भारत से भारतीय भाषाएँ पढ़ाने अध्यापक विदेश जाया करते थे।

इस योजना के अन्तर्गत जो हिन्दी अध्यापक विदेश जाते थे, उनको विदेश मंत्रालय और आई.सी.सी.आर. वही सुविधाएँ दिया करते थे जो विदेश सेवा के अधिकारियों को मिलती हैं, लेकिन नयी नीति के अन्तर्गत हिन्दी या अन्य भाषाओं के अध्यापकों को न केवल कम सुविधाएँ दी जायेंगी, बल्कि उनका कार्यकाल दो वर्ष से घटाकर छः महीने कर दिया गया है। बड़े आश्चर्य की बात है कि विदेशों में हिन्दी तथा अन्य भारतीय भाषाओं के शिक्षण पर किये गये कुठाराघात पर हिन्दी जगत खामोश है।

सरकारी स्तर पर हिन्दी की प्रचार-प्रसार संबंधी नीतियाँ चाहे जैसी हों लेकिन पिछले पचास साल में इतना तय हो गया है कि हिन्दी अपनी सामर्थ्य और क्षमता के बल पर विश्व की प्रमुख भाषाओं में अपना स्थान बना चुकी है। पिछले वर्ष अपनी ईरान यात्रा के दौरान मैं ईरान ही नहीं पूरे मध्य एशिया में हिन्दी फिल्मों के 'प्रताप' को देखकर दंग रह गया। ईरान में रात्रि बस सेवा में हिन्दी फिल्मों को दिखाया जाना

एक तरह से अनिवार्य है। मैंने तेहरान ही नहीं ईरान के छोटे-छोटे कस्बों में हिन्दी फिल्मों की सी.डी. तथा अभिनेताओं के पोस्टर बिकते देखे हैं। फारसी भाषा में हिन्दी सिनेमा पर केन्द्रित एक पत्रिका में हिन्दी-फारसी शब्दावली देखकर बड़ी प्रसन्नता हुई। पत्रिका में न केवल हिन्दी फिल्मों में प्रयुक्त शब्दों के फारसी समान्तर शब्द दिये गये थे, बल्कि गाने भी छापे गये थे।

यह भी लिखा गया था कि हिन्दी भाषा फारसी जानने वालों के लिए बहुत सरल है तथा आसानी से सीखी जा सकती है। ईरान में हिन्दी भाषा तथा हिन्दी फिल्मों के प्रति जो उत्साह है उसके संबंध में भारत सरकार या हिन्दी संस्थाएँ ईरान में क्या कर रही हैं? संभवतः कुछ नहीं : वैसे भी हिन्दी जगत ने शायद आज तक गंभीरता से यह विचार नहीं किया है कि उसका और हिन्दी सिनेमा या मनोरंजन जगत का क्या रिश्ता होना चाहिए।

मैं इस बात पर बल देना चाहता हूँ कि हमारी हिन्दी लगातार आगे बढ़ रही है, लेकिन 'उनकी' हिन्दी फ़ाइलों, प्रस्तावों, भवनों में ज़ंग खा रही है। हमारी हिन्दी अर्थात् लोगों की हिन्दी, लेखकों की हिन्दी का एक स्वरूप अभी हाल में ही लंदन में देखने को मिला, हिन्दी के कहानीकार तेजेन्द्र शर्मा द्वारा स्थापित संस्था कथा (यू. के.) से परिचय प्राप्त होने का अवसर इस तरह मिला कि कथा (यू.के.) ने गत वर्ष के अंतरराष्ट्रीय इन्दु शर्मा कथा सम्मान के लिए मेरे उपन्यास *कैसी आगी लगाई* का चयन किया था और इस संबंध में मेरा लंदन जाना हुआ था। कथा (यू.के.) पुरानी संस्था है जो अन्य गतिविधियों जैसे प्रशासन, गोष्ठियाँ आयोजित करने के अतिरिक्त प्रतिवर्ष अंतरराष्ट्रीय इन्दु शर्मा कथा सम्मान भी देती है। यह जानकर सुखद आश्चर्य हुआ कि कथा (यू.के.) ने न केवल ब्रिटेन के हिन्दी लेखकों का सहयोग और समर्थन हासिल किया है, बल्कि उर्दू और पंजाबी लेखक भी कथा (यू.के.) के साथ जुड़े हुए हैं। दरअसल कथा (यू.के.) के सम्मान तथा अन्य सम्मानों में एक प्रमुख अन्तर यह लगा कि कथा (यू.के.) के सम्मानों में आत्मीयता तथा निष्ठा बहुत प्रभावित करती है। यह लगता है कि वास्तव में लेखक बिरादरी सम्मानित कर रही है, जिसके आप भी एक सदस्य हैं। इस बार कथा (यू.के.) ने सम्मान देने के लिए 'हाउस ऑफ़ लार्ड्स' के एक भव्य सभागार का चयन किया था।

हम सब लोग साथ-साथ सभागार पहुँचे और सबने, हद यह है कि सम्मान पाने वाले लेखक ने भी सम्मान समारोह आयोजन की तैयारियों में भाग लिया जो अपने आप में एक विरली बात है। लेकिन यह सिद्ध करती है कि यह सम्मान रचनाकारों द्वारा रचनाकारों के लिए है।

कथा (यू.के.) के अतिरिक्त इंग्लैंड में हिन्दी लेखकों के अनेक संगठन हैं, पत्रिकाएँ निकलती हैं और गोष्ठियाँ होती हैं। लंदन में हिन्दी लेखन परिदृश्य बहुत

जीवंत और सक्रिय है। लंदन में हिन्दी के जाने-माने लेखकों में उषा राजे सक्सेना, दिव्या माथुर, अचला शर्मा, सलमा ज़ैदी, ललित जोशी आदि की उपस्थिति आश्वस्त करती है कि रचनात्मक परिवेश बना रहेगा। लंदन से बाहर बर्मिंघम में गीतांजलि बहुभाषी समाज तथा अन्य संस्थाएँ हिन्दी के उत्थान में लगी हुई हैं। यहाँ प्रो. कृष्ण कुमार के अतिरिक्त पदमेश गुप्त, महेन्द्र दिवासर 'दीपक', डॉ. गौतम सचदेव, परवेज़ आलम सक्रिय हैं।

इसी प्रकार मार्क में हिन्दी की कथा लेखिका उषा वर्मा ने अलख जगायी हुई है। इन सब प्रयासों में खास बात यह है कि ये निजी स्तर पर सीमित साधनों में किये जा रहे हैं, इन्हें लेखकों और पाठकों का पूरा समर्थन मिल रहा है जो अपने आप में सफलता की कुंजी है। कथा (यू.के.) की वरिष्ठ सदस्या सुश्री ज़ाकिया ज़ुबैरी के शब्दों में कहा जा सकता है—"हिन्दी यू.के. में एक नहीं कई ज़रूरतें पूरी करती है, एक तरफ़ तो यह लेखकों को प्रेरित करती है तो दूसरी ओर अपनी जड़ों से ताक़त हासिल करने में भी मदद देती है।"

आज हिन्दी में लगभग एक दर्जन वेब पत्रिकाएँ निकल रही हैं। ये सब हिन्दी प्रेमियों और लेखक समुदाय के प्रयास हैं। आज हिन्दी की जितनी वेब-साइट्स उपलब्ध हैं उनमें से अधिकतर ग़ैर-सरकारी हैं। कहने का तात्पर्य यह है कि करोड़ों रुपये के बजट के बावजूद सरकारी संस्थान और परिषद अधिक नहीं कर रही है। एक अर्थ में यह सिद्ध तो होता है कि भाषा सरकार की नहीं लोगों की होती है और भाषा का विकास, प्रचार-प्रसार सरकार नहीं कर सकती, यह तो केवल भाषा बोलने वाले ही कर सकते हैं। जनता ही कर सकती है।

हिन्दी और उर्दू साहित्य का तुलनात्मक अध्ययन

हिन्दी और उर्दू साहित्य के तुलनात्मक अध्ययन के संदर्भ में सबसे पहला प्रश्न इन दो भाषाओं (?) के पारस्परिक संबंधों की व्याख्या का ही उठता है। भाषा विज्ञान की दृष्टि से हिन्दी और उर्दू एक भाषा हैं, क्योंकि उनका व्याकरण एक है। भाषा का स्वरूप उसकी व्याकरणिक संरचना से स्थापित होता है, न कि उसके शब्द भंडार से। यदि हिन्दी और उर्दू को एक भाषा मान लिया जाये तो सबसे पहला सवाल यही उठेगा कि तब इनके बीच तुलनात्मक अध्ययन कैसे सम्भव होगा। और यदि तुलनात्मक अध्ययन को आधार देने के लिए यह प्रमाणित किया जाये कि हिन्दी और उर्दू दो भाषाएँ हैं—जैसा कि भारतीय संविधान भी कहता है—तब यह बताना आवश्यक होगा कि उनमें क्या भिन्नता है जिसके आधार पर उन्हें दो भाषाएँ माना जाना चाहिए। जैसा कि पहले कहा जा चुका है, शब्द भंडार या दूसरी भाषाओं से शब्द स्वीकार करना आदि किसी भाषा के मूल को बदल नहीं सकता। उदाहरण के लिए हिन्दी लिखते हुए अंग्रेज़ी के कितने ही शब्दों का प्रयोग क्यों न किया जाये पर यदि वाक्य व्याकरण की संरचना हिन्दी की है, तो वाक्य में पाँच अंग्रेज़ी शब्द डाल देने से हिन्दी का वाक्य अंग्रेज़ी नहीं हो जायेगा। यही उर्दू के संबंध में भी कहा जा सकता है। उर्दू का व्याकरण दरअसल खड़ी बोली का व्याकरण है। यह वही व्याकरण है जो मानक हिन्दी का व्याकरण कहा जाता है। उर्दू में फारसी, अरबी, तुर्की आदि भाषाओं के सैकड़ों शब्द हो सकते हैं, पर उसके व्याकरण की संरचना में कोई बदलाव नहीं होता, इस कारण हम उसे जो चाहे कहें, पर हिन्दी से अलग कोई दूसरी भाषा नहीं कह सकते।

व्याकरण की दृष्टि से समान होते हुए और एक मूल बोली—खड़ी बोली से विकसित होने के बाद हिन्दी और उर्दू के विकास की प्रक्रिया बहुत रोचक रही है। हिन्दी कविता के विकास के संबंध में आचार्य रामचन्द्र शुक्ल ने हिन्दी का पहला कवि अमीर खुसरो को माना है। अर्थात् तेरहवीं शताब्दी में हिन्दी कविता का श्रीगणेश हो गया था। उसके बाद उन्नीसवीं शताब्दी में हमें भारतेन्दु के इस वक्तव्य पर बहुत आश्चर्य होता है कि खड़ी बोली हिन्दी में काव्य रचना नहीं हो सकती। इस वक्तव्य

से क्या यह अर्थ लगाया जाये कि तेरहवीं शताब्दी से लेकर उन्नीसवीं शताब्दी तक खड़ी बोली में कविता लिखने के प्रयास किये जाते रहे, परन्तु कवियों को सफलता नहीं मिल सकी। यही कारण था कि भारतेन्दु को यह कहना पड़ा कि खड़ी बोली हिन्दी में कविता नहीं हो सकती। यदि तेरहवीं शताब्दी से उन्नीसवीं शताब्दी तक खड़ी बोली में कविता लिखी जाती रही, तो वे कवि कौन थे जिन्होंने यह प्रयास किया था। अमीर खुसरो के बाद और भारतेन्दु से पहले खड़ी बोली हिन्दी के कवियों के बारे में हमारा इतिहास मौन है। क्या भारतेन्दु के वक्तव्य का अर्थ लगाया जाये कि उन्होंने स्वयं खड़ी बोली में कविता लिखने का प्रयास किया था, पर वह संभव नहीं हो सका। परन्तु यह अनुमान उस समय गलत सिद्ध हो जाता है जब पता चलता है कि भारतेन्दु उर्दू में (फारसी लिपि) में गज़लें लिखा करते थे और उनका तख़ल्लुस 'रसा' था। यह भी फारसी शब्द है जो भारतेन्दु ने उपनाम के रूप में चुना था। अब सवाल यह पैदा होता है कि उर्दू तो वास्तव में खड़ी बोली है। यह कैसे हो सकता है कि उर्दू में गज़लें लिखने के बाद भी भारतेन्दु ने यह माना था कि खड़ी बोली में कविता नहीं लिखी जा सकती। भारतेन्दु का वक्तव्य पूरी तरह स्पष्ट नहीं है परन्तु फिर भी यह बात बिलकुल स्पष्ट है कि उन्नीसवीं शताब्दी के अन्त तक खड़ी बोली हिन्दी में कविता नहीं लिखी जाती थी। कविता की भाषा ब्रज और अवधी ही थी। ब्रज और अवधी को हिन्दी मण्डल की भाषाएँ मानने का प्रयास किया जाता रहा है, लेकिन यह स्पष्ट है कि ब्रज और अवधी का व्याकरण तथा संरचना खड़ी बोली से अलग है और इन्हें हिन्दी मण्डल में नहीं डाला जा सकता है।

उन्नीसवीं शताब्दी के अन्त तक हिन्दी कविता का अर्थात् खड़ी बोली हिन्दी कविता का कोई अस्तित्व नहीं था। यदि ऐसा सच है, तो हिन्दी के आदि कवि अमीर खुसरो के बाद कई सौ साल तक इस क्षेत्र में कुछ क्यों नहीं हुआ? क्या कई सौ साल तक खड़ी बोली हिन्दी में कविता ही नहीं लिखी जा सकी?

उर्दू के आलोचक भी अमीर खुसरो को अपना आदि कवि मानते हैं। अमीर खुसरो के बाद यह क्रम आगे बढ़ता है। उर्दू के सूफ़ी कवियों की एक बड़ी सूची है जो दिल्ली से होती हुई हैदराबाद और गुजरात तक चली गयी है। सोलहवीं शताब्दी में दक्षिण के कुली कुतबशाह को उर्दू का पहला साहिबे दीवान शायर, अर्थात् ऐसा कवि जिसकी रचना संकलित की गयी हो, माना जाता है। सत्रहवीं शताब्दी के प्रमुख कवि वली दकनी का उल्लेख किया जाता है और फिर उर्दू गज़ल या कविता का स्वर्णिम युग अट्ठारहवीं और उन्नीसवीं शताब्दी में अपनी महान काव्यात्मक उपस्थिति दर्ज कराता है। इसमें 'मोनिन', 'दाग़', 'सौदा', 'मीर' और 'ग़ालिब' जैसे कवि शामिल हैं। जिनकी तुलना विश्वस्तरीय कविता से की जा सकती है। ध्यान दें यही समय (भारतेन्दु काल) है जब भारतेन्दु कहते हैं कि खड़ी बोली हिन्दी में कविता नहीं हो

सकती। इस बिन्दु पर तो उर्दू और हिन्दी की कविता के अन्तर पर ध्यान देना आवश्यक है। इसी बिन्दु को अधिक स्पष्ट करने के लिए अयोध्या प्रसाद खत्री के खड़ी बोली कविता आंदोलन पर भी विचार किया जा सकता है। खड़ी बोली हिन्दी कविता के लिए आंदोलन शुरू करने की आवश्यकता निश्चित रूप से इसलिए पड़ी होगी कि कवि खड़ी बोली में कविता नहीं लिखते हैं। अयोध्या प्रसाद के युग तक कविता के क्षेत्र में ब्रज और अवधी का दबदबा बना हुआ था। मतलब यह कि बीसवीं शताब्दी के प्रारम्भ तक हिन्दी खड़ी बोली कविता की उपस्थिति दर्ज नहीं हुई थी। इस समय खड़ी बोली में बहुत साधारण, वर्णनात्मक और व्याख्यापरक नैतिक सामाजिक विषय पर जो कविताएँ लिखी गयीं, उन्हें स्तरीय कविता के अन्तर्गत नहीं रखा जा सकता।

यह ध्यान देने की बात है कि उर्दू कविता के इतिहास में यह स्वर्णिम युग था। एक शताब्दी में दो महान कवियों की उपस्थिति बहुत महत्त्वपूर्ण मानी जायेगी।

हिन्दी कविता का अगला महत्त्वपूर्ण और चुनौतीभरा युग छायावाद है। द्विवेदीकालीन इत्तिवृत्तात्मक कविता को सबसे बड़ी और पहली चुनौती दी सुमित्रानंदन पंत (1900-1977) के कविता संग्रह *पल्लव* (1926) ने। ध्यान देने योग्य दो-तीन तथ्य हैं। पहला यह कि ब्रज और अवधी के प्रति धार्मिक आस्था के कारण जो पूर्वाग्रह बने थे; वह युग बीत गया था। दूसरा महत्त्वपूर्ण तथ्य यह है कि सुमित्रानंदन पंत का युग या कहें कि उस समय का इलाहाबाद, राष्ट्रीय आंदोलन के वामपंथी रुझान से प्रभावित था। कामरेड पी.सी. जोशी के प्रभाव क्षेत्र में आने वाले महत्त्वपूर्ण बुद्धिजीवियों में सुमित्रानंदन पंत का नाम भी लिया जाता है। तीसरा महत्त्वपूर्ण तथ्य यह है कि सुमित्रानंदन पंत अंग्रेज़ी साहित्य और विशेष रूप से अंग्रेज़ी कविता के मर्मज्ञ थे। उन दिनों अंग्रेज़ी की रोमांटिक कविता भारतीय बुद्धिजीवी समाज के सौन्दर्य चेतना के निर्माण में महत्त्वपूर्ण भूमिका निभा रही थी। पंत पूरी तरह उस जादू में डूबे हुए थे। इससे जुड़े अन्य तथ्य जो कि पंत की निर्णायक भूमिका स्थापित करते हैं, ये हैं कि वे हिन्दी के साथ-साथ संस्कृत भाषा के अच्छे जानकार थे। कुछ आश्चर्य की बात है और इसके पीछे कारण पंत की पारिवारिक और अल्मोड़ा की सांस्कृतिक पृष्ठभूमि हो सकती है कि पंत उर्दू साहित्य और कविता से बहुत परिचित एवं प्रभावित न थे। उनके लिए श्रेष्ठ कविता दो भाषाओं-अंग्रेज़ी और संस्कृत में उपलब्ध थी। खड़ी बोली हिन्दी कविता पिछली एक आधी शताब्दी से उर्दू कविता के प्रभाव से निकलने का प्रयास कर रही थी। यह कठिन कार्य पंत ने बहुत सफलता से पूरा करके दिखा दिया, क्योंकि उनके पास रोमांटिक कविता के वैचारिक संस्कार और संस्कृत की काव्यात्मकता थी। इसमें संदेह नहीं कि छायावाद के प्रारम्भिक 'पैरामीटर्स' पंत ने ही तय किये थे और उसके बाद अपनी-अपनी अभिरुचियों और संस्कारों के अन्तर्गत निराला, प्रसाद और महादेवी वर्मा उसे नये-नये आयाम देते रहे। छायावाद के कवियों

पर बहुत बड़ी ज़िम्मेदारी थी, उनका काम हिन्दी की इत्तिवृत्तात्मक कविता को बीसवीं शताब्दी की आधुनिक कविता के समकक्ष लाकर खड़ा करना था। उनमें से अधिकतर अंग्रेज़ी जानते थे और उनके सामने 'मानक' बिलकुल साफ़ थे। छायावादी-कवियों ने यह प्रयास कई आयामों और धरातलों पर किया। एक तरफ़ आधुनिक पश्चिमी काव्य परम्परा और आधुनिक साहित्यिक विमर्श आदि छायावाद को स्वरूप देते रहे। छायावाद ने पच्चीस साल में चार सौ साल की यात्रा पूरी करनी चाही थी। यात्रा तो पूरी हो गयी, पर परम्परा नहीं बन सकी। छायावादी युग ने अपनी पहचान बनाने के लिए पश्चिम के साथ जो दोस्ती की थी वह लगातार विकसित होती रही। परम्परा विकसित न हो पाने के फ़ायदे और नुक़सान दोनों होते हैं। छायावाद की कविता न तो स्वयं किसी परम्परा का क्रमिक विकास है और न किसी प्रकार की परम्परा का निर्माण करती है। यही कारण है कि हिन्दी कवियों के सामने प्रगतिशील विचारधारा और कविता के मानदंडों को स्वीकार करना बहुत कठिन नहीं था।

उर्दू कविता की यात्रा हिन्दी कविता से बिलकुल भिन्न रही है। उन्नीसवीं शताब्दी में उर्दू में कुछ ऐसे कवि हुए जिन्हें विश्व-स्तरीय कवि कहा जा सकता है। कविता की धारा फारसी से विमुख हुई और स्थानीयता को अपने अन्दर समेटती चली गयी। उसमें संवेदना, विचार, अभिव्यक्ति और भाषा के स्तर पर परिपक्वता आती चली गयी और एक बड़ी काव्य परम्परा का निर्माण हुआ जिसमें गज़ल, रुबाई, कसीदा, पर्सिया और नज़्म जैसे काव्य रूप स्थापित हुए। बीसवीं शताब्दी में राष्ट्रीय आंदोलन के प्रयास में जोश मलीहाबादी जैसे शायर हुए जिन्होंने भाषा की परम्परा को आगे बढ़ाया।

1936 में प्रगतिशील लेखक संघ की स्थापना के बाद हिन्दी और उर्दू कवियों की बुनियादी चुनौतियाँ एक ही थीं। प्रेमचंद ने अपने अध्यक्षीय भाषण में साफ़ कर दिया था कि हमें अब ऐसा साहित्य नहीं चाहिए जो 'सुलाये'...सज्जाद ज़हीर आदि ने स्पष्ट तौर पर कहा था कि प्रगतिशील साहित्य दलितों, शोषितों के पक्ष में लिखा जाना चाहिए। उर्दू कविता बुनियादी तौर पर संभ्रान्त वर्ग के संरक्षण में विकसित हुई थी। इसका यह अर्थ नहीं कि उसका कोई जनाधार नहीं था। उर्दू के कवि वली दकनी से लेकर जोश मलीहाबादी तक अपने-अपने समय में लोकप्रियता के शिखर पर रहे हैं। मीर तकी 'मीर' ने इस अंतरविरोध को रेखांकित करते हुए लिखा था कि मेरे शे'र संभ्रान्त लोगों को पसंद आते हैं, पर मैं जनसाधारण को संबोधित करना चाहता हूँ। मतलब यह कि जनसाधारण से उर्दू कविता का रिश्ता था, लेकिन उसका तौर-तरीका अवश्य संस्कृत और संभ्रान्त था। प्रगतिशील आंदोलन उनसे सीधे जुड़ने की माँग कर रहा था। यह अपेक्षा कर रहा था कि सर्वहारा के विषय ही कविता के विषय बनें। सर्वहारा का मतलब किसान और मज़दूर हैं। किसानों और मज़दूरों की भाषा क्या है? उनके कविता संबंधी संस्कार क्या हैं? वे कैसी कविता समझ

सकते हैं? आदि बड़े मुद्दे थे जो उर्दू कवियों के सामने आये थे। प्रायः उच्च–मध्य से संबंधित, शहरों और महानगरों में रहने वाले उर्दू कवियों ने चाहे सैद्धान्तिक रूप से प्रगतिशील विचारधारा को स्वीकार कर लिया हो, परन्तु उसे व्यवहार में लाना काफ़ी कठिन लग रहा था। एक विख्यात शायर ने प्रगतिशीलता के सिद्धान्तों को समझने के बाद डरते-डरते कलम उठायी और लिखा, ''ज़रा आहिस्ता ले चल कारखाने कैफ़ो-मस्ती को/के ज़ेहने सतहे-आलम सख़्त ना हमवार है साक़ी'', इस एक शे'र से उर्दू कवियों की प्रगतिशील चेतना को काव्यात्मक रूप प्रदान करने के अन्तर्द्वंद्व को समझा जा सकता है। मतलब यह कि कवि झटके दे-देकर फारसी प्रतीकों और संभ्रान्त संवेदना को अलग करना चाहता है, पर असहाय दिखायी पड़ता है। निश्चित रूप से उर्दू के कवियों के लिए यह एक भारी चुनौती थी। विद्रोही तेवर तो उर्दू कविता में चित्रित हो चुका था और वह लैला-मजनूँ और शीरी-फरहाद को अपनी परिधि में समेटे हुए था, लेकिन वर्ग संघर्ष और सर्वहारा का चित्रण, उनकी वर्तमान स्थिति तथा ऐतिहासिक भूमिका पर उर्दू में कुछ कहना कठिन था। इत्तिवृत्तात्मकता से उर्दू कविता बहुत दूर आ चुकी थी। सुधारवादी आंदोलन के बाद गज़ल फिर स्थापित हो चुकी थी। और गज़ल में प्रतीकात्मकता और 'इम्बीग्युटी' (Ambiguity) का पूरा प्रभाव था। उर्दू कवियों को एकमात्र सहारा मिल रहा था सर मुहम्मद इक़बाल की कविता से, जिन्होंने देश प्रेम और फिर इस्लाम प्रेम को केन्द्र में रख कर इत्तिवृत्तात्मक कविताएँ लिखी थीं। लेकिन उर्दूभाषी क्षेत्र ने उन्हें कभी बड़े कवि के रूप में स्वीकार नहीं किया था। चिंतक, सुधारक, देश-प्रेमी आदि-आदि के रूप में तो इक़बाल मान्य थे पर उर्दू कविता के पंडित उन्हें उर्दू का श्रेष्ठ कवि नहीं मानते थे और पंजाबीभाषी होने के कारण इक़बाल, मीर अनीस और जोश मलीहाबादी की तरह उर्दू को अपनी 'लौण्डी' भी नहीं बना सकते थे। जो कवि भाषा पर पूरा अधिकार और प्रभुत्व न जमा सके, वह कवि नहीं है—यह माननेवाले उर्दू में बहुत थे। बहरहाल मजबूरी के चलते उर्दू कविता ने एक क़दम आगे उठाने की बजाय एक क़दम पीछे उठाया और इकबाल—जोश की परम्परा को प्रगतिशील कविता के सरोकारों के लिए उपयुक्त पाकर उसे स्वीकार कर लिया। यह बहुत संकट और आत्म-मंथन का समय था। किसान और मज़दूर जीवन के अनुभव भी उर्दू कवियों को न थे। इसलिए सहानुभूति और चित्रण बिल्कुल किताबी होकर रह जाते थे। उर्दू के कुछ कवियों ने 'इक़बाल-जोश-नज़्म' वाली थ्योरी को सिरे से खारिज कर दिया और 'लोक साहित्य' के भूले-बिसरे कोने में पनाह ले ली। मुतलवी फरीदाबादी और वामिक़ जौनपुरी का नाम इस सिलसिले में लिया जा सकता है।

प्रगतिशील आंदोलन के शुरू होते समय (1936) हिन्दी में छायावाद पूरी तरह स्थापित हो चुका था। प्रगतिशील विचारधारा और व्यवहार के प्रति अधिकतर छायावादी

कवियों का रवैया सकारात्मक था। प्रमुख कवियों सूर्यकांत त्रिपाठी निराला और सुमित्रानंदन पंत ने प्रगतिशील से तारतम्य स्थापित कर लिया। 1937 में जयशंकर प्रसाद गुज़र गये थे। महादेवी वर्मा ने प्रगतिशीलता के प्रति कोई ज़्यादा उत्साह नहीं दिखाया। उन्होंने जिस भाव संसार को रचा था उसमें वे पूरी तरह डूबी हुई थीं। इसके अतिरिक्त हिन्दी के प्रगतिशील कवियों की एक पूरी नयी पीढ़ी सामने आ गयी थी।

हिन्दी और उर्दू कविता के ऐतिहासिक विकास और सांस्कृतिक और साहित्यिक परम्पराओं के अन्तर के कारण ही यह संभव हुआ है कि एक बुनियादी व्याकरणिक ढाँचे में लिखी जाने वाली भाषा के दो अलग-अलग स्वरूप स्थापित हो गये हैं और यही कारण है कि इनके बीच तुलनात्मक अध्ययन संभव है।

प्रस्तुत पुस्तक मूलरूप में शोध प्रबंध के रूप में पीएच-डी. की डिग्री प्राप्त करने के लिए लिखी गयी थी। यह शोध कार्य 1975 में पूरा हुआ था और उसके बाद संशोधित रूप में मैकमिलन द्वारा 1987 में प्रकाशित हुआ था। शोध प्रबंध के एक परीक्षक प्रो. नामवर सिंह थे, जिन्होंने मौखिक परीक्षा भी ली थी। मौखिक परीक्षा में उन्होंने प्रश्न पूछा था कि प्रगतिशील कवियों ने सामाजिक और पारिवारिक संबंधों को ही नहीं स्त्री-पुरुष संबंधों को एक नया रूप दिया है। अपनी इस स्थापना के लिए मैं कोई उदाहरण दूँ? मैंने कैफ़ी आजमी की कविता की पंक्तियाँ, 'तू मुझे छोड़ के, ठुकरा के भी जा सकती है। मेरे हाथों में तेरा हाथ है ज़ंजीर नहीं' का उदारहण दिया था। इस उत्तर से प्रो. नामवर सिंह संतुष्ट नहीं थे और उनका मानना था कि मैं उन पंक्तियों से जो अर्थ ग्रहण कर रहा हूँ, वह सही नहीं है। वह मैं आज तक नहीं समझ पाया हूँ कि उनका अभिप्राय क्या था।

वास्तव में मैंने 1968 में एम.ए. पास करने के बाद जब 'हिन्दी-उर्दू की प्रगतिशील कविता का तुलनात्मक अध्ययन' विषय पर प्रो. हरबंश लाल शर्मा के निर्देशन में पंजीकरण कराया था तब मेरे मस्तिष्क में शोध प्रबंध की कोई रूपरेखा नहीं थी। अलीगढ़ मुस्लिम विश्वविद्यालय से एम.ए. पास करने के दौरान मैं न तो पर्याप्त पढ़ सका था और न तुलनात्मक अध्ययन संबंधी मुझे कोई जानकारी थी। शोध निर्देशक ने स्पष्ट शब्दों में बता दिया था कि मुझे उनसे कोई मदद न मिल सकेगी। ऐसी स्थिति में मैं विभाग के और दूसरे लोगों पर आश्रित था, पर वे भी अपनी सीमाओं के अन्तर्गत जितना सहयोग दे सकते थे, देते थे, पर शोध का स्वरूप स्पष्ट नहीं हो रहा था। इस संबंध में कई जगह मुझे बड़ी अटपटी स्थितियों का सामना करना पड़ा और कई बार लगा कि मैं इस विषय पर शोध नहीं कर पाऊँगा। इस दौरान 1971 में जामिया मिल्लिया इस्लामिया के हिन्दी विभाग में नौकरी मिल गयी थी। विभागाध्यक्ष प्रो. मुजीब रिज़वी मेरी समस्या से परिचित थे। उन्होंने एक दिन बताया

कि अमेरिका के शिकागो विश्वविद्यालय से प्रो. सी. एम. नईम अलीगढ़ आये हुए हैं जो मेरी मदद कर सकते हैं। प्रो. नईम ने वह गुत्थी जो कई साल से नहीं खुल रही थी पन्द्रह मिनट में खोल दी। उन्होंने तुलनात्मक अध्ययन के बुनियादी सिद्धान्तों को स्पष्ट कर दिया जिसके आलोक में पूरे शोध प्रबंध का स्वरूप निर्धारित हो गया और मैं उनका अत्यंत आभारी हूँ।

इस पुस्तक के पहले प्रकाशन से लेकर अब तक कई दहाइयाँ बीत चुकी हैं। प्रगतिशील आंदोलन के कई उतार-चढ़ाव देखता नागार्जुन, केदारनाथ अग्रवाल, मुक्तिबोध, शमशेर बहादुर सिंह आदि अधिक प्रासंगिक हैं। प्रगतिशील आंदोलन ने हिन्दी-उर्दू ही नहीं, बल्कि पूरे भारतीय साहित्य को जो दिया है उसकी पर्याप्त चर्चा नहीं हो पाई है। दरअसल प्रगतिशील आंदोलन ने साहित्य को एक ऐसे धरातल पर पहुँचा दिया था, जहाँ से आगे की यात्रा सुगम हो गयी थी। इस आंदोलन ने पहली बार भारतीय साहित्यकारों को बड़े स्तर पर विश्व परिप्रेक्ष्य में सोचने-समझने का अवसर भी दिया था। बीसवीं शताब्दी के श्रेष्ठ रचनाकारों के अतिरिक्त प्रगतिशील आंदोलन ने अखिल भारतीय स्तर पर सांस्कृतिक संवाद भी स्थापित किया था।

भेड़िये

(भेड़िये हिन्दी के प्रसिद्ध कहानीकार और नाटककार भुवनेश्वर (1910-1958) की कहानी है। यह कहानी अन्य कालजयी कहानियों की तरह लगातार चर्चा में रही है। इस कहानी का देश और विदेश की कई भाषाओं में अनुवाद भी हो चुका है। मैंने भेड़िये कहानी का पुनर्पाठ तैयार किया था जो 'हंस' पत्रिका में प्रकाशित हुआ था।)

काशी विश्वनाथ वाली गली छोड़कर दाहिने हाथ पर तीसरी गली से जो सीढ़ियाँ बेन्देसरी घाट तक जाती हैं, वे लाला विशम्बर दयाल के शिव मन्दिर से बायें मुड़ जाती हैं और इसी मोड़ पर चौतरा-सा बनता है, जहाँ बैठे भिखारी को भिक्षा भी कम मिलती है और गंगा जी से आने वाली ठंडी हवाएँ ज़्यादा ठुठराती हैं।

अँधेरे में उसकी शक्ल साफ़ दिखायी न पड़ रही थी या जंगल जैसी सूखी-काली दाढ़ी और चेहरे पर झुकी जटाओं ने उसकी पहचान मिटा दी थी, यह कह पाना मुश्किल है। फटे और मैले कम्बल में उसकी हड्डियाँ इस तरह उभरी हुई थीं जैसे फ़सल कट जाने के बाद खेत में डंठल बचे रह जाते हैं। उसकी लाल आँखें अंगारे की तरह दहक रही थीं और काले-सूखे हाथ कम्बल को लपेटने की कोशिश में थरथरा रहे थे। गंगा जी की तरफ़ से हवा नहीं, बर्फ़ के गोले दागे जा रहे थे जो हम दोनों के शरीर से टकरा कर फट रहे थे। पास रखी मिट्टी की हंडिया को उसने छूकर देखा कि कंडा अभी सुलग रहा है या नहीं।

"फिर क्या हुआ...तुम्हारा नाम क्या है बाबा," मैंने उससे पूछा।

"जोगी का कोई नाम नहीं होता...और फिर क्या हुआ? यह जानना चाहते हो?"

"हाँ।"

वह चुप हो गया। कहानी शुरू हो गयी।

"...उसने झुककर बड़ी माँ को उठा लिया जिसकी नाक और कानों से खून बह रहा था, क्योंकि कुछ ही देर पहले छोटी माँ ने बड़ी माँ के कानों से बालियाँ और नाक से नथ नोची थी। हाथों और पैरों के कड़े उतारने के लिए भी तीनों ने उसे घूसों और लातों से मारकर पस्त किया था। "लेकिन पुरानी...इन्होंने कई बार

मेरी लाज रखी है...दरोगा धीरज का घोड़ा भी पी बोल गया था...और सुन, सैकटा से अरगुना तक का रास्ता इन्होंने एक रात में पूरा किया था...” बातें करते-करते जग्गा ने पीछे मुड़कर देखा।

चमकते हुए जुगनू बड़े हो गये थे। जग्गा के हाथों ने लगाम के ज़रिये चेतक और चेतकी को एक इशारा दिया और उनकी रफ्तार और तेज़ हो गयी।

“देख, ये भूखे हों या न हों...पर गंध पा लेते हैं...तो खाने के लिए जान लगा देते हैं।” वह बोला।

...चिलम भरने के बाद जोगी ने दम लगाया और एक शोला आकाश की तरफ़ लपक गया। ऐसा लगा जैसे किसी ने उसे अपने हाथों में लोक लिया हो। उसकी आँखों से लाल ज्वाला फूटने लगी और उसने फटा हुआ कम्बल नीचे सरका दिया।

“देख, लगता है सौ से कम नहीं हैं...मैं इनकी आँखों से पता लगा लेता हूँ...सौ नहीं तो अस्सी तो होंगे...”

वह फिर चेतक और चेतकी से बोलने लगा और...रफ़्तार में...कुछ और तेज़ी आ गयी।

“देख, सामने वाला टीला देख रहा है न? बस, टीले पर चढ़कर उधर उतरना है...फिर करहवा तक ढलान ही ढलान है...वहाँ चेतक और चेतकी को कोई पा नहीं सकता।”

“रात में चले क्यों...” सग्गड़ के पीछे से आवाज़ आयी। वह बड़ी माँ थी, जो कुछ कह रही थी।

“बके जा...अब क्या होगा...यह सोच...तुझे कहीं ये भेड़िये चबा न जायें?” उसने मज़ाक किया और हँसने लगा।

“मुझे क्या चबाएँगे...तुझे और तेरी नयी नवेली को...” हड्डियों में बड़ी जान थी या वह भेड़ियों का भोजन बनने से बचने की कोशिश में आखिरी दम तक लड़ना चाहती थी।

अँधेरे में बैलों पर चाबुक बरसाते हुए अचानक जग्गा ने पीछे देखा था और उसकी आँखें चुँधिया-सी गयी थीं। अँधेरे में उसे दूर लाल-लाल जुगनू दिखायी पड़ रहे थे जो लगातार सग्गड़ के नज़दीक आते जा रहे थे। उसने बैलों की रास लाला को पकड़ा दी थी और मुड़कर पीछे आते ‘जुगनुओं’ को ध्यान से देखने लगा था।

“लाला, ये तो भेड़िये हैं...भेड़िये...”

“भेड़िये?”...गाड़ी में बैठी चारों माँओं ने एक साथ यह शब्द बोला था।

“हाँ...लगता है...हमारी गंध मिल गयी है इनको...”

जग्गा ने रास अपने हाथों में ले ली। ऊपर तारों भरा आसमान था और दोनों तरफ़ सरकंडे फैले हुए थे। जग्गा ने बैलों की तरफ़ देखा और हँस दिया।

"लाला, भेड़िये हमें न पा सकेंगे...ये चेतक और चेतकी से उनका क्या मुकाबला..." जग्गा ऐसी आवाज़ में कुछ बोला, जिसे चेतक और चेतकी ही समझते थे और उनकी रफ़्तार दुगनी हो गयी...जग्गा हँसने लगा। पीछे सग्गड़ में बैठी औरतों की खुसर-फुसर जारी हो गयी। सग्गड़ के कोने में बैठीं दो भेड़ें मिमियाने लगीं।

"लाला...इनको सोना खिलाया है मैंने...सोना...इनकी हड्डियाँ फौलाद की हैं और इनके....पुट्ठे सीसे के हैं...तू तो जानता ही है, मैं जितनी सेवा इनकी करता हूँ, उतनी तो तेरी छोटी माँ की भी नहीं करता..."

"चुप रह कुतिया...नहीं तो तेरा मुँह तोड़ दूँगा।"

बड़ी माँ चुप हो गयी। जग्गा पीछा करते भेड़ियों को और ध्यान से देखने लगा। अभी थोड़ी देर पहले उसके चेहरे पर जो विश्वास था वह कहीं 'कमज़ोर' पड़ता दिखायी दे रहा था, जैसे दीवारों से धूप ओझल होती है।

"देख, अब इन्हें रोकना पड़ेगा।" वह बोला।

"रोकना पड़ेगा?"

"वह कैसे?" लाला ने पूछा।

"तू सग्गड़ में से एक भेड़ उठाकर नीचे फेंक दे।" वह बोला।

लाला ने यही किया। चमकती आँखें ठहर गयीं। दीवारों पर धूप फिर लौट आयी। खुशी में जग्गा ने चेतक की भाषा में कुछ ज़ोर से कहा और रफ़्तार कुछ कम हो गयी। ऊपर तेज़ी से भागते तारों और सरकंडों की रफ़्तार भी कम हुई।

कुछ ही देर बाद फिर जुगनू पीछा करते दिखायी पड़े। अब की उनकी रफ़्तार भी तेज़ थी। वे तेज़ी से सग्गड़ के नज़दीक पहुँच रहे थे। जग्गा हँसा और बोला, "चल दूसरी भेड़ भी नीचे फेंक दे...तब तक हम पहाड़ी के ऊपर पहुँच जायेंगे।"

"...अब तो..." जग्गा बोला, "तेरी बारी है...तुझे जाना है।"

जग्गा ने नाम नहीं लिया था, पर यह बड़ी माँ के लिए ही कहा गया था। कुछ देर पहले किया गया मज़ाक हकीकत में बदलने वाला था। बड़ी माँ गालियाँ बकने लगी।

"तू चाहे जो कर, जाना तुझे है...अपने भगवान को याद कर ले।" जग्गा ने बड़ी माँ से कहा।

अब वह खौफ़ज़दा आवाज़ में गालियाँ बकने लगी।

"तेरी बात का अब...बुरा क्या मानना...जो मन में हो कहती चली जा..."

वह कहती चली गयी। उसने बताया कि किस तरह जग्गा ने उससे शादी करने के लिए उसके बाप के आगे नाक रगड़ी थी। उसने यह भी बताया कि चाँदी के रुपयों की थैली...उसकी बात काटकर जग्गा बोला, "तू तो चली जायेगी...पर ये जो डेढ़ सेर चाँदी पहने है...उसका क्या होगा? चाँदी तो भेड़िये खाते नहीं...कल कोई

राहगीर उठा लेगा...तो अच्छा है...” जग्गा ने अपनी बात ख़त्म भी न की थी कि सग्गड़ में लड़ाई छिड़ गयी।

“जो भी करना है...जल्दी करो।” जग्गा बोला। सग्गड़ में.....लड़ाई तेज़ हो गयी।

“तुम लोगों से ये न सँभलेगी।”...लाला के हाथ में रास पकड़ाकर जग्गा पीछे गया और उसने बड़ी माँ का लहँगा और चोली भी खींचकर उतार दी। दोनों हाथों पर उसे उठाया। जग्गा आदमी नहीं लग रहा था। गाड़ी में तीनों गहने और कपड़े बटोर रही थीं। उनके बीच भी मारपीट शुरू हो गयी थी। छोटी माँ चाहती थी कि वह सबसे ज़्यादा गहने और कपड़े ले ले।

जग्गा ने उसे हाथों पर उठाया। वह अब खामोश हो गयी थी। तारों भरे आसमान के नीचे वह ऊपर तक उछाली गयी और फिर लाल-लाल आँखों के बीच गिरी। जग्गा ने इस तरह उसे फेंका...कि...सग्गड़ में एक...झटका तक न आया। वह अपनी जैसी रफ़्तार से दौड़ रहा था।

“बड़ा साथ निभाया था उसने मेरा...बड़ा साथ निभाया था।”

जग्गा अपने आप से बोले जा रहा था।

“लोहे पर इसके जैसा घन चलाने वाली कोई औरत न थी।”

“लाल लोहे पर ऐसा घन चलाती थी कि चिंगारियाँ उड़ती थीं...रोटी भी अच्छी डालती थी...जवानी में दो आदमी उसका कुछ बिगाड़ न सकते थे...”

“बस, अब चुप रह...इतनी अच्छी थी, तो फेंक क्यों दिया?” छोटी माँ बोली।

जग्गा ने जवाब नहीं दिया। वह बोला—“मानस मांस... ।”

“क्या हुआ...बाबा?” लाला ने पूछा।

“मानस मांस मुँह लग गया है...भेड़ियों के...अब ये और...न रुकेंगे। पर तू मत घबरा...मैं तो इनसे लड़ चुका हूँ...देख मेरा फरसा, देखा है न पीछे।”

“हाँ है।”

“पचासों को काटा है उसी से...पर एक आड़ चाहिए होती है...पीछे कोई दीवार हो...पहाड़ हो...मतलब पीछे से ये हमला न कर पायें...सामने से तो ये मेरा कुछ बिगाड़ नहीं सकते...” वह पीछे मुड़कर बोला, “मुर्गियों की तरह लड़ना बंद नहीं किया तो तुम तीनों को उठाकर फेंक दूँगा।”

...ठंडी तेज़ हवा में अँधेरे को चीरता एक और शोला ऊपर उठता चला गया। अपार चाँदी के ऊपर चन्द्रमा बहुत सुस्त रफ़्तार से अपनी मंज़िल की तरफ़ बढ़ रहा था। हवा ने शोर मचा रखा था। कहीं किसी मकान की खिड़की या छत गिरने की आवाज़ आती थी और...हवा...अपनी ताक़त का बखान करने लगती थी।

“जोगी, तुम कौन हो?” मैंने फिर सवाल किया। घड़ियाल की आवाज़ कानों

से टकराई।

जोगी ने लाल-लाल आँखें खोलीं। मेरी तरफ़ गुस्से से देखा और अंग्रेज़ी में जो कहा उसका मतलब था कि बेकार के सवाल पूछ-पूछकर मुझे परेशान मत करो।

"तुम पढ़े-लिखे हो?" मैंने पूछा।

"फिर वही बेकार सवाल।" जोगी खाँसने लगा उसने अपने सूखे काले हाथों से कम्बल समेटा...उसके नाखून इतने बढ़े हुए थे कि ऐंठ गये थे।

"कहानी से ज़्यादा दिलचस्पी तुमसे पैदा हो गयी है।" मैंने कहा।

"वो सब भूल जाओ...!" जोगी बोला।

लगता है कोई सीढ़ियाँ उतर रहा है। लेकिन आदमी नहीं है। हर सीढ़ी पर खट की आवाज़। कोई साँड़ होगा। कुछ क्षण बाद काला साँड़ सामने आ गया। ...जोगी ने उसे इस तरह देखा जैसे जाने-पहचानों को देखते हैं।

"सुनाओ जोगी...फिर क्या हुआ?"

"कहानी का कोई अंत नहीं है..."

"अरे आगे तो बढ़े।"

...छोटी माँ ने पोटली बाँध ली थी जिसमें तीनों माँओं के जेवर और कपड़े थे। कपड़े खून से सने थे, पर ख़ून तो साफ़ हो जाता है।

"अब, सग्गड़ भी हल्का हो गया है...देख...अब हमें वो पकड़ नहीं सकते।" जग्गा बोला।

चाँद ने आधा रास्ता तय कर लिया था। सुबह निकलने वाले तारे आकाश में आखिरी छाया दिखा रहे थे। सग्गड़ पहाड़ से उतार की तरफ़ बढ़ रहा था। सरकंडे की जगह बबूल का जंगल शुरू हो गया था। बहुत दूर बसे गाँवों की हल्की लकीरें दिखायी पड़ रही थीं।

पर भेड़िये अभी भी पीछा कर रहे थे।

"अब हम उतार पर हैं..." जग्गा बोला—"भेड़िये अब हमें न पा सकेंगे...तुझे दुःख तो नहीं है कि तेरी माँ भी..." लाला कुछ बोला नहीं।

"देख, क्या करता...तू ही बता?"

लाला कुछ नहीं बोला।

"मरते सब हैं...पर वो तीनों हमें बचाने को मरीं..."

"तू ठीक कहता है..." छोटी माँ बोली।

"तेरी तो अब मौज हो गयी।" जग्गा बोला।

"पहले भी मौज थी...कौन सा तू उनके पास जाता था।"

"आरे-वारे...वेरे...ये क्या हो रहा है...ये सग्गड़ के इतने पास आ गये...और देख...अधिक हो गये हैं...हरामी...दो भेड़ें...तीन औरतें खा के भी इनकी आग नहीं बुझी...।"

छोटी माँ बहुत डर गयी। उसकी आँखें फटी की फटी रह गयीं। वह जानती थी कि अब उसकी बारी है।

"मुझे न फेंक देना।" वह काँपते हुए बोली।

"देख...तू ही बता...क्या चाहती है...सब मारे जायें?"

"तू सोच...ये लौण्डा है...बच गया तो परिवार चलेगा...बता तू...ये तो तू जानती है कि तुझे जान बराबर चाहता हूँ...जानती है न?"

वह पत्ते की तरह काँपती रही। उसे कुछ सुनाई नहीं दे रहा था।

फटी-फटी आँखों से वो सग्गड़ के पीछे काले भेड़ियों की फ़ौज को देख रही थी...वे...लाइनें बनाये, कदमताल करते...एक रफ़्तार से अपने हथियार-मतलब तेज़ दाँत निकाले और ज़बानें लटकाये...

"नहीं...नहीं...मैं तुझे नहीं फेंकूँगा...बिलकुल नहीं..."

लेकिन छोटी माँ बे-यकीनी और डर मिले भावों से उसे देखती रही।

"तू अपने आप कूद जायेगी..."

"नहीं..." वह ज़ोर से चीख़ी और लाला से लिपट गयी।

"मैं गयी, तो तेरा लौण्डा भी चला जायेगा।" वह गुर्रायी!

"अच्छा, तो अपनी ताक़त पर इतना भरोसा है...चल लाला...इधर आ..."

जग्गा के फौलादी पंजों ने एक झटके में लाला को उससे अलग कर दिया। वह सग्गड़ से चिपट गयी।

"अब इसकी चाँदी और कपड़े का मोह करना ठीक नहीं है... ले जाये...कोई राहगीर...तो क्या करें...भेड़िये साले नज़दीक आ रहे हैं...चल खड़ी हो जा...नहीं तो..." वह पागलों की तरह चीखने लगी। पर भयानक दैत्य समान जग्गा ने उसे फूल की तरह उठा लिया और बोला, "तुझे फेंकते हुए बड़ा दुःख हो रहा है कि...तू बड़ा सुख देती आयी है...बड़ा सुख..." उसने छोटी माँ को उछाल दिया। अब अँधेरा थोड़ा-थोड़ा छँट गया था और भेड़िये दिखायी पड़ रहे थे।

वे सब छोटी माँ पर टूट पड़े और भेड़िये-ही-भेड़िये नज़र आने लगे।

"क्यों रे...तू मुझे बुरा समझता होगा?" जग्गा ने लाला से पूछा।

"बुरा काये का, भला काये का।" लाला बोला।

"समझदार है...देख...हम बच गये तो...औरतें तो दस मिल जायेंगी...अभी मेरे शरीर में ताक़त है...मैं बिना औरत के तो रह नहीं सकता...समझता है न?" जग्गा ने पूछा। लाला खामोश रहा। भेड़िये दूर थे।

"देख लाला... सवेरा होने वाला है...इधर-उधर जो गाँव हैं...वहाँ से भी मदद मिल सकती है...मैं गुहार लगाता हूँ...तू आवाज़ में आवाज़ मिला देना...आवाज़ में आवाज़ मिल जाती है तो दूर तलक जाती है..."

वह ज़ोर से चिल्लाया, "बचाओ...बचाओ...भेड़िये पीछे लगे हैं..." लाला उसके साथ चिल्लाया। आवाज़ सन्नाटे से टकराकर वापस आ गयी।

"चल, एक बार और करते हैं।"

दोनों देर तक चिल्लाते रहे। इधर-उधर गाँवों तक आवाज़ नहीं पहुँची।

"आवाज़ पहुँच जाती तो मदद आती।" जग्गा बोला।

"पीछे तो देखो।" लाला ने उसे दिखाया। भेड़ियों को पता नहीं यह कैसे पता चल गया था कि वे दोनों मदद के लिए आवाज़ें लगा रहे हैं...भेड़ियों ने अपनी रफ़्तार बढ़ा दी थी और सग्गड़ के नज़दीक पहुँच रहे थे।

"अब ये नहीं छोड़ेंगे..." जग्गा बोला।

लाला ने कोई राय नहीं दी।

"देख चेतक और चेतकी भी थक गये हैं...भेड़ियों की तो पूछ न...जो थक जाते हैं...बैठ जाते हैं...उनकी जगह नये आ जाते हैं...समझा तू...।"

"देख...हम चारों...मैं, तू और...चेतक, चेतकी मारे जायेंगे...मैं—तू मिलकर कितनों को मार लेंगे? ये तो..."

"बता फिर..."

"देख, तू मेरा लड़का है...तू नसल आगे चलायेगा...मैं तेरे का कितना...।"

वह चुप हो गया। जग्गा और लाला एक-दूसरे को देखने लगे। भेड़ियों के दौड़ने की आवाज़ और साफ़ सुनाई दे रही थी।

"सुन ऐसा है...अब तुझसे विदा होने..."

"क्या कह रहा है तू...मैं तेरी नसल..." लाला बोला।

"देख...मैं बचा रहा तो नसल बचाने वाले दस पैदा हो जायेंगे...समझा?" जग्गा बोला।

...जोगी की आँखें उबली पड़ रही हैं। रात धीरे-धीरे बीत चुकी है। गंगाजी के ऊपर से चाँदनी सिमटी जा रही है और हवा का ज़ोर भी कम है लेकिन अँधेरी अब भी है...उजासे का इंतिज़ार है...उजासा।

"जोगी...तुम्हें नींद तो नहीं आ रही?" मैंने पूछा।

"जोगी कभी नहीं सोता परदेसी...समझा...जोगी सो जायेगा, तो संसार कैसे सोयेगा?" वह बोला

"जोगी सो ले या संसार सो ले! ऐसा है?—"

"हाँ, ऐसा ही है..."

"पर क्यों?"

"दोनों एक साथ सो नहीं सकते।"

"आगे क्या हुआ जोगी?"

"तू बता...?"

"मैं...मैं क्या जानूँ जोगी।"

"तू जानता है..." जोगी बोला।

"मतलब, आगे की कहानी मैं सुनाऊँ?"

"क्या बुरा है उसमें?"

"क्या जग्गा लड़के को फेंक देगा?"

"नहीं?" जोगी बोला।

"क्या लाला जग्गा को फेंक देगा?"

"नहीं..." जोगी बोला।

...आगे बढ़कर लाला ने फरसा उठा लिया। जग्गा ज़ोर से हँसा—"अच्छा, तो तू मुझे मारेगा?"

"तू भी तो मुझे मारना चाहता है?"

"कैसा बेटा है तू..."

"कैसा बाप है तू..."

"ला फरसा इधर दे दे..."

"नहीं...दूर हट जा...नहीं तो..."

"अच्छा, ये समझता है, तो ले..." जग्गा बिजली की तरह लाला पर झपटा ...लेकिन तब तक लाला वार कर चुका था। फरसा जग्गा की जाँघ में लगा। जग्गा के चेहरे पर विद्रूपता और क्रूरता फैल गयी। वह लाला की तरफ़ फिर झपटा...अब की उसने फरसा छीन लिया और सग्गड़ के बाहर उछाल दिया। फरसा भेड़ियों के सामने जा गिरा... जग्गा ने लाला को गिराना चाहा पर लाला ने जग्गा की ज़ख्मी जांघ पर ज़ोर का घूसा मारा और जग्गा की चीख निकल गयी। वह गिरा। लाला उसे घूँसों से मारने लगा। जग्गा ने अपने लम्बे-लम्बे हाथ बढ़ाकर लाला का गला पकड़ लिया।

...जोगी की आँखें बंद होने लगीं।

"अरे तुम तो कहते थे, जोगी कभी सोते नहीं।" मैंने कहा।

"यह नींद नहीं है।" जोगी बोला।

"क्या है यह?"

"यह मौत है...जोगी मरते हैं।" जोगी ने कहा।

"कहानी...कहानी?"

जोगी...का शरीर काँपने लगा...आँखें धीरे-धीरे ऊपर को उठने लगीं...ठंडे चबूतरे पर जोगी लेट गया। ठंडी चिलम और...हड्डियों में बुझे, राख हुए कंडे निर्विकार भाव से उसे देखने लगे।

"सुनाओ जोगी...सुनाओ!"

"सुनो..." जोगी बुदबुदाया पर आवाज़ इतनी कम थी कि सुनाई न दी। मैं जोगी के बराबर लेट गया और उसके मुँह से अपने कान लगा दिये।

...जग्गा और लाला...लड़ते-लड़ते...दोनों एक साथ...नीचे गिरे...भेड़ियों के बीच ...पर गाड़ी अभी भी दौड़ रही है...चेतक और चेतकी...गाड़ी को खींच रहे हैं...भेड़िये अब भी पीछा कर रहे हैं...अब शायद वे गाड़ी में बैठना चाहते हैं...

हिन्दी भाषा और हिन्दी समाज की सक्रियता

इस देश में, पिछली आधी से अधिक शताब्दी के दौरान जो कुछ भी हुआ है, समाज, संस्कृति और राजनीति में जो अच्छा-बुरा हुआ है, उसके ज़िम्मेदार हम ही हैं। हम अपनी उपलब्धियों और सीमाओं के लिए किसी को ज़िम्मेदार नहीं ठहरा सकते।

हिन्दी भाषा और साहित्य के संबंध में बहुत कुछ ऐसा हुआ है जिसे हम अपनी उपलब्धि मान सकते हैं। संस्थानों और व्यक्तियों ने भाषा और साहित्य को समृद्ध बनाने के लिए बहुत प्रयत्न किये हैं, उनकी चर्चा होती रहती है। लेकिन क्या आवश्यक काम नहीं किये गये और क्या काम किये जाने हैं, इसकी चर्चा कम ही होती है। पर यह चर्चा बहुत ज़रूरी है। रघुवीर सहाय ने लिखा है–

इस लज्जित और पराजित समय में
कहीं से ले आओ ऐसा दिमाग़
जो खुशामद आदतन नहीं करता
कहीं से ले आओ ऐसी निर्धनता
जो अपने बदले में कुछ नहीं माँगती...
जल्दी कर डालो रमेश
क्योंकि ऐसा समय आयेगा रमेश
जब किसी की कोई आवाज़ न रह जायेगी रमेश
खतरा होगा, खतरे की घंटी होगी
और उसे बादशाह बजायेगा रमेश...

समाजशास्त्र के किसी विद्वान के लिए यह रोचक विषय हो सकता है कि संसार की एक बड़ी भाषा, हिन्दी को, हिन्दी बोलने वाले क्षेत्र में, हिन्दी-भाषी लोगों द्वारा किस प्रकार से एक ऐसी भाषा बना दिया गया है कि उस पर कई तरह के गंभीर संकट गहराते जा रहे हैं। पिछले पचास-साठ वर्षों में हिन्दी भाषा को आगे बढ़ाने वाले संस्थानों, शिक्षा-व्यवस्था, विश्वविद्यालय, अकादमियाँ, प्रकाशन जगत, सूचना-मनोरंजन

जगत आदि ने भाषा के प्रति जो रुख़ अपनाये हैं उनका विश्लेषण कुछ तथ्यों को सामने लाता है जिन पर विचार करना आवश्यक है।

आज़ादी से पहले हिन्दी आंदोलन के दो स्तरों को आगे बढ़ते देखा जा सकता है। राजनीतिक स्तर पर हिन्दी राष्ट्रीय आंदोलन के एजेंडा पर प्रमुख थी और दूसरी तरफ़ हिन्दी-सेवी संस्थाएँ भाषा और साहित्य को आगे बढ़ाने का गंभीर प्रयास कर रही थीं। आज़ादी मिलते ही हिन्दीसेवी संस्थानों पर सरकार की 'कृपा दृष्टि' पड़ी। संस्थानों को न केवल उदारता से अनुदान मिलने लगा, बल्कि विभिन्न हिन्दी संस्थानों से जुड़े हिन्दीसेवी तेज़ी से राजनीति में शामिल हो गये और अपनी हैसियत के अनुसार मंत्री पदों से लेकर विधायक पदों तक की 'शोभा' बढ़ाने लगे। हिन्दी-सेवा राजनीति में आने और धनोपार्जन का माध्यम बन गयी जिसका सीधा असर संस्थानों की कार्य-कुशलता पर पड़ा और राष्ट्रीय आंदोलन के दौरान बनाये गये बड़े-बड़े हिन्दी संस्थान दलगत राजनीति, मुकदमेबाज़ी और भ्रष्टाचार के शिकार हो गये। इन संस्थानों का गंभीर अध्ययन संभवतः अभी तक नहीं किया गया है, लेकिन यह सर्वमान्य तथ्य है कि पुराने हिन्दी संस्थान अपनी आभा खो चुके हैं और उन्होंने कम-से-कम वह भी नहीं किया है जो आज़ादी से पहले किया करते थे।

सरकारी स्तर पर हिन्दी राजभाषा के रूप में स्थापित है। लेकिन केन्द्र सरकार प्रमुख रूप से अंग्रेज़ी में चलती है। हिन्दी को राजभाषा के रूप में आगे बढ़ाने के लिए सरकार ने जो प्रयास किये हैं, उनके बारे में स्वयं राजभाषा विभाग का मानना है, "पिछले तीन वर्षों की अवधि (यथा 2006-07 से 2008-09) में केन्द्र सरकार के कार्यालयों/उपक्रमों/बैंकों में से प्रथम 20 सर्वोत्तम कार्य-निष्पादकों के वार्षिक औसत और उनके लिए निर्धारित किये गये महत्त्वाकांक्षी लक्ष्यों के बीच भारी अन्तर है।"

राजभाषा के रूप में हिन्दी को आगे बढ़ाने के लिए राजभाषा विभाग कई स्तरों पर काम कर रहा है। हिन्दी में काम करने के लिए जिस तकनीकी सपोर्ट की आवश्यकता है, उसे मुहैया कराने में विभाग ने महत्त्वपूर्ण काम किया है, लेकिन जहाँ तक सरकार के कार्यालयों में हिन्दी के प्रयोग का सवाल है उसमें संभवतः कोई अधिक प्रगति नहीं हो सकी है। राजभाषा विभाग मंत्रालयों को पत्र लिखता है और मंत्रालय अपने विभागों को पत्र लिख देते हैं कि हिन्दी में काम करने के अमुक-अमुक तरीके अपनाये जायें। दरअसल राजभाषा विभाग के काम की समीक्षा किसी ग़ैर-सरकारी समिति द्वारा की जानी चाहिए, तब यह जानकारी मिलेगी कि प्रगति की क्या स्थिति है।

राजभाषा विभाग का निर्धारित लक्ष्य है कि कार्यालयों में हिन्दी का प्रयोग बढ़े; अपने आप में कुछ अधूरा-सा लगता है। मतलब घर में हिन्दी का प्रचलन न हो, स्कूल में न हो, अस्पताल में न हो, बाज़ार में न हो, तो क्या केवल कार्यालयों में हो सकता है?

आज़ादी के बाद हिन्दी को सबसे अधिक नुकसान उस समय हुआ जब धीरे-धीरे हिन्दी माध्यम सरकारी स्कूलों का स्तर गिरता चला गया और अंग्रेज़ी माध्यम स्कूलों ने उनकी जगह ले ली। हिन्दी के सबसे बड़े प्रदेश यानी उत्तर प्रदेश में तो यह निश्चित रूप से हो ही गया है। दीगर प्रदेशों के हिन्दी माध्यम स्कूलों की स्थिति भी बहुत अच्छी नहीं है। यदि पूछा जाये कि हिन्दी माध्यम सरकारी स्कूलों का स्तर क्यों गिरा, तों उसकी ज़िम्मेदारी लोकतांत्रिक ढंग से गठित सरकार की नीतियों और प्रशासन के भ्रष्टाचार को माना जायेगा।

आज स्थिति यह है कि उत्तर प्रदेश के शहरों में इंग्लिश मीडियम पब्लिक स्कूल में ही ज़्यादातर बच्चे पढ़ते हैं। सरकारी हिन्दी माध्यम स्कूलों का स्तर गिरता जा रहा है और वे बंद होने के कगार पर हैं। जब स्कूल में बच्चे हिन्दी माध्यम से न पढ़ेंगे तो हिन्दी में उनकी क्या रुचि और गति होगी? यही नहीं, हिन्दी के प्रति उनका क्या रुझान होगा? हिन्दी को क्या वे पिछड़ी भाषा न मानेंगे? और पिछड़ी भाषा कौन पढ़ता है?

हिन्दी प्रेमियों ने कभी इस तथ्य की ओर ध्यान नहीं दिया कि सरकारी हिन्दी माध्यम स्कूलों का स्तर क्यों गिर रहा है? हिन्दी माध्यम में अच्छी पढ़ाई कैसे हो सकती है? हिन्दी माध्यम में स्कूल की अच्छी पाठ्य-पुस्तकें क्यों नहीं हैं? हम लोग सब कुछ सरकार के भरोसे छोड़कर घर बैठ गये थे। लगता था सरकार तो अपनी है, पर—

दिल को समझे थे हम अपना
सो कहाँ है अपना।

पिछले पचास सालों में हिन्दी क्या ज्ञान की भाषा के रूप में विकसित हुई है? क्या हम कह सकते हैं कि विज्ञान और टेक्नॉलोजी की जैसी पुस्तकें अंग्रेज़ी में हैं, वैसी ही हिन्दी में भी हैं? विज्ञान को छोड़ भी दें, तो समाजशास्त्र, कला और हद यह है कि भारतीय विषयों पर भी हिन्दी में वैसी किताबें नहीं हैं, जैसी अंग्रेज़ी में हैं? क्या कारण है? क्या हमारे देश में समाजशास्त्र के विद्वान नहीं हैं? हैं, पर वे अच्छे स्कूलों में अंग्रेज़ी माध्यम से शिक्षा प्राप्त हैं, विश्वविद्यालय में भी अंग्रेज़ी माध्यम से पढ़े हैं। इसलिए पढ़ने, पढ़ाने और लिखने का काम भी अंग्रेज़ी में करते हैं।

हमारा युग विशेषज्ञता और दक्षता को महत्त्व देता है। जब तक हम अपनी भाषा को सक्षम नहीं बनाते, तब तक न तो भाषा का कोई महत्त्व होगा और न हमारा। आज सक्षम होने के लिए बड़ी मेहनत की दरकार है। भाषा की सेवा के नाम पर रोटियाँ सेंकने वाले मेहनत क्यों करेंगे?

विश्वविद्यालयों में हिन्दी विभागों की स्थिति से अब सभी परिचित हैं। बहुत से विश्वविद्यालयों में जहाँ हिन्दी पढ़ाने की नौकरियाँ थोक में नहीं निकलतीं, वहाँ हिन्दी पढ़ने कम छात्र आते हैं। वे छात्र आते हैं जो प्रायः कमज़ोर, पिछड़े या अनपढ़ माने जाते हैं। यही छात्र अध्यापक बनते हैं, शोध करते और कराते हैं। मेरा उद्देश्य सबको नकारना नहीं है, बल्कि सामान्य प्रवृत्ति की तरफ़ इशारा करना है। हिन्दी विभागों में जो शोध कार्य हो रहा है उस पर सोचने की आवश्यकता है। एक समय था जब हिन्दी के विद्वान और रचनाकार विश्वविद्यालयों में हुआ करते थे। अब यह दुर्लभ है। भाई-भतीजावाद, जातिवाद, सांप्रदायिकता ने अपना कुप्रभाव इस क्षेत्र पर भी डाला है।

हर भाषा की एक सामाजिक प्रतिष्ठा होती है। उस भाषा को बोलने वाले या न बोलने वाले भाषा की एक सामाजिक हैसियत स्वीकार करते हैं। आधी शताब्दी तक राजभाषा और भारत की सबसे बड़ी भाषा होते हुए भी आज हिन्दी की क्या सामाजिक प्रतिष्ठा है? सामाजिक प्रतिष्ठा भाषा को कैसे मिलती है? समाज के प्रति भाषा जब अपनी आवश्यक ज़िम्मेदारियाँ पूरी करती है, तो उसे सामाजिक प्रतिष्ठा मिलती है। क्या हिन्दी ने अपनी सामाजिक ज़िम्मेदारियाँ पूरी की हैं? क्या हिन्दी ने हिन्दी समाज को वह दिया है, जो एक विकसित भाषा अपने समाज को देती है? संभवतः ऐसा नहीं हुआ है और यही वजह है कि केवल हिन्दी जानने वाले को पढ़ा-लिखा नहीं माना जाता। क्योंकि हिन्दी ज्ञान की भाषा नहीं बन सकी है।

अपने देश की दूसरी भाषाओं जैसे बांग्ला, कन्नड़, मराठी और तमिल की तुलना में देखा जाये तो यह साफ़ हो जाता है कि उन भाषाओं का अपने समाजों में जो स्थान है, वह हिन्दी का हिन्दी समाज में नहीं है। उन भाषाओं से जिस बड़े पैमाने पर लोग जुड़े हैं, उतने हिन्दी के साथ नहीं जुड़े। मराठी साहित्य सम्मेलन के वार्षिक कार्यक्रम जैसा हिन्दी में कुछ नहीं होता। कन्नड़ लेखक यू.आर. अनन्तमूर्ति के एक वक्तव्य पर कर्नाटक के मुख्यमंत्री अपना स्पष्टीकरण देते हैं। बांग्ला समाज की परिकल्पना रवीन्द्रनाथ टैगोर के बिना नहीं की जा सकती। क्या हिन्दी में यह स्थिति है?

दूसरी ओर हिन्दी के नाम पर साधनों की कमी नहीं है। सरकार करोड़ों रुपया खर्च करती है। उपक्रम भी बहुत भारी खर्च करते हैं। हिन्दी पखवाड़ों से लेकर विश्व हिन्दी सम्मेलन तक किये जाते हैं। लेकिन नतीजा क्या निकलता है? कोई भी हिन्दी-प्रेमी यह सहज ही देख सकता है कि हिन्दी के नाम पर करोड़ों रुपये किस तरह बर्बाद होते हैं।

भारत की सबसे बड़ी भाषा होने के नाते हिन्दी को भारतीय भाषाओं और विश्व की अन्य बड़ी भाषाओं के बीच अनुवाद के माध्यम से एक सेतु की भूमिका निभानी थी। पर आज स्थिति यह है कि बड़े स्तर पर न तो हिन्दी का साहित्य भारत की अन्य भाषाओं में उपलब्ध है और न भारतीय भाषाओं का साहित्य हिन्दी के माध्यम से पढ़ा जा सकता है। छुट-पुट औपचारिक प्रयासों के अतिरिक्त अनुवाद का काम प्रायः शुरू ही नहीं हुआ। यदि आज हम हिन्दी के माध्यम से तमिल साहित्य या कन्नड़ साहित्य पढ़ना चाहें तो इधर-उधर यदा-कदा छपे हिन्दी अनुवादों के अतिरिक्त कुछ न मिलेगा।

एक रोचक तथ्य यह है कि हिन्दी साहित्य के विदेशी भाषाओं में अनुवाद के काम को 'हिन्दी सेवा' नहीं माना जाता। यही कारण है कि हिन्दी साहित्य विश्वस्तर पर प्रतिष्ठित नहीं हो पाया है। हिन्दी की रचनाओं के विदेशी भाषाओं में अनुवाद किसी बड़े व्यापक और संस्थागत प्रयासों द्वारा नहीं, बल्कि निजी रुचि के आधार पर व्यक्तियों द्वारा किये गये हैं।

हिन्दी समाज में हिन्दी भाषा की स्थिति को बेहतर बनाने के लिए यह बहुत आवश्यक है कि तत्काल बड़े स्तर पर स्कूलों में हिन्दी शिक्षा को लागू किया जाये। इसका अर्थ यह नहीं है कि हिन्दी को अनिवार्य बनाया जाये, बल्कि यह है कि जो छात्र अपनी रुचि से हिन्दी पढ़ना चाहें उनके लिए उचित व्यवस्था होनी चाहिए। हिन्दी पाठ्यक्रम रोचक, उपयोगी और जीवन से जुड़े होने चाहिए। हिन्दी माध्यम स्कूलों को सुधारने और उनके पाठ्यक्रमों को अच्छा बनाने की आवश्यकता है। आजकल हिन्दी स्कूलों का स्तर बहुत गिरा हुआ है और कोई अपने बच्चों को वहाँ नहीं पढ़वाना चाहता। जानबूझकर हिन्दी माध्यम स्कूलों को ऐसा बना दिया गया है कि वे न तो स्थिर रह गये हैं और न उनमें कोई आकर्षण बचा है। यह उस समय तक संभव नहीं होगा जब तक स्कूल के बच्चों के लिए स्तरीय किताबें न हों। ये किताबें अंग्रेज़ी में बच्चों के लिए लिखी गयीं किताबों से भी अच्छी होनी चाहिए।

राजभाषा विभाग अपने उद्देश्यों की पूर्ति के लिए क्या कर रहा है, किस प्रकार कर रहा है, आगामी योजनाएँ क्या हैं, पूरे किये गये लक्ष्य क्या हैं और किस प्रकार

काम का मूल्यांकन किया गया है आदि बातें हिन्दी समाज के सामने आनी चाहिए। आज राजभाषा विभाग एक ऐसे सरकारी दफ़्तर के रूप में काम कर रहा है जिसका न तो किसी से लेना-देना है और न किसी प्रकार की जवाबदेही है। यही हाल सरकारी निकायों और स्वायत्तशासी संस्थाओं का है। बैंक तथा दूसरे कॉर्पोरेशन अपने हिन्दी बजट का कितना उपयोग और दुरुपयोग करते हैं। यह बात सामने आनी चाहिए। विश्वविद्यालयों के हिन्दी विभागों की स्थिति बहुत चिन्तनीय है। उनके पाठ्यक्रम बहुत पुराने और प्रभावहीन हैं। उन्होंने नये समय की ज़रूरतों को न तो समझा है और न उनके अनुरूप पाठ्यक्रम बनाये हैं। यही कारण है कि स्वेच्छा से हिन्दी पढ़ने प्रायः बहुत अच्छे छात्र नहीं आते। यदि हिन्दी को रेडियो, टेलीविजन, फिल्म, विज्ञापन जगत से जोड़कर उपयोगी पाठ्यक्रम बनाये जायें, तो निश्चय ही हिन्दी को लाभ होगा।

हिन्दी तथा भारतीय भाषाओं के बीच अनुवाद की स्थिति भी बहुत अच्छी नहीं है। ज्ञान-विज्ञान के विभिन्न क्षेत्रों में हिन्दी शिक्षण का माध्यम नहीं बन पायी है। इस संबंध में व्यापक स्तर पर चर्चा करने के बाद प्रभावकारी कार्यक्रम बनाना आवश्यक है।

सबसे बड़ी बात यह है कि हिन्दी समाज सक्रियता से हिन्दी भाषा और साहित्य के विकास में रुचि ले और इसकी पूरी ज़िम्मेदारी सरकार और संस्थानों पर न छोड़े। दरअसल हिन्दी समाज की सक्रियता ही पहली शर्त है।

राजेन्द्र यादव : हमारे काम का क्या है?

राजेन्द्र जी कई-कई तरह से याद आते हैं। 1968 से लेकर 2013 तक पता नहीं कितने साल उनसे जो संबंध बना रहा उसकी यादें बहुत व्यापक हैं और शायद कुछ पन्नों या पंक्तियों में सीमित नहीं हो सकतीं। ऐसे मौके पर अतीत ही सहारा देता है। मैं अलीगढ़ मुस्लिम विश्वविद्यालय से एम.ए. करने के बाद नया-नया दिल्ली आया था। कोई आश्वासन न था, कोई नौकरी न थी। यहाँ बेरोज़गारी के समुद्र में गोते खा रहा था। उसी दौरान अमेरिका से एक मित्र स्टीव पूलस आये जो हिन्दी की महिला लेखिकाओं पर पीएच-डी. कर रहे थे। इन महिला लेखिकाओं में मन्नू भंडारी भी शामिल थीं। स्टीव पूलस के साथ मैं, मन्नू जी से मिलने गया था जहाँ राजेन्द्र यादव से पहली मुलाकात हुई थी।

कुछ साल बाद राजेन्द्र जी को दरियागंज के एक मकाननुमा ऑफिस के कुछ अँधेरे से कमरे में काला चश्मा लगाये बैठे देखा। ये वे दिन थे जब अक्षर प्रकाशन लगभग बंद हो चुका था। और *हंस* पत्रिका निकालने के लिए तैयारी हो रही थी। राजेन्द्र जी 'अक्षर' कार्यालय में मित्रों और साहित्यकारों से घिरे रहते थे। कमाल की बात यह है कि पहली ही नज़र में उनका आतंकित या कहना चाहिए प्रभावित करने वाला व्यक्तित्व उनके बोलते ही शीशे की दीवार जैसा टूट जाता था। जितनी सहजता सम्भव है, जितनी आत्मीयता दिखायी जा सकती है, जितना बराबरी का भाव हो सकता है, जितना खुलापन सम्भव है, वह सब राजेन्द्र जी के शब्दों से ज़ाहिर हो जाता था और एक तरह की आत्मीयता स्थापित हो जाती थी। जूनियर से जूनियर और सीनियर से सीनियर लेखक के साथ उनका यह रवैया कायम रहता था। यही वजह है कि साहित्यकारों-मतलब राजेन्द्र जी के समकालीन साहित्यकारों जैसे मोहन राकेश, कमलेश्वर आदि की तुलना में राजेन्द्र जी की मित्र मंडली ज़्यादा बड़ी थी। मोहन राकेश और कमलेश्वर पूरे प्रेम और शिष्टता के बावजूद यह एहसास कराते रहते थे कि वे 'कहीं' विशिष्ट हैं, बड़े हैं वगैरह-वगैरह लेकिन राजेन्द्र जी के साथ ऐसा नहीं था।

अब्दुल रहीम खानखाना के दोहे, जिसमें 'निन्दक पास' रखने की बात की

गयी है, से जितना राजेन्द्र यादव प्रभावित थे उतना मैंने किसी और को नहीं देखा। राजेन्द्र जी निन्दकों की फ़ौज लेकर चला करते थे। अपने बारे में, अपने काम के बारे में कड़ी-से-कड़ी बात, चाहे वह निन्दा की सीमा तक क्यों न पहुँच गयी हो, राजेन्द्र जी को मान्य थी। उन्होंने *हंस* में ऐसे पत्रों को छापा है जिन्हें शायद ही कोई दूसरा सम्पादक छापता। राजेन्द्र यादव के इस खुलेपन का कुछ साहित्यकार या मित्र गलत फायदा भी उठाते थे और कभी-कभी ऐसी स्थितियाँ पैदा कर देते थे जो बड़ी आपत्तिजनक होती थीं।

हंस गंभीरता और मेहनत से शुरू की गयी थी। पिछले बीस साल लघु पत्रिकाओं ने जो ज़मीन बनायी थी उसका न केवल पूरा लाभ *हंस* को मिला था, बल्कि कई क्षेत्रों में उनकी भरपाई भी हुई थी। *हंस* में राजेन्द्र ने जो विमर्श शुरू किये उनके महत्त्व से इनकार कर पाना कठिन है, लेकिन यह ज़रूर कहा जा सकता है कि इन विमर्शों का जो स्वरूप स्थापित हुआ उससे बहुत से लोग असहमत हो सकते हैं। लेकिन स्त्री, दलित, आदिवासी, अल्पसंख्यक विमर्शों का महत्त्व तो है ही और लगातार बढ़ता ही जायेगा, क्योंकि उनको 'एड्रेस' किये बिना लोकतंत्र की कल्पना नहीं की जा सकती।

कोई किसी से सौ प्रतिशत सहमत क्यों हो जबकि असहमत होने के दरवाज़े खुले हों? राजेन्द्र जी ने *हंस* के सम्पादकीय पृष्ठों पर जो भी लिखा, वह पूरी निष्ठा के साथ लिखा। उससे हम असहमत हो सकते हैं, लेकिन अपने विचारों के लिए उन्होंने खतरा उठाया और हिम्मत का काम किया, इससे असहमत होना संभव नहीं है। मुझे याद है, एक शाम उनके एच.टी. वाले फ्लैट पर गया तो देखा बैठक में एक राइफलधारी सिपाही बैठा है। राजेन्द्र जी के कमरे में गया तो उन्होंने बताया कि उनके एक सम्पादकीय के कारण उन्हें जो धमकियाँ मिल रही हैं, उसके मद्देनज़र प्रशासन ने यह व्यवस्था की है। मुझे नहीं याद पड़ता कि हमारे समकालीन लेखकों में कोई और कभी इस स्थिति में रहा हो। मैं फिर ज़ोर देकर कहना चाहता हूँ कि राजेन्द्र जी ने जो विचार व्यक्त किये उनसे सहमत होना ज़रूरी नहीं है।

राजेन्द्र जी देवता नहीं थे, न कोई आदमी देवता हो सकता है। देवता होना भी नहीं चाहिए, क्योंकि देवता होना आज आदमी को कहाँ पहुँचा देता है। इसके कई उदाहरण हमारे आसपास मौजूद हैं। राजेन्द्र जी की कमज़ोरियाँ जग ज़ाहिर थीं। उन्होंने कभी अपनी कमियों, अपनी कमज़ोरियों पर पर्दा डालने की कोशिश नहीं की। मिर्ज़ा असहतुल्ला खाँ 'ग़ालिब' शराब पीते थे और किसी से यह छिपाते नहीं थे कि वे पीते हैं। जबकि उनके धर्म और समाज में यह एक भयानक बात मानी जाती थी। पीते भी थे लेकिन छिपाकर पीते थे। 'ग़ालिब' का बड़प्पन यही था कि वे छिपाते नहीं थे। यहाँ ग़ालिब का उदाहरण देकर यह सिद्ध करना अभिप्राय नहीं

है कि राजेन्द्र जी और 'ग़ालिब' में किसी प्रकार की समानता या असमानता थी। केवल यह कहना है कि 'छिपाना' सच्चाई और ईमानदारी नहीं है और फिर सबसे बड़ी बात यह है कि किसी के निजी और व्यक्तिगत जीवन से बड़ा सार्वजनिक स्तर पर जिया जाने वाला जीवन है। वे जीवन मूल्य हैं जो बड़े स्तर पर समाज को प्रभावित करते हैं।

'सरदार जी' बनाम 'मेरी मौत'

उर्दू के मशहूर कहानीकार रामलाल ने ख़्वाजा अहमद के *मुन्तख़िब अफ़साने* की भूमिका में एक रोचक बात लिखी है। उन्हीं के शब्दों में "उन दिनों लाहौर में मेरा क़याम क़िला गूजर सिंह के एक कमरे के मकान में था, जिसमें मेरे साथ एक और लड़का भी रहता था जो मकान का आधा किराया दो रुपये अदा किया करता था। मेरे लोकल गार्जियन मलिक वज़ीरचंद को फ्लैश खेलने का बड़ा शौक था और वो कभी-कभार अपने हममश्रबों को मेरे कमरे में ही ले आते और जुए की महफिल घंटों जमाये रहते थे। एक रोज़ मैं भी बिलकुल अचानक इसमें शरीक हो गया। अगरचे मैंने जुआ कभी नहीं खेला था, लेकिन ताश खेलना जानता था। उस दिन इत्तिफ़ाक़ से मेरे पास जो पत्ते आये उनमें बादशाह, बेग़म और गुलाम थे। मैंने चवन्नी-चवन्नी करके दो-चार दाँव लगाये और जब देखा कि सामने काफ़ी रेज़गारी जमा हो गयी है, तो शो करने के लिए कह दिया। ज़ाहिर है बाज़ी मेरे ही हाथ लगी, लेकिन मैंने सारे पैसे समेटकर खुद को फौरन अलग भी कर लिया। रेज़गारी गिनी तो कुल मिलाकर एक रुपया चौदह आने थे। लेकिन मैं खुश था कि सर्कुलर रोड पर जाकर ख़्वाजा अहमद अब्बास की नयी कहानियों का मजमुआ खरीद सकता था, जिसकी कीमत एक रुपये आठ आने थी। यह मेरा पहला और आखिरी जुआ था।"[1]

यह मुमकिन नहीं है कि ख़्वाजा अहमद अब्बास की कहानियों पर बात की जाये और उनकी कहानी 'सरदार जी' का ज़िक्र न हो। यह वही कहानी है जिसके छपने के बाद ख़्वाजा साहब पर मुकदमा दायर किया गया था। इस कहानी पर इतना शोर मचा था और ख़्वाजा साहब की इस क़दर निन्दा की गयी थी कि उस ज़माने में उत्तर प्रदेश की राज्यपाल सरोजिनी नायडू ने भी ख़्वाजा साहब को ऐसी कहानी लिखने पर 'सख़्त सुस्त कहा'[2] था। यह हैरत की बात है कि सरोजिनी नायडू जैसी

1. ख़्वाजा अहमद अब्बास के मुन्तख़िब अफ़साने : मुर्रतबा रामलाल, सीमांत प्रकाशन, दरियागंज, नयी दिल्ली, पृ.-8, प्रकाशन वर्ष 1988।
2. वही—पृ.-9

पाये की शायरा भी 'प्रोपेगेण्डे' का शिकार हो गयी थीं। इस कहानी पर ख़्वाजा साहब को इतना घेरा गया था कि आख़िरकार उन्होंने कहानी का नाम बदलकर 'मेरी मौत' कर दिया था। रामलाल ने इस नये नाम को 'मौज़ूँ के एतबार से ज़्यादा मुनासिब और सजेस्टिव'[1] माना है। लेकिन मेरे खयाल से ऐसा नहीं है। नाम बदल देने से कहानी 'खुल' जाती है और कहानी पढ़ने से पहले ही पढ़ने वाले को यह पता चल जाता है कि कहानी में आगे क्या होगा। मजबूरी में बदला गया नाम कहानी की सबसे बड़ी खूबी को ख़त्म कर देता है। इस कहानी की एक विशेष शैली है। कहानीकार एक दिशा में आगे बढ़ते-बढ़ते पलटता है और पूरी कहानी में जो कहा गया, वह अन्त तक पहुँचते ही उलट जाता है। लेकिन सरदार जी के नाम से यह कहानी पढ़ने वाले के मन में जिज्ञासा रहती है कि आगे क्या होगा? लेकिन कहानी का नाम बदल देने से यह जिज्ञासा समाप्त हो जाती है और पाठक को लगभग यह पता चल जाता है कि कहानी किस दिशा में आगे बढ़ेगी। जिज्ञासा को बनाये रखना संभव था, यदि उसका नाम 'सरदार जी' ही होता।

इस कहानी में लम्बे विवरण दिये गये हैं और उसके बाद चरम उत्कर्ष पर पहुँचकर कहानी में एक बड़ी घटना है। यह घटना ही कहानी को कहानी बनाती है। अगर हम विवरण और घटना को जोड़कर देखना चाहें और दोनों में सच्चाई का पहलू तलाश करना चाहें, तो लगता है कि विवरण जितना सच्चा है, उतनी सच्ची घटना नहीं लगती है। मतलब घटना पूर्वनियोजित लगती है। यह लगता है कि कहानीकार ने अपने विवरण को पलट देने के लिए घटना की कल्पना की है। लेकिन रोचक बात यह है कि यह कहानी घटना की कहानी नहीं है, जैसा कि माना जाता है। यह विवरण की कहानी है।

कहानी जिस विषय पर है, वह न सिर्फ़ बहुत बड़ा और अहम है, बल्कि उसके दायरे में दुनिया के दूसरे देश और समाज भी आते हैं। कहानी जातीय घृणा पर ही केन्द्रित नहीं है, बल्कि उसमें धर्म, संस्कृति, भाषा, आचार-व्यवहार की बुनियाद पर की जाने वाली नफ़रत को भी संबोधित किया गया है। दुनिया के बहुत से देशों में कुछ समुदायों के खिलाफ़ नफ़रत का प्रचार आम बात है। हमारे मुल्क में भी यह घृणा का प्रचार देखा जा सकता है। यह बेबुनियाद घृणा का प्रचार समाज के अलग-अलग समुदायों के बीच संदेह और घृणा पैदा करने का काम करता है। आम तौर पर घृणा का प्रचार ज़बानी जमा-खर्च से शुरू होकर तकलीफ़ों से गुज़रता, किताबों और अखबारों को अपना माध्यम बना लेता है और लोगों के दिमागों में घृणा बैठ

1. ख़्वाजा अहमद अब्बास के मुन्तख़िब अफ़साने : मुर्रतबा रामलाल, सीमांत प्रकाशन, दरियागंज, नयी दिल्ली, पृ. 9, प्रकाशन वर्ष 1988।

जाती है। 'मेरी मौत' कहानी सरदारों/सिक्खों के खिलाफ़ चलाई जाने वाली 'हेट कॅम्पेन' को निशाना बनाती है। ख़्वाजा साहब अपने विवरण में बड़ी खूबसूरती से यह इशारा करते जाते हैं कि कहानी के केन्द्रीय पात्र शेख बुर्रहानउद्दीन को जिन बातों की बुनियाद पर सरदारों से नफ़रत है, वही सब उसके समाज और खानदान में भी हैं, जैसे सिक्खों की अजीबोगरीब होने की दूसरी निशानी उनकी दाढ़ियाँ थीं...दादाजान की दाढ़ी भी कई फुट लम्बी थी और वह भी उसमें कंघी करते थे। मगर दादाजान की बात और थी...आख़िर वो...मेरे दादाजान ठहरे...और सिक्ख फिर सिक्ख थे।"[1]

शेख बुर्रहानउद्दीन कोई एक आदमी नहीं वह 'हेट कॅम्पेन' से प्रभावित होने वालों का प्रतिनिधि है जो दूसरी क़ौम पर किये गये जुल्म को अपनी महानता और बहादुरी समझता है। "जब सरदारों की हेकड़ी अच्छी तरह से निकाली गयी। मुजाहिदों ने उनका सफ़ाया कर दिया था। बड़े सूरमा बनते थे, कृपाणें लिये फिरते थे। बहादुर मुसलमानों के सामने उनकी एक न बनी। उनकी दाढ़ियाँ मूँडकर उन्हें मुसलमान बनाया गया था। ज़बर्दस्ती उनका खतना किया गया था। हिन्दू प्रेस हस्बेआदत मुसलमानों को बदनाम करने के लिए लिख रहा था कि सिक्ख औरतों और बच्चों को भी मुसलमानों ने कत्ल किया है। हालाँकि ये इस्लामी रवायत के खिलाफ़ है। कोई मुसलमान मुजाहिद कभी औरत या बच्चे पर हाथ नहीं उठाता। रही औरतों और बच्चों की लाशों की तस्वीरें जो छापी जा रही थीं, वे या तो जाली थीं या सिक्खों ने मुसलमानों को बदनाम करने के लिए खुद अपनी औरतों और बच्चों को कत्ल किया होगा। रावलपिंडी और मगरिबी पंजाब के मुसलमानों पर ये भी इल्ज़ाम लगाया गया था कि उन्होंने हिन्दू और सिक्ख लड़कियों को भगाया था। हालाँकि वाकया सिर्फ़ इतना है कि मुसलमानों की जवांमर्दी की धाक बैठी और अगर नौजवान मुसलमानों पर हिन्दू और सिक्ख लड़कियाँ खुद ही लट्टू हो जायें तो उनका क्या कसूर है? हाँ, तो सिक्खों की नाम निहाद बहादुरी का भांडा फूट गया था। भला अब तो मास्टर तारासिंह लाहौर में कृपाण निकालकर मुसलमानों को धमकियाँ दे। पिंडी से भागे हुए सरदार और उनकी खस्ताहाली को देखकर मेरा सीना अज़मते इस्लाम की रूह से भर गया।"

कहानी का एक पात्र गुलाम रसूल है जो शेख बुर्रहानउद्दीन का क्लासफैलो था। वह पिंडी का रहने वाला था। उसने भी शेख बुर्रहानउद्दीन के दिल में सिक्खों के लिए

---

1. ख़्वाजा अहमद अब्बास के मुन्तख़िब अफ़साने : मुर्रतबा रामलाल, सीमांत प्रकाशन, दरियागंज, नयी दिल्ली, पृ. 109-110, प्रकाशन वर्ष 1988।

नफ़रत के बीज बोये थे।

कहानी आगे बढ़ती है। पार्टीशन के बाद शेख बुर्हानउद्दीन के पड़ोस में एक सरदार जी आ जाते हैं जिनका खानदान पिंडी से आया है। बुर्हानउद्दीन के दिल में सिक्खों के लिए नफ़रत और बढ़ जाती है। अब वह डर, खौफ़ और टेंशन में है, क्योंकि पार्टीशन के बाद हालात बदल गये हैं। दिल्ली में दंगे शुरू हो जाते हैं। सरकारी कॉलोनी में बुर्हानउद्दीन अकेले हैं और पड़ोसी हैं सरदार जी। बुर्हानउद्दीन पर जब हमला होता है, तो सरदार जी उन्हें अपने घर में छुपा लेते हैं और उनकी जान बचाने के लिए अपनी जान दे देते हैं।

बुर्हानउद्दीन पूछता है—"सरदार जी ये तुमने क्या किया?"

"मुझे कर्ज़ा उतारना था बेटा।"

"कर्ज़ा?"

"हाँ, रावलपिंडी में तुम्हारे जैसे ही एक मुसलमान ने अपनी जान देकर मेरी और मेरे घरवालों की जान और इज़्ज़त बचाई थी।"

"क्या नाम था उसका सरदार जी?"

"गुलाम रसूल।"

सरसरी तौर पर यह लग सकता है कि कहानी यहाँ ख़त्म हो गयी, लेकिन ख़्वाजा साहब जैसा माहिर अफ़साना निगार यहाँ रुकता नहीं, क्योंकि एक अप्रत्याशित घटना से उनका तर्क पूरा नहीं होता। मरते हुए सरदार को देखकर बुर्हानउद्दीन सोचता है, "...और मुझे अपने दादा याद आ गये जिनकी कई फुट लम्बी दाढ़ी थी। सरदार जी की शक्ल उनसे मिलती-जुलती थी।"

कहानी, मेरे खयाल से यहाँ ख़त्म हो जानी चाहिए थी—लेकिन कहानी और आगे बढ़ती है। कहानी का और आगे बढ़ना कहानी को 'खोलता' है। ज़्यादा से ज़्यादा विस्तार देता है। जिससे कहानी का असर कमज़ोर पड़ता है। पता नहीं कहानी का ये हिस्सा कहानी पर मुकदमा वगैरह चलने के बाद जोड़ा गया था या पहले भी था। अगर मूल कहानी अर्थात् पहली बार सरदार जी के नाम से छपी कहानी मिल जाती तो यह रहस्य खुलता।

हिन्दी-उर्दू की गंगा-जमुनी जुगलबंदी

हिन्दी और उर्दू के रिश्तों का एक पक्ष बहुत सकारात्मक है, जिसका फ़ायदा दोनों भाषाओं को हो रहा है। आपसी लेन-देन की प्रक्रिया में उर्दू और हिन्दी ने एक-दूसरे को भाषा दी है, विषय दिये हैं, रचनाएँ दी हैं, पाठक दिये हैं, प्रकाशक दिये हैं। तात्पर्य यह है कि कलात्मक स्तर पर ही नहीं, बल्कि शुद्ध व्यावसायिक स्तर पर भी इन दोनों भाषाओं का मिलाप उपयोगी रहा है।

इसी साल लाहौर में आयोजित फैज़ अहमद 'फैज़' जन्मशती समारोह में मुझे 'फैज़ अहमद फैज़ हिन्दी में' विषय पर पेपर पढ़ने का अवसर मिला था। फैज़ को हिन्दी के माध्यम से जितने पाठक मिले हैं, जिस भौगोलिक क्षेत्र में फैज़ पहुँचे हैं, वह उर्दू के माध्यम से संभव न था। इसके कई कारण हैं।

पहला तो यही है कि हिन्दी का क्षेत्र और पढ़ने वाले उर्दू की तुलना में बहुत अधिक हैं। हिन्दी का प्रकाशन जगत उर्दू की तुलना में बहुत विराट है। दूसरी बात यह है कि हिन्दी के पाठक को उर्दू के माध्यम से खड़ी बोली का ऐसा रूप देखने को मिलता है, जिसमें फारसी की 'छौंक' लगी हुई है। खड़ी बोली का यह रूप उर्दू से जब हिन्दी अर्थात् नागरी लिपि में आता है, तो उसका अपना विशेष आकर्षण होता है।

यही वजह है कि देवनागरी में प्रकाशित उर्दू साहित्य के बहुत पाठक हैं। हिन्दी के एक प्रकाशक ने मुझसे पाकिस्तान की लोकप्रिय शायरा परवीन शाकिर का हिन्दी में एक चयन बनाने के लिए कहा। मैंने उन्हें बताया कि परवीन शाकिर के तो तीन चयन हिन्दी में छप चुके हैं और बिक रहे हैं। प्रकाशक ने कहा कि तो चौथा भी बिकेगा। नागरी लिपि में उर्दू कविता की लोकप्रियता का एक और कारण भी है।

आज की हिन्दी कविता ने साधारण पाठक के लिए अपने 'दरवाज़े' बंद कर रखे हैं। हिन्दी के बड़े और प्रतिष्ठित कवि प्रायः बहुत बौद्धिक और अत्यंत कलात्मक ढंग से छंद और लयविहीन कविता लिख रहे हैं। काव्य के प्रतिमानों के अनुसार यह बहुत श्रेष्ठ और विश्वस्तरीय कविता हो सकती है, लेकिन हिन्दी क्षेत्र में करोड़ों ऐसे कविता प्रेमी हैं, जो कविता को अपनी भावनाओं की अभिव्यक्ति का माध्यम

बनाना चाहते हैं। यही कारण है कि आज देवनागरी में प्रकाशित उर्दू कविता के जितने पाठक हैं, उतने हिन्दी कविता के नहीं हैं।

आज़ादी के बाद, जब उर्दू लिपि को राजनीतिक और सांप्रदायिक कारणों से समाप्त कर दिया गया, तो उर्दू साहित्य, विशेष रूप से उर्दू कविता के पाठक कम होते चले गये। चूँकि उर्दू कविता जन-मानस में अपनी जगह बना चुकी थी, इसलिए नागरी लिपि में उर्दू कविता का प्रकाशन बड़े स्तर पर शुरू हुआ। आत्माराम एंड संस ने प्रकाश पंडित के सम्पादन में उर्दू के कवियों को बहुत व्यवस्थित रूप से छापना शुरू किया था। इसमें मीर तक़ी मीर और ग़ालिब से लेकर मजाज लखनवी तक की कविताओं का चयन छापा गया, जो हिन्दी में बहुत लोकप्रिय हुआ।

संभवतः ग़ालिब की शायरी जितनी नागरी लिपि में छपी और बिकी है, उतनी उर्दू लिपि में नहीं। इसके बाद मीर तक़ी मीर का चयन बिकता है। उर्दू कवियों में वे कवि पाठकों को अधिक पसंद आते हैं, जिन्होंने प्रायः सीधी-सीधी, पर कलात्मक भाषा में लिखा। इसमें साहिर लुधियानवी, मजाज लखनवी, फिराक गोरखपुरी से लेकर निदा फ़ाजली, शहरयार, बशीर बद्र को शामिल कर सकते हैं।

प्रेमचंद के युग से ही हिन्दी-उर्दू के बीच आवा-जाही शुरू हो गयी थी, इसलिए आज़ादी के बाद लगभग छठे और सातवें दशक में उर्दू के कुछ लेखक हिन्दी लिपि में छपते और लोकप्रिय होते दिखायी देते हैं। महत्त्वपूर्ण यह है कि हिन्दी-उर्दू के पुराने रिश्ते के मद्देनज़र यह तथ्य स्वीकार किया जाता है कि अनुवाद नहीं बल्कि लिप्यांतरण किया जाना चाहिए। लिप्यांतरण से दोनों भाषाओं के प्रति एक जीवंत रिश्ता बनने लगा। अब प्रायः यह होने लगा कि जो भाषा या शब्द उर्दू के मूल पाठ में हैं, उन्हें उसी तरह हिन्दी में लिखा जाने लगा।

उर्दू के सर्वाधिक चर्चित और महत्त्वपूर्ण कहानीकार सआदत हसन मंटो हिन्दी में बड़े स्तर पर सबसे पहले आते दिखायी देते हैं। उर्दू लेखक बलराज मेनरा और हिन्दी लेखक सआदत ने मंटो को हिन्दी में लाने का महत्त्वपूर्ण काम किया। इसी समय कुर्रतुलऐन हैदर का उपन्यास *आग का दरिया* प्रकाशित हुआ था। मंटो के बाद राजिन्दर सिंह बेदी, कृश्नचंदर भी हिन्दी पाठकों में लोकप्रिय होते दिखायी पड़ते हैं। इस्मत चुगताई अपने कलात्मक कौशल और बेबाकी के कारण हिन्दी में स्थापित हैं।

आधुनिक उर्दू साहित्य के साथ-साथ उन्नीसवीं शताब्दी के अन्त में लिखी गयी महत्त्वपूर्ण उर्दू पुस्तक जैसे मिर्जा हादी रुस्वा के उपन्यास *उमराव जान* का हिन्दी में बहुत स्वागत हुआ था। उर्दू से हिन्दी में जो कुछ आया है, वह बाज़ार की माँग पर आया है। दोनों भाषाओं के लेखकों, आलोचकों, बुद्धिजीवियों ने किसी योजनाबद्ध ढंग से यह विचार नहीं किया है कि दोनों भाषाओं, विशेष रूप से उर्दू साहित्य को नागरी लिपि में कैसे लाया जाये।

हिन्दी और उर्दू के विभाग प्रायः उत्तर-भारत के हर विश्वविद्यालय में हैं। दोनों भाषाओं की दसियों अकादमियाँ हैं। फिर भी किसी बड़ी योजना के तहत उर्दू साहित्य को हिन्दी में रूपान्तरित करने का काम नहीं हो रहा है। प्रकाशक या लेखक अपने तौर पर इस काम में लगे हुए हैं, जो अपर्याप्त है। इस दिशा में विचार करना आवश्यक है।

समाज खुद एक सेंसर बोर्ड है

हमारे यहाँ लोकतंत्र जैसे-जैसे मज़बूत हो रहा है, लोगों की सहनशीलता उतनी ही कम होती जा रही है। यह बेहद दुःख की बात है। परिपक्व एवं प्रौढ़ होते लोकतंत्र में लोगों की भावनाओं को मज़बूत होना चाहिए था। अपने विरोध अथवा आलोचना को सहन करने की क्षमता लोगों में बढ़नी चाहिए थी।

सामाजिक संतुलन बना रहे, इसके लिए यह बेहद ज़रूरी है कि अपने से भिन्न मत को सहन करने की क्षमता लोगों में बढ़े, लेकिन हमारे यहाँ ऐसा नहीं हो रहा है। आज से करीब 200 साल पहले अगर कोई कवि स्वर्ग के बारे में या ईश्वर के बारे में कुछ ऐसी टिप्पणियाँ करता था, जो सामान्य रूप से धार्मिक विश्वासों के विपरीत होती थीं, तो उन्हें लोग सहज रूप से ग्रहण करते थे।

इसका एक कारण यह भी हो सकता है कि लोगों के विचारों में खुलापन था, लेकिन आज ऐसा नहीं है। सबसे बड़ी चिन्ता की बात है कि इस सहनशीलता को हम कैसे अर्जित करें। हर समाज अपने हिसाब से किसी चीज़ को स्वीकार अथवा अस्वीकार करता है। हर सामाजिक परिवेश की कुछ ऐसी परिस्थितियाँ होती हैं, जहाँ कुछ चीज़ें मान्य होती हैं तो कुछ अमान्य होती हैं।

जैसे नग्न शरीर का प्रदर्शन योरोप में मान्य हो सकता है, लेकिन हमारे देश में ऐसा स्वीकार्य नहीं होगा। अब कोई कहे कि योरोपियन मानदंड हमारे देश में भी लागू कर दिये जायें, तो यह संभव नहीं है। हर समाज के अपने नियम होते हैं। सामाजिक सौहार्द को बनाये रखने के लिए विचारों के स्तर पर परिपक्वता और प्रौढ़ता बेहद ज़रूरी है।

किसी एक मत के विरोध में अगर कोई कहे कि उसकी हत्या कर देनी चाहिए, तो समाज इसकी इजाज़त कभी नहीं देता। लोगों में इतनी सहनशीलता होनी चाहिए कि वे दूसरे के मत को स्वीकार कर सकें।

यह कहना सही है कि फिल्में सेंसर बोर्ड के प्रमाण पत्र के बाद ही दिखायी जाती हैं। इससे पहले उनमें से आपत्तिजनक दृश्य हटा दिये जाते हैं। लेकिन समझना यह होगा कि फिल्में आज के दौर में एक बड़ा व्यापार हैं। कई बार फिल्मों को प्रमोट

करने के लिए भी विवादों का सहारा लिया जाता है। इसमें दो राय नहीं है कि इन विवादों से एक बार फिल्में चर्चा में तो आ ही जाती हैं।

यह सब मार्केटिंग की नीति हो सकती है। इसके ठीक विपरीत समाज की सहनशीलता को बढ़ाने में फिल्में मील का पत्थर साबित हो सकती हैं, लेकिन यह कोशिश बेहद सतर्क होनी चाहिए।

सेंसर बोर्ड की अपनी प्रमाणिकता होती है। इसके बावजूद एक बेहद बारीक रेखा ज़रूर होती है, जिससे यह निर्धारित कर पाना मुश्किल हो जाता है कि क्या सही है और क्या गलत है। दूसरी ओर समाज खुद अपने आप में एक सेंसर बोर्ड का काम करता है। किसी चीज़ को सामाजिक कसौटी पर कसने के बाद सही और गलत का फ़ैसला अपने आप स्पष्ट हो जाता है।

रंगों-आकारों की दुनिया

ये बताना ज़रूरी भी नहीं है कि मुझे चित्रकला की कोई औपचारिक शिक्षा नहीं मिली है। स्कूल में पाँचवीं क्लास तक आर्ट की क्लास होती थी, जिसमें प्रचलित दस्तूर के मुताबिक छात्र झोपड़ी, उसके सामने एक नदी, उसके किनारे खजूर के दो-पेड़, उसके ऊपर चाँद या सूरज और दूसरी तरफ़ आसमान में उड़ते परिंदे बनाया करते थे। इतना याद है कि इस तरह के चित्र बनाने में मेरी बड़ी रुचि थी और क्लास की लड़कियाँ आम-तौर पर मेरी चित्रकला की प्रशंसा करती थीं। यह सिलसिला पाँचवीं क्लास में आकर ख़त्म हो गया था।

आर्ट मुझसे छूट गयी थी लेकिन उसे दिमाग से निकाल पाना मुश्किल था। मैं अपनी कॉपियों में तरह-तरह के चित्र बनाया करता था जिन्हें देखकर अक्सर मेरे पिताजी काफ़ी नाराज़ होते थे।

डाँटते और समझाते थे कि चित्रकला के मुकाबले में गणित और अंग्रेज़ी पढ़ने पर अधिक ध्यान दूँ। उस ज़माने में अब्बा से ये नहीं कहा जा सकता था कि जानता हूँ सवाबे ताते जोहद/पर तबियत इधर नहीं आती।

मेरी आर्ट या चित्रकारी और मेरे रंग खरीदकर लाने पर जैसे-जैसे सख्ती बढ़ती गयी। वैसे-वैसे मैं नये रास्ते खोजता चला गया। तरह-तरह के फूलों, पत्तियों, जड़ों, पेड़ की छालों को घिस या रगड़कर रंग बना लिया करता था। लेकिन ये सिलसिला भी न चल सका।

हाईस्कूल पास करने के बाद अलीगढ़ आया तो वह आज़ादी मिली, जो पहले न थी। यूनिवर्सिटी की हॉबीज, वर्कशॉप में पेंटिंग की क्लासें ज्वाइन कर लीं। यहाँ मुझे अपने ही जैसे या मुझसे बेहतर दो लोग मिले। एक मुज़फ्फर अली थे जो बाद में 'उमराव जान' फिल्म के निर्देशक के रूप में विख्यात हुए और दूसरे शेख मुहम्मद अकबर सलीम थे, जो पता नहीं कहाँ और कैसे हैं, क्योंकि उनका आज तक मुझे पता नहीं लग पाया है। तीन-चार साल हम लोग 'सीखते' या कुछ न करते रहे। इसी ज़माने में योरोपियन आर्ट से परिचय हुआ। कुछ देखने-सुनने को मिला। ललित कला की कुछ प्रदर्शनियों में आया। कुछ गैलरियाँ देखीं।

दिल्ली में नौकरी की शुरुआत के दौरान फिर एक बार मन भटका था और कुछ अमूर्तन स्कैच बनाये थे। लेकिन इस काम में कोई सिलसिला न बन सका। लिखने के काम में ज़्यादा लग गया और पेंट करने की ख्वाहिश दब गयी।

सन् 1974 में अमेरिका जाने का मौका मिला। यहाँ एक धनवान महिला मित्र से मुलाकात हुई और उसने मुझसे पूछा कि मैं न्यूयॉर्क में क्या देखना चाहता हूँ। मैंने उससे कहा कि मुझे 'आर्ट मैटीरियल' की कोई बड़ी दुकान दिखाइए। वह मुझे एक 'मंज़िल में फैली आर्ट मैटीरियल' की दुकान में ले गयी। कुछ कागज़ और रंग खरीदे। एक बार फिर वह शौक जाग उठा। कुछ और भी किस्म के प्रेज़ेन्टेशंस (Presentations) बनाये। आर्ट गैलरियाँ देखीं और नयी कला को समझने की कोशिश की। लौटकर आया तो फिर ये सब बंद हो गया।

दिल्ली में चित्रकार मित्रों के सहचर होने के कारण कला के अनेक रूप देखने को मिल जाते थे। कभी मन में इच्छा भी होती थी, तो जगह की कमी या समय के अभाव के कारण पूरी न हो पाती थी।

सन् 1992 में हंगरी जाकर पढ़ाने और रहने का मौका मिला। हंगरी में कुल मिलाकर पाँच साल रहा और इन सालों ने मेरी सोयी हुई इच्छाओं को पूरी तरह जगा दिया। अद्‌भुत शहर, बेहिसाब सुन्दर प्रकृति, अद्वितीय सुन्दर स्त्रियों और हंगरी के कला जगत के परिदृश्य ने एक बार फिर मुझे रंगों और आकारों की दुनिया में ढकेल दिया।

इस दुनिया में आने के बाद पहली बार लगा कि यहाँ से वापसी संभव नहीं है। मतलब आकारों और रंगों ने मुझे अपनी गिरफ़्त में ले लिया। अब रात-दिन सिर्फ़ आकार और रंग दिखायी देते थे। यह अपने आप में सुखद ही नहीं बल्कि डरावना अनुभव था। लगता था शब्दों से चालीस साल पुराना रिश्ता टूट जायेगा। मतलब यह कि शब्दों पर से गिरफ़्त ढीली हो रही थी और आकार-रंग जकड़े हुए थे।

बुदापेस्ट में न तो प्रेरणा की कमी थी, न रंगों का अभाव था, न कागज़ या कैनवस का अकाल था, न जगह और समय कम था। इसलिए दबी हुई इच्छाएँ पूरी करने का पूरा समय मिला। पहले 'वाटर कलर' में कुछ काम किया। बनाते चले जायें तो कुछ-न-कुछ बन ही जाता है। वाटर कलर में भी दो-चार आकार ऐसे उभर कर सामने आये जो अच्छे लगे। इसके बाद रंगीन पेंसिलों से काम शुरू किया और होते–हुआते एक दिलचस्प जगह पहुँचा। जैसा कि मैं पहले कह चुका हूँ, हंगरी में कला और फोटोग्राफी का स्तर बहुत ऊँचा है। साधारण विज्ञापन भी इतने कलात्मक और सुरुचिपूर्ण होते हैं कि कभी-कभी कलाकृति लगते हैं। इस माहौल में 'कोलाज' बनाने की इच्छा जागी। बहुत अच्छे और सुन्दर चित्रों को काटकर उनकी आत्मा के नये रूप को देखने की कोशिश करने लगा। कोलाज मुझे भी अच्छे लगे और

दोस्तों को भी पसंद आये। छोटे आकार में बनाये गये कोलाजों को बड़े आकार में छपवाना एक दूसरा रोचक अनुभव था।

बुदापेस्ट में कोलाज प्रदर्शित भी किये। दो गैलरियों में 'वन मैन शो' आयोजित हुए। दोस्तों और परिचितों को बड़ी उदारता से कोलाज भेंट किये गये।

सन् 1997 में दिल्ली लौट आया। यहाँ ज़िन्दगी ने वह रफ़्तार पकड़ ली जो कला की दुनिया के लिए खतरनाक मानी जाती है। शब्द भी आकारों और रंगों पर भारी पड़ने लगे। लेकिन आकारों और रंगों के प्रति आकर्षण कम नहीं हुआ।

एक विचार यह आया कि क्यों न इन कोलाजों का कैनवस प्रिंट लिया जाये। दिल्ली में काफ़ी भागदौड़ करने के बाद ऐसी प्रेस का पता चला जो कैनवस पर प्रिंट निकालते हैं। पहली बार कोलाजों के बड़े 2 फुट बाई 3 फुट के प्रिंट लेकर फ्रेम कराये और उनकी प्रदर्शनी 'जामिया मिल्लिया इस्लामिया' की एम.एफ. हुसैन गैलरी में की गयी।

रंगों और आकारों का दूसरा आकर्षण डिजिटल फार्मेट में सामने आया। पेंट एंड ब्रश प्रोग्राम पर काम करते-करते फ़ोटोशॉप की तरफ़ बढ़ा। पूरी तरह फ़ोटोशॉप तो नहीं सीख पाया लेकिन आकारों और रंगों की एक नयी दुनिया खुलती चली गयी।

रंगों के संग

रंग बोलते हैं, उनकी आवाज़ सुनाई देती है। रंग हँसते हैं, उनकी हँसी सुनाई देती है। रंगों का संसार हमारे संसार की तरह विचित्र संसार है। होली के रंगों का संसार तो आदमियों के संसार को जीवित कर देता है। ऐसे लोग उठ खड़े होते हैं, जिनके बारे में हिलने-डुलने की कल्पना नहीं की जा सकती। बस, एक शब्द है जो स्थिर को गति देता है और गति को तीव्रता देता है।

होली के रंग हमारी भावनाओं के रंग हैं। हमारी आकांक्षाओं के रंग हैं। उल्लास के रंग हैं। मस्ती के रंग हैं। प्यार के रंग हैं। ये रंगों में गंदगी को साफ़ कर देते हैं और घृणा को प्यार में बदल देते हैं। यही वजह है कि प्रेमी होली की सबसे ज़्यादा प्रतीक्षा करते हैं। यह युवा दिलों का त्योहार है जिसके माध्यम से उनकी भावनाएँ सामने आती हैं। जब हम लोग जवान थे, अब उसकी कल्पना कर पाना भी कठिन है। तब हमें सालभर होली का इंतिज़ार रहता था, क्योंकि यही एक ऐसा दिन हुआ करता था, जब स्पर्श के लिए तरसते हाथों को कुछ राहत मिलती थी। लड़कियाँ जानती थीं कि सालभर तक जिस दिन की प्रतीक्षा ये दीवाने करते रहे हैं, वह दिन आ गया है। वे पहले लड़कों के हाथों पर लगा रंग देखती थीं। जब 'श्योर' हो जाती थीं कि रंग अच्छा है, उसमें कोई खोट नहीं है, तो बड़ी सज्जनता से चेहरा आगे बढ़ा देती थीं। दीवाने बहुत उम्दा किस्म का खुशबूदार ऑर्गेनिक रंग धीरे-धीरे गालों पर लगा देते थे। यहाँ से एक रंगीन दोस्ती की शुरुआत भी हो जाया करती थी। समय के घोड़े पर रंगों की सवारी आगे बढ़ने लगती थी।

बचपन में एक भरे-पूरे परिवार में होली मनाना बड़ा दिलचस्प अनुभव हुआ करता था। हमारे परिवार में परम्परा थी कि बच्चे हर त्योहार मनाते थे। हम ईद-बकरीद की तरह होली, दिवाली, दशहरा भी मनाते थे। मुझे याद है कि हम लोग त्योहार की तैयारी करने, सामान खरीदने अपने दादाजी के मुंशी अब्बू साहब के साथ इक्के पर बैठकर बाज़ार जाते थे। वह सब सामान खरीदा जाता था जो दूसरे लोग खरीदते थे। दिवाली पर नया अनाज, शक्कर के बने खिलौने, मिट्टी के दीये, बत्ती बनाने के लिए रुई, तेल वगैरह बड़ी पाबंदी से लिया जाता था। होली तो हमारा सबसे

मनपसंद त्योहार था। पिचकारियाँ खरीदना एक बहुत जोखिम भरा काम हुआ करता था, क्योंकि हम सब लड़के एक-दूसरे से बाज़ी मार लेने के चक्कर में रहा करते थे। पिचकारियाँ खरीदने के बाद उनकी तैयारी पर पूरा ध्यान दिया जाता था। उनकी सफ़ाई होती थी। वॉशर में ग्रीस लगायी जाती थी ताकि आसानी से ऊपर-नीचे हो सके।

होली का दिन एक खास दिन हुआ करता था। घर की बड़ी-बूढ़ी औरतें चिल्लाती रहती थीं कि इस बर्तन में नहीं, उस बाल्टी में रंग घोलो या बाहर जाकर रंग खेलो, यहाँ आँगन में क्यों खेल रहे हो, लेकिन बच्चों की फ़ौज किसका कहा मानती है। घर के आधे बर्तन रंगीन हो जाते थे। दीवारें बदल जाती थीं। दरवाज़े गुनगुनाने लगते थे और रंगीन फरिश्ते हवा में उड़ा करते थे।

घर के बाहर अहाते में असली होली मनाई जाती थी। हर आने-जाने वाला रंगीन हो जाता था। इक्का चलाने वाले बौरा और जानवर चराने वाले अफिम्चा तो सिर से पैर तक रंग जाते थे। बड़ी मुश्किल से दोपहर तक रंग रुकता था।

विदेश में होली मनाने का अलग ही मज़ा है। हंगरी की राजधानी बुदापेस्ट में पहली होली आने वाली थी तो मैं कुछ बेचैन था कि यहाँ परदेश में होली कैसे मनाई जायेगी? होली कौन खेलेगा? रंग कहाँ मिलेंगे? पिचकारी तो शायद ही मिले और सबसे बड़ी बात यह कि कहाँ खेली जाये? अपनी इन चिन्ताओं को भारतीय राजदूतावास के अधिकारी जितेन्द्र त्रिपाठी से 'शेयर' किया तो उन्होंने कहा, "अरे साहब! होली मनायेंगे और शान से मनायेंगे।"

मैं उनकी बात समझ नहीं पाया। अपना सवाल मैंने हिन्दी की हंगेरियन प्रोफ़ेसर डॉ. मारिया नेज्यैशी से किया तो उन्होंने कहा कि वे, उनके छात्र और दूतावास के लोग सभी भारतीय त्योहार मनाते हैं। मुझे लगा जो भी होगा रोचक होगा। विदेशी कैसे होली मनाते हैं, यह देखना नया अनुभव होगा।

होली के दिन हिन्दी के अध्यापक और छात्र-छात्राएँ दूतावास के पास त्रिपाठी जी के घर पर मिले। हल्दी और केसर को घोलकर रंग बनाया गया था। त्रिपाठी जी के घर में भारतीय मिठाइयाँ और दूसरे पकवान सजे थे। हँसी-खुशी के माहौल में होली के गीत शुरू हुए, 'ब्रज में होली खेलें नन्द लाल' ने समा बाँध दिया। मौज-मस्ती उल्लास की बारिश होने लगी। कुछ लोगों ने 'परफ्यूम स्प्रे' निकाल लिये। रंग के साथ-साथ सुगंध की बारिश भी होने लगी। चेहरे लाल-पीले होने शुरू हो गये। गुलाल हवा में तैरने लगा। संगीत के साथ लगा जैसे 'नन्द लाल' हमारे साथ आ गये हों। वही मस्ती, वही आनन्द जो वृंदावन की विशेषता है विदेश में हमारे चारों ओर बिखरने लगा। विदेशी भी देशी हो गये। खाने-पीने या कहें पीने-खाने का क्रम शुरू हुआ। त्रिपाठी जी अपने आतिथ्य के लिए विख्यात हैं। उनके रहते किसी चीज़ की क्या कमी हो सकती थी। महफ़िल अपने रंग पर ही थी कि राजदूत महोदय अपनी श्रीमती

जी के साथ आ गये। दोनों साफ़-सुथरे उजले कपड़े पहने थे। कपड़े रंगों को आवाज़ दे रहे थे। कपड़े कह रहे थे, ''अरे इतनी देर क्यों लगा रहे हो; रंग तो पंख है...पंख लगा दो हम उड़ चलेंगे।'' राजदूत महोदय के साथ सबने ऐसी होली खेली कि कुछ देर बाद उनको पहचानना मुश्किल हो गया और जब पहचान मिट जाती है तो आदमी थोड़ा निर्भीक हो जाता है। होली के रंग पहचान को नयी पहचान बना देते हैं।

महीनों की लम्बी थका देने वाली यात्रा के बाद एक देश से दूसरे देश की फ्लाइट में बैठा मैं ऊँघ रहा था। रात थी। जहाज़ की बत्तियाँ धीमी कर दी गयी थीं। ज़्यादातर मुसाफ़िर सो गये थे। अचानक मुझे कानों के पास एक फुसफुसाहट सुनाई दी और इसकी भाषा हिन्दी थी।

"आप भारत से हैं?"

मैंने ध्यान से देखा पर कम रोशनी होने से बहुत साफ़ तो कुछ नज़र न आ पाया, पर एक भारतीय चेहरा मैं पहचान गया।

"हाँ।"

"कहाँ से?"

"दिल्ली से।"

"मैं आपके पास बैठ सकता हूँ।"

"ज़रूर!" पास की दो सीटें खाली थीं।

वे सज्जन बैठ गये और दो क्षण बाद बोले—

"आज होली है।"

"होली?"

"हाँ...भारत में दिन होगा...होली खेली जा रही होगी।" वे बोले।

हम दोनों की आँखों का रंग बदल गया।

"कुछ है? गुलाल, अबीर? रंग?" मैंने पूछा।

वे बेचारगी से मेरी तरफ़ देखने लगे।

"चलो यार, गले तो मिल ही लेते हैं।"

जहाज़ सूरज की दिशा में बढ़ रहा था। जल्दी ही हल्का-सा उजासा हो गया।

हिन्दी क्षेत्र की सांस्कृतिक चुनौतियाँ

हिन्दी क्षेत्र के पिछड़ेपन का सवाल जितना महत्त्वपूर्ण है उतना ही उपेक्षा का विषय भी रहा है। कुछ हिन्दी प्रदेश प्रेमी तो यह मानने से सरासर इनकार कर देते हैं कि हिन्दी क्षेत्र भारत के अन्य क्षेत्रों या प्रदेशों की तुलना में पिछड़ा हुआ है। वे सौ तर्क जुटाकर यह सिद्ध करते हैं कि हिन्दी प्रदेश अन्य प्रदेशों से अधिक या कम-से-कम बराबर विकसित और सांस्कृतिक रूप से जागरूक प्रदेश हैं। हिन्दी क्षेत्र प्रेम के चलते चाहे जितने तर्क दिये जायें, लेकिन साक्ष्यों और प्रमाणों के आधार पर यह कहा जा सकता है कि हिन्दी क्षेत्र पिछड़ा इलाका है। मेरे विचार से यह हिन्दी क्षेत्र का अपमान नहीं है। वास्तविकता से आँखें चार किये बिना कुछ नहीं हो सकता।

हिन्दी क्षेत्र के पिछड़ेपन और सांस्कृतिक गतिरोध पर विचार करना इसलिए भी आवश्यक है कि बहुमुखी विकास के सारे रास्ते सांस्कृतिक विकास से होकर गुज़रते हैं। यह असंभव है कि सांस्कृतिक विकास के अभाव में सामाजिक या राजनीतिक विकास हो सके। संसार के जिन देशों ने मानवीय समाज का निर्माण किया है, वे सांस्कृतिक रूप से भी अग्रणी रहे हैं। हिन्दी प्रदेशों की तुलना में भारत के कुछ अन्य राज्य इस कारण अधिक उन्नत हैं कि वहाँ सांस्कृतिक जागरूकता है। अब प्रश्न यह उठता है कि हिन्दी क्षेत्र तथा भारत के अन्य क्षेत्रों/प्रदेशों की किस आधार पर तुलना करते हुए यह सिद्ध किया जा सकता है कि हिन्दी क्षेत्र सांस्कृतिक रूप से पिछड़ा क्षेत्र है? मेरे विचार से इसका कोई वैज्ञानिक समाजशास्त्रीय अध्ययन नहीं हुआ है, लेकिन सामाजिक विकास के कुछ मानदंडों पर यह समझने का प्रयास किया जा सकता है। तमिलनाडु में सबसे अधिक पुस्तकालय हैं। इसकी तुलना में हिन्दी प्रदेशों की स्थिति चिन्ताजनक है। केरल की साक्षरता दर की तुलना में हिन्दी प्रदेशों की साक्षरता दर बहुत नीचे है। मराठी भाषा के वार्षिक जैसे व्यापक और प्रभावशाली सम्मेलन हिन्दी भाषा में नहीं होते। मराठी और गुजराती जैसा विकसित रंगमंच हिन्दी के पास नहीं है। तमिलनाडु में आयोजित वार्षिक संगीत समारोह जैसे व्यापक संगीत सम्मेलन हिन्दी क्षेत्र में नहीं होते। कर्नाटक, केरल और तमिलनाडु सामाजिक विकास के कई मानदंडों पर हिन्दी क्षेत्र से आगे हैं।

अगला प्रश्न स्वतः उठता है कि ऐसा क्यों है? राजनीतिक रूप से विकसित और भारत को कई प्रधानमंत्री देने वाला प्रदेश सांस्कृतिक और सामाजिक रूप से इतना कैसे पिछड़ गया? मेरे विचार से इस सवाल का कोई एक उत्तर नहीं हो सकता। हिन्दी क्षेत्र के इतिहास, सामाजिक संरचना, सांस्कृतिक परम्पराओं की खोजबीन करने से ही शायद कुछ कारणों पर रोशनी पड़ सकेगी।

यह विचारणीय तथ्य है कि 1857 के पहले स्वतंत्रता संग्राम ने एक व्यापक आंदोलन और विद्रोह होने के कारण इस क्षेत्र पर बड़ा प्रभाव डाला था। यह विदित है कि साम्राज्यवाद अपने विरोधियों को इस तरह नष्ट करता है कि उसको सैकड़ों सालों तक देखा जा सकता है। 1857 का विद्रोह चूँकि मुख्य रूप से हिन्दी-भाषी क्षेत्र का आंदोलन था, इसलिए उसका भयानक दमन भी इसी क्षेत्र में हुआ था। असफलता, पराजय और दमन के बोझ से यह क्षेत्र दशकों तक इतना आहत रहा कि और कुछ सोचने-समझने की स्थिति नहीं बन पायी। धीरे-धीरे जब स्थिति सामान्य होने लगी तो पहली बात यही सोची गयी कि हम लोग अंग्रेज़ों से क्यों हार गये? तत्कालीन साहित्य कही-कहीं इशारे करता है। इस सवाल का जवाब दो तरह से दिये जाने की कोशिश की गयी। कुछ ने यह मान लिया कि हम अंग्रेज़ों से 'निम्न' हैं, 'छोटे' हैं और वे 'महान' हैं। कुछ आगे बढ़े और यह कहा गया कि हम अंग्रेज़ों से इसलिए हार गये कि हमारे अन्दर कुछ कमियाँ हैं, हमारे समाज में कुछ गलत है। 'क्या' गलत है, 'क्या' कमी है, की खोज साहित्य और संस्कृति तक ले गयी। कहा गया नाच, गाना गज़ल, नौटंकी, भांडबाज़ी, कबूतरबाज़ी, पतंगबाज़ी, शतरंज वगैरह-वगैरह की वजह से हमारा समाज कमज़ोर हो गया था। इन्हें छोड़ने की ज़रूरत है। दूसरी तरफ़ पाश्चात्य संस्कृति अपने पंख फैलाये बैठी थी। इस बिन्दु पर हिन्दी समाज ने अपने कलारूपों को पिछड़ेपन का प्रतीक माना और उसे छोड़ दिया। 1857 में दमन के बाद यद्यपि शासन ईस्ट इंडिया कंपनी के हाथ से निकलकर ब्रिटिश सरकार के पास आ चुका था, लेकिन साम्राज्यवादियों की समझ पुरानी ही थी। साम्राज्यवादी यह जानते थे कि किन क्षेत्रों को विकसित करने में उन्हें फ़ायदा है। कौन-से क्षेत्र विद्रोहियों के गढ़ रहे हैं, जिनकी उपेक्षा करना ही अच्छा होगा। इस नीति के चलते हिन्दी क्षेत्र की उपेक्षा की गयी। उत्तर भारत में अंग्रेज़ों ने किसी क्षेत्र पर कृपा दृष्टि डाली तो वह पंजाब था जिसने 1857 में अंग्रेज़ों की मदद की थी। माना जाता है कि पंजाब से आयी सैनिक सहायता के बिना अंग्रेज़ों के लिए दिल्ली जीतना बहुत कठिन होता।

1857 के बाद निर्यात और आयात में जो बढ़ोतरी हुई उसके कारण बंदरगाहों पर बसे शहरों में बहुत संपन्नता आयी। अंग्रेज़ों ने भी मुंबई, कोलकाता, चेन्नई और दूसरे बंदरगाही शहरों के विकास पर ध्यान दिया। ये शहर और इलाके अंग्रेज़ों के

वफ़ादार थे। 1857 में इनकी भूमिका अंग्रेज़ों के समर्थन की थी। इसलिए इन क्षेत्रों की जनता का न तो उत्पीड़न हुआ और न ही उन्हें वैसा आत्म-मंथन करना पड़ा जैसा हिन्दी क्षेत्र के लोगों को करना पड़ा था।

राष्ट्रीय आंदोलन के दौरान हिन्दी क्षेत्र प्रमुख विरोध का क्षेत्र था। कहा जा सकता है कि राष्ट्रीय आंदोलन के नेतृत्व का प्रभावशाली गुट हिन्दी प्रदेशों का था। आज़ादी मिलने के बाद कांग्रेस ने सरकार बना ली और स्थानीय स्तर पर भी जो कांग्रेस की लीडरशिप थी वह सत्ता का हिस्सा बन गयी। कांग्रेस की यह लीडरशिप 'सिविल सोसाइटी' का अत्यंत प्रमुख और बड़ा गुट था। इसके सत्ता में शामिल होते ही हिन्दी क्षेत्रों में 'सिविल सोसाइटी' का अकाल पड़ गया। तेज़ी से होते शहरीकरण ने भी अपनी भूमिका निभाई और छोटे शहर तथा कस्बे पढ़े-लिखे मध्यम वर्ग से खाली होते चले गये। अब 'सिविल सोसाइटी' का रोल कांग्रेस और प्रशासन ने अपने हाथ में ले लिया। 'सिविल सोसाइटी' के अभाव ने साहित्य, संस्कृति और कलाओं पर प्रतिकूल प्रभाव डाला। अब समाज का नेतृत्व नेताओं तथा अधिकारियों के हाथ में आ गया था, जो धीरे-धीरे भ्रष्ट राजनेताओं, माफिया गिरोहों, भ्रष्ट अधिकारियों और दलालों के हाथ में चला गया। इस शक्ति समूह के लिए साहित्य और संस्कृति का कोई अर्थ न था। इसका प्रमाण यह दिया जा सकता है कि राष्ट्रीय आंदोलन के दौरान स्थापित साहित्यिक, सांस्कृतिक संगठन छठवें-सातवें दशक तक 'दिवालिया' हो चुके थे। शहरों के पुराने पुस्तकालय बंद हो गये थे। साहित्य और कला की उपेक्षा चरम पर थी।

हिन्दी क्षेत्र सांप्रदायिक और जातिवादी राजनीति का गढ़ है। आज़ादी से पहले यह मुस्लिम लीग और हिन्दू महासभा जैसे सांप्रदायिक संगठनों के प्रभाव में था और आज़ादी के बाद कांग्रेस ने सत्ता में बने रहने की राजनीति अपनाकर सांप्रदायिक ताकतों को, विशेषरूप से मुस्लिम सांप्रदायिकता को बढ़ावा दिया था। कांग्रेस ने ही इस क्षेत्र में जातिवादी राजनीति की शुरुआत की थी जो बाद में विराट स्वरूप धारण कर गयी। सांप्रदायिकता और जातिवाद संस्कृति के पक्के शत्रु हैं। संस्कृति मनुष्य की महत्ता को स्थापित करती है लेकिन सांप्रदायिकता और जातिवाद मनुष्यों के बीच में भेद पैदा करने का काम करते हैं। संस्कृति मानव संबंधों को बनाती है, प्रेम, सौहार्द, उदारता, संवेदनशीलता जैसे मूल्यों को स्थापित करती है, तो सांप्रदायिकता और जातिवाद इसका उल्टा काम करते हैं। यही वजह है कि सांप्रदायिक और जातिवादी राजनीतिक दल कभी संस्कृति की बात नहीं करते। हिन्दी क्षेत्र में सांस्कृतिक शून्यता का यह भी एक बड़ा कारण है। पिछले चालीस साल से हिन्दी क्षेत्र में संस्कृति विरोधी शक्तियाँ सत्ता में हैं। परिणामस्वरूप हिन्दी क्षेत्र में जिस स्तर पर जितनी सांस्कृतिक पहल होनी चाहिए थी, वैसी नहीं हो पायी। नया बनाने की बात तो दूर की चीज़

है, जो पुराना था उसकी उपेक्षा की गयी और सांस्कृतिक संस्थाओं का राजनीतिक इस्तेमाल किया जाने लगा। संस्कृतिकर्मियों का कोई सामाजिक दर्जा नहीं रहा। व्यवस्था से समर्थन नहीं मिला। पूरा वातावरण राजनीति केन्द्रित बन गया, जहाँ राजनेताओं, माफिया गुटों, बाहुबलियों, ऊँचे अधिकारियों और धनवान लोगों ने संस्कृति को हाशिये पर पहुँचा दिया।

राजनीति यथास्थितिवाद की पोषक है। राजनीति सत्ता में आकर सत्ता में बने रहने का उद्यम है। राजनीतिज्ञ किसी भी ऐसे काम या बात को स्वीकार नहीं करता जो उसकी सत्ता को चुनौती दे सके, जबकि संस्कृति का स्वरूप परिवर्तन-कामी है। यही कारण है कि राजनीति और संस्कृति के बीच छत्तीस का आँकड़ा रहता है। हिन्दी प्रदेशों में यही स्थिति है, बल्कि इससे भी दयनीय स्थिति है, क्यों? राजनीति ने संस्कृति कर्म को या तो समाप्त कर दिया है या अपने अधिकार में कर लिया है।

हिन्दी क्षेत्र में सार्थक सामाजिक परिवर्तन की कामना करने वाले संस्कृतिकर्मियों का ऐजेंडा क्या होना चाहिए? संस्कृति का एक बड़ा जनाधार होना आवश्यक है। आज स्थिति यह है कि साहित्यिक-सांस्कृतिक काम करने वालों और उसमें भाग लेने वालों का दायरा बहुत छोटा हो गया है। दिल्ली जैसे महानगर में साहित्यिक कार्यक्रमों में भाग लेने वाले श्रोताओं, दर्शकों आदि की संख्या सैकड़ों से अधिक नहीं है। संस्कृति के सिमटे दायरे को बड़ा बनाना आवश्यक है। यह समझना ज़रूरी है कि दायरा कैसे और किस तरह व्यापक बनाया जा सकता है।

हिन्दी में किताबें प्रकाशित होने की संख्या बढ़ रही है। आज सैकड़ों किताबें रोज़ छपती और बिकती हैं, लेकिन क्या पाठकों की संख्या भी बढ़ रही है? या क्या पाठकों की संख्या उस गति से बढ़ रही है जिस गति से किताबों का छपना बढ़ रहा है? क्या आज हिन्दी प्रदेश के मध्यम, उच्च, मध्यमवर्ग ने हिन्दी साहित्य को अपनाया है? उसे अपने घर और जीवन में जगह दी है? इन प्रश्नों के सरल उत्तर नहीं हैं, पर उन्हें खोजे बिना काम नहीं चलेगा।

हिन्दी प्रदेशों में संस्कृति-कर्म प्रायः प्रायोजित होता है। संस्कृतिकर्मियों को या तो सरकार से सहायता मिलती है या उन्हें अन्य संस्थाएँ पैसा देती हैं। ऐसा प्रायः नहीं होता कि संस्कृति-कर्म से ही इतना पैसा मिल जाये कि संस्कृति-कर्म और उसमें लगे लोगों की आर्थिक आवश्यकताएँ पूरी हो जायें। भारत की अन्य भाषाओं जैसे कन्नड़, मराठी और गुजराती आदि में संस्कृति-कर्म से आर्थिक आवश्यकताएँ पूरी हो जाती हैं।

हिन्दी क्षेत्र चूँकि बहुत बड़ा है, इस कारण क्षेत्र के संस्कृतिकर्मियों के बीच आदान-प्रदान कम होता है। पूरे क्षेत्र के ऐसे विशाल सांस्कृतिक संगठन (गैर-सरकारी स्तर पर) नहीं हैं, जो संबंध-संचालन कर सकें। इस प्रकार के संगठनों का बनना

आवश्यक है। दरअसल हिन्दी प्रदेशों में व्यापक स्तर पर सांस्कृतिक आंदोलन चलना चाहिए। इसके अतिरिक्त और कोई रास्ता दिखायी नहीं पड़ता। यह आन्दोलन जनांदोलन होना चाहिए, जिसकी परिधि में साहित्य, ललित कलाएँ तथा पुस्तक संस्कृति आदि को भी लेना चाहिए। आशा है ऐसा किया जायेगा और उससे पहले हिन्दी क्षेत्र के सांस्कृतिक पिछड़ेपन पर पर्याप्त चर्चा होगी।

कुदसिया ज़ैदी : नाट्य भाषा के आयाम

हिन्दी, उर्दू या हिन्दुस्तानी में लिखे गये नाटकों की ज़बान या भाषा के बारे में बात करने में कुछ दिक्कतें सामने आती हैं। अभी मैंने ज़बान और भाषा इन दो लफ़्ज़ों या शब्दों का प्रयोग या इस्तेमाल किया जिसकी वजह यह है कि बहुत से लोग अगर भाषा न समझ पाएँगे तो ज़बान समझ लेंगे और ज़बान न समझ में आयेगी तो भाषा से काम चलेगा। यह भी कहा जा सकता है कि शायद ज़बान या भाषा हिन्दीवाले और उर्दूवाले दोनों ही समझते हैं और एक लफ़्ज से काम चलाया जा सकता था, लेकिन अगर मैं यह उम्मीद करूँ कि आलोचना या भौतिकशास्त्र जैसे शब्द भी हिन्दी-उर्दू वालों की समझ में बराबरी से आ जायेंगे तो यह शायद सही नहीं होगा। यही वजह है कि नाटक की भाषा बोलचाल की आम भाषा होने की वजह से हिन्दी-उर्दू वालों की समझ में बखूबी आ जाती है, लेकिन उस भाषा पर जब बात की जाती है तो एक ऐसी भाषा जन्म ले लेती है जिसे सिर्फ़ हिन्दी या उर्दू ही कहा जा सकता है। मेरा मतलब तनकीद या आलोचना की ज़बान से है।

अब यहाँ से मेरी दिक्कत शुरू होती है। अपने काम को आसान बनाने के लिए मैं हिन्दी आलोचना की सरल भाषा का इस्तेमाल करने की कोशिश करूँगा।

कुदसिया ज़ैदी के नाटकों की भाषा पर चर्चा करने से पहले वाजिद अली शाह, आग़ा हसन अमानत, भारतेन्दु हरिश्चन्द्र, आग़ा हश्र कश्मीरी, जयशंकर प्रसाद, इप्टा, पृथ्वीराज कपूर और रेडियो नाटकों की भी भाषा पर गौर करना पड़ेगा। वाजिद अली शाह और उसके बाद अमानत ने ड्रामे की एक मक़बूल ज़बान ईजाद की थी जो लगातार आगे बढ़ती अगर 1957 का जन-विद्रोह और उसके बाद उत्तर भारत के समाज में बुनियादी तब्दीलियाँ न आ गयी होतीं। वाजिद अली शाह और अमानत की भाषा एक मिली-जुली संस्कृति की भाषा थी जिसमें भाव और विचार से लेकर अभिव्यक्ति के अलग-अलग स्तर भी कई सभ्यताओं को समेटे हुए थे। भारतेन्दु हरिश्चन्द्र इस परम्परा के शायद अन्तिम लेखक माने जायेंगे, जिन्होंने 'अंधेर नगरी' लिखकर इस भाषा को मान्यता दी थी।

भारतेन्दु के बाद हिन्दी-उर्दू नाटकों का एक दूसरा दौर शुरू होता है जहाँ भाषा

के रूप को बदलते देखा जा सकता है।

कुदसिया ज़ैदी ने जब नाटक लिखने शुरू किये तो भाषा का एक मंचीय स्वरूप उनके सामने था, लेकिन उनका चैलेंज एक बड़ा चैलेंज था। उनका काम केवल बोलचाल की सहज और सरल भाषा की तलाश करना ही नहीं था। उनका समय—यानी आज़ादी के बाद का दौर—नेहरू युग के नाम से जाना जाता है। नेहरू युग वास्तव में चुनौतीभरा युग था। पहली बार कुछ बुनियादी सवालों के जवाब खोजे जा रहे थे। राजनीति ही नहीं कला के क्षेत्र में भी बुनियादी सवाल उठ रहे थे। नाटक के क्षेत्र में इन बुनियादी सवालों का जवाब देने की कोशिश कुदसिया ज़ैदी कर रही थीं। ये जवाब नाटकों के 'कंटेंट' ही नहीं भाषा के संदर्भ में भी थे।

नेहरू युग में वर्तमान, भविष्य और अतीत के संदर्भ में भारत की एक नयी खोज हो रही थी। ऐसा माना जा रहा था कि इतिहास की समझ, वर्तमान की ज़िम्मेदारी और भविष्य की योजना के बिना देश का निर्माण नहीं हो सकता। कुदसिया ज़ैदी के नाटकों पर नज़र डालें तो *शकुंतला, मिट्टी की गाड़ी, आज़र का ख्वाब, सफ़ेद कुंडली* और *चचा छक्कन के ड्रामे* इस सिद्धान्त को पूरी तरह सामने लाते हैं। अतीत, वर्तमान और भविष्य से नाट्य-कला को परिभाषित करने का कठिन काम करते हैं। यह दौर अलगाववाद से बहुत प्रभावित था, जिसके तहत हिन्दी-उर्दू को हिन्दुओं और मुसलमानों की भाषा बनाया जा रहा था। इस अलगाववादी दौर में भाषाओं पर तरह-तरह के आरोप लगाये जा रहे थे और इन आरोपों से बचने के लिए भाषाएँ अपना रंग-रूप बदलने पर मजबूर हो गयी थीं। कहीं-कहीं इस मजबूरी के तहत नाटक की भाषा बहुत बनावटी हो गयी थी कि जैसे अधिकार का सुख कितना सारहीन है। अपने आपको नियामक और कर्ता समझने की बलवती स्पर्द्धा मनुष्य से बेगार कराती है। जयशंकर प्रसाद दरअसल हिन्दी पर गँवारू भाषा के आरोप का जवाब दे रहे थे।

प्रगतिशील आंदोलन, इप्टा और पृथ्वी थियेटर ने नाटक की साहित्यिक भाषा को फिर से मंच की भाषा बना दिया था। रेडियो नाटकों ने एक दूसरी तरह की 'तरल' भाषा को जन्म दिया था। यह एक ऐसी भाषा थी जो कथ्य मतलब कंटेंट की कमी के बावजूद सुनने वाले को पूरी तरह बाँधे रखती थी। रेडियो नाटकों में आम तौर पर 'कंटेंट' की कमी को भाषा पूरा करती थी।

क़ुदसिया ज़ैदी ने यही किया था और यही वजह है कि उनकी भाषा का घेरा भी बहुत बड़ा घेरा है। बताया जाता है कि कुदसिया ज़ैदी अपने नाटकों की भाषा पर बहुत मेहनत किया करती थीं और पात्रों के अनुसार उसकी गतिशीलता पर उनका पूरा ध्यान रखती थीं। बेगम ज़ैदी के साथ उनके नाटकों की भाषा पर काम करने वाले हिन्दी के जाने-माने विद्वान प्रो. मुजीव रिज़वी के अनुसार बेगम ज़ैदी एक-एक

शब्द को चुनते वक़्त विस्तार से शब्दों के इतिहास और प्रयोग के आयामों की चर्चा किया करती थीं।

बेगम ज़ैदी की नाट्य भाषा के तीन रूप देखे जा सकते हैं। पहला रूप उन नाटकों में सामने आता है जो समकालीन समाज और समसामयिक विषयों पर लिखे गये हैं। भाषा का दूसरा रूप संस्कृत नाटकों के आधार पर लिखे गये नाटक हैं। इन नाटकों की भाषा का एक दूसरा स्तर है। उनकी भाषा का तीसरा आयाम उन नाटकों में देखा जा सकता है, जो विदेशी नाटकों को केन्द्र में रखकर लिखे गये हैं। भाषा के स्तर पर इतनी विविधता को सफलतापूर्वक निभा लेना सरल काम नहीं था। बेगम ज़ैदी की भाषा का एक पक्ष लोक केन्द्रित नाटकों में भी देखा जा सकता है।

जैसा कि पहले कहा गया है बेगम ज़ैदी नेहरू युगीन चेतना से संपन्न थीं। इसी चेतना ने उनकी भाषा को बनाया था। सहजता, सरलता, गतिशीलता और संक्षेप में अपनी बात कहने की कला उनकी नाट्य भाषा में देखी जा सकती है। एक और महत्त्वपूर्ण बात यह कि बेगम ज़ैदी की भाषा सांस्कृतिक चेतना से पूरी तरह लैस है। उनकी भाषा के सांस्कृतिक आयामों को समझने और संदर्भों को जानने वाला ही उनकी भाषा का पूरी तरह आनन्द उठा सकता है।

यह भी सोचने की बात है कि उन्होंने अपनी नाटक मण्डली का नाम 'हिन्दुस्तान थियेटर' क्यों रखा था? हिन्दुस्तानी राष्ट्रीय आंदोलन महात्मा गाँधी और जवाहर लाल नेहरू का प्रिय शब्द था, जिसकी कोई संवैधानिक मान्यता नहीं है। लोकतंत्र, धर्मनिरपेक्षता आदि की तरह 'हिन्दुस्तानी' शब्द को संविधान में जगह नहीं दी गयी है, लेकिन फिर भी यह राष्ट्रीय चेतना का एक मूलमंत्र था। इस शब्द के माध्यम से उत्तर भारत की एक तस्वीर बनती थी। यह 'गंगा-जमुनी तहज़ीब' को दर्शाने वाला एक बड़ा शब्द था। भाषा के स्तर पर ही नहीं बल्कि संस्कृति के स्तर पर भी 'हिन्दुस्तानी' शब्द एक जीवन दृष्टि था। हिन्दुस्तानी थियेटर के पीछे यही जीवनदृष्टि थी और यही वह मूलमंत्र था जिससे बेगम ज़ैदी की भाषा संचालित होती थी।

प्रवासी और उनका लेखन

भारतीय मूल के निवासी जो कारण-अकारण, विवश होकर या सहमति से भारत छोड़कर किसी दूसरे देश में बस गये हैं और अपनी भाषा, संस्कृति और संवेदना को भारत से निकट मानते हैं, भारत से उनका भावनात्मक संबंध जुड़ा हुआ है। उन्हें भारतीय प्रवासी की श्रेणी में रखा जा सकता है। भारत से पाकिस्तान या बांग्लादेश गये अथवा विभाजन के कारण वहाँ रह गये भारतीय मूल के लोगों को तकनीकी तौर पर प्रवासी नहीं माना जाता। लेकिन यदि आप भारत से पाकिस्तान गये उर्दू के प्रसिद्ध कथाकार इंतिज़ार हुसैन की रचनाओं को पढ़ें, तो क्या उन्हें प्रवासी भारतीय, प्रवासी रचनाकारों से अलग ठहराया जा सकता है? क्या इब्ने इंशा को भारतीय प्रवासी रचनाकारों की लिस्ट के बाहर किया जा सकता है? यदि नहीं, तो भारतीय प्रवासी की परिभाषा पर विचार करने की आवश्यकता है। क्योंकि नागरिकता से प्रवासी होने का कोई संबंध नहीं है। पाकिस्तानी या बांग्लादेशी होने के बावजूद भी लेखक भारतीय प्रवासी लेखक हो सकता है, क्योंकि भारत मात्र एक देश नहीं बल्कि एक बड़ी संस्कृति है। इस संस्कृति से जिस प्रवासी का लगाव है उसे प्रवासी लेखन ही माना जाना चाहिए।

प्रवासी की मानसिकता और मूल देश के प्रति उसकी संवेदना निर्धारित गति और दिशा में चलने वाली कोई स्थायी प्रक्रिया नहीं है। यह काल सापेक्ष है। मतलब यह कि प्रवास की अवधारणा समय के साथ जुड़ी हुई है और समय की परिकल्पना युग सापेक्ष है। उदाहरण के लिए मध्यकाल के दस वर्षों और आधुनिक काल के दस वर्षों में बहुत अन्तर है। प्रवास के संदर्भ में इसकी भूमिका बहुत महत्त्वपूर्ण हो जाती है। मध्यकाल में संचार के माध्यमों की कमी के कारण प्रवासियों की पहली, दूसरी पीढ़ी के बाद आने वाली पीढ़ियाँ अपने मूल देश की संवेदना तथा भाषा से दूर हो जाया करती थीं, लेकिन आज संचार के युग में प्रवासी मूल देश के साथ जीवंत संबंध बनाये रख सकता है। विज्ञान और तकनीक की उपलब्धियों ने प्रवास को नये अर्थ दिये हैं।

प्रवास एक कठिन और जटिल सामाजिक, मानसिक संरचना को जन्म देता है। भय, दुविधा, हताशा के साथ-साथ हर्ष और आनंद के भाव एक-दूसरे से घुल-मिल

जाते हैं। प्रवासी एक ओर अपने मूल देश और विश्वासों के प्रति अपना लगाव बनाये रखना चाहता है, तो दूसरी ओर नये देश से अपना नाता भी जाने-अनजाने में जोड़ता चला जाता है। भावनात्मक स्तर पर वह मूल देश के बहुत निकट होता है, लेकिन व्यावहारिक स्तर पर वह दूर ही होता है। संचार के सभी साधनों के बावजूद प्रवासी को वह सब कुछ नहीं मिल पाता, जो देश में रहने वालों को मिलता है। ये द्वंद्व प्रवासी पर विपरीत प्रभाव डालते हैं। ऐसी स्थिति में बनी है प्रवासी मानसिकता।

प्रवासी साहित्य : समय और हस्तक्षेप

प्रवासी साहित्य पर महाविशेषांक क्यों निकाला जा रहा है? प्रवासी साहित्य क्या है? प्रवास की क्या परिभाषा है? क्या देश में ऐसा नहीं हो रहा है जो प्रवासी की मानसिकता और बुनावट से बहुत निकट है? क्या भारतीय अर्थव्यवस्था के बदलते स्वरूप के कारण प्रवासी लेखन भी महत्त्वपूर्ण हो उठा है? ऐसे न जाने और कितने ही सवाल हैं और ये इस विशेषांक की परिकल्पना तथा सम्पादन के समय तक हमारा सबका पीछा करते रहे। फिर सोचा कि इनका उत्तर भी विशेषांक ही में मिलेगा।

न तो प्रवास कोई नयी स्थिति है और न प्रवासी साहित्य ही कोई नयी खोज है, लेकिन बीसवीं शताब्दी में भारतीय मूल के लोगों ने एक देश में नहीं, बल्कि लगभग संसार के हर कोने में जिस अस्मिता को जगाया है और जो पहचान स्थापित की है, वह इससे पहले संभव न थी। आज का प्रवासी भारतीय पहले के प्रवासी से भिन्न है। सबसे महत्त्वपूर्ण यह है कि प्रवास के इस युग में तकनीक और विज्ञान ने दूरियों के साथ-साथ सांस्कृतिक आदान-प्रदान के रास्ते को प्रशस्त भी किया है। आज प्रवासी भारतीय के लिए भारत दूर होते हुए भी पास है और प्रवास देश की संस्कृति से उसका जीवंत संबंध बना हुआ है।

प्रवासी महासाहित्य विशेषांक निकालने का पहला उद्देश्य तो यही है कि इस साहित्य के प्रति गंभीर रवैया स्थापित किया जाना चाहिए और इसे केवल देश के प्रति लगाव, प्रेम या 'नॉस्टेल्जिया' कहकर सीमित नहीं करना चाहिए। आमतौर पर प्रवासी साहित्य के प्रति हिन्दी के आलोचकों का रवैया या तो उपेक्षा भरा या 'प्रोत्साहित' करने वाला रहा है। उपेक्षा का रवैया तो जग ज़ाहिर है, लेकिन 'प्रोत्साहित' करने वाले रवैए के अन्तर्गत प्रवासी साहित्य के प्रति चलताऊ दृष्टिकोण बनाये जाते हैं। तुम भी लिख रहे हो, लिखो। लिखते रहो। तुम्हारे लिखने से न तो हिन्दी साहित्य पर कोई फर्क पड़ेगा और न तुम पर कोई आँच आयेगी। या चलो, यह भी सही। विदेश में देश की याद आती है, तो तुम लोग दो-चार आँसू बहा लेते हो और दिल का दुःख थोड़ा कम हो जाता है। सहानुभूति दिखाये जाने का यह रवैया हिन्दी में

काफ़ी प्रचलित रहा है, जो नितान्त भ्रामक है और जिसने प्रवासी साहित्य के प्रति कभी गंभीर दृष्टिकोण विकसित नहीं होने दिया। यही कारण है कि आज हिन्दी साहित्य के इतिहास से प्रवासी लेखन नदारद है। न तो यह पाठ्यक्रमों में शामिल है और न इस पर गंभीर शोध होता है।

यह बहुत महत्त्वपूर्ण तथ्य है कि संसार में फैले भारतवासियों ने भारतीय सोच और समझ का दायरा बढ़ाया है। यह सोच पश्चिम से कैसे और कितनी भिन्न है, इसके दो उदाहरण पेश करना चाहूँगा। मध्य योरोप के देश हंगरी में मैं पाँच साल तक हिन्दी-उर्दू पढ़ा चुका हूँ। इस दौरान एक दिन किसी ईसाई धर्म प्रचारक से धर्मों के बारे में बात हो रही थी। अंततः बात घूम-फिरकर अलग-अलग धर्मों पर आ गयी तो मैंने कहा कि सभी धर्म एक हैं और उन सबका बुनियादी मकसद भी एक ही है। मैं हैरत में पड़ गया जब मित्र ईसाई प्रचारक ने कहा कि नहीं, ऐसा तो नहीं है। हमारा धर्म श्रेष्ठ है और बाकी धर्म उतने श्रेष्ठ नहीं हैं। मैं कुछ क्षण तक इस बात पर अपनी प्रतिक्रिया व्यक्त नहीं कर सका, क्योंकि हमने भारत में यही समझा है और इस निष्कर्ष पर पहुँचे हैं कि सब धर्म मूलतः एक ही हैं और उनका उद्देश्य भी एक है। यह बात हमारे देश में बुद्धिजीवी से लेकर मज़दूर तक जानता और मानता है, लेकिन योरोप में ऐसा नहीं है। भारतीयता की उदार आध्यात्मिक परम्परा के साथ कुछ और भी परिभाषाएँ हैं जिन्हें हम लोगों ने नये अर्थ दिये हैं। एक दिन मैंने एक हंगेरियन मित्र से कहा कि यदि आप किसी ऐसे आदमी से मिलते हैं जो आप जैसा नहीं लगता, आप जो खाते और पहनते हैं, वह उससे भिन्न है, उस आदमी की संस्कृति और भाषा भी भिन्न है। क्या ऐसे आदमी को आप हंगेरियन मानेंगे? मित्र ने उत्तर दिया, 'नहीं, मैं उसे हंगेरियन नहीं मानूँगा।' मैंने कहा कि यह तो हम लोगों (भारतीय) के लिए रोज़ की बात है। हम अपने से नितान्त भिन्न लोगों को भारतीय मानते हैं। हमने राष्ट्रीयता के अर्थ को जो विस्तार दिया है वह योरोप नहीं दे सका है। भारत की यह समझ प्रवासी अपने साथ ले गये हैं और आज भी उनके पास है। यह उनके साहित्य और संस्कृति का एक बहुमूल्य तत्व है।

सूरीनाम के एक गाँव में भारतीय मूल के एक अधेड़ उम्र और बहुत संपन्न किसान ने मुझे अपने परदादा का चित्र दिखाया जो पश्चिमी उत्तर प्रदेश के किसी गाँव से गये थे। यह एक साधारण गरीब किसान का चित्र था। ऊँची धोती, नंगे पैर, फटा शलूका, सिर पर अंगोछा, मोटी गिरी हुई मूँछें, मरियल शरीर। मैंने सोचा अगर यह आदमी सूरीनाम न आया होता तो क्या तीन पीढ़ियों के बाद इसकी संतानों के पास पाँच ट्रैक्टर, तीन कारें, आलीशान कोठी, हज़ारों एकड़ ज़मीन होती? मुझे लगा कि यह आदमी यदि भारत में रह गया होता तो उसकी तीसरी पीढ़ी इतनी संपन्न न होतीं। क्यों? इसका उत्तर जो मैंने खोजा और जिससे आप सहमत या

असहमत हो सकते हैं, वह यह है कि भारतीय अस्मिता योरोपीय व्यवस्था में अपने श्रेष्ठतम् रूप में सामने आती है। भारतीय संस्कारों से युक्त गरीब किसान को योरोपीय व्यवस्था मिली जिसमें उसकी मेहनत और प्रयास चमक उठे। यह कहा जा सकता है कि अगर यह सच है, तो ब्रिटिश साम्राज्य के अन्तर्गत भारतीय किसानों की इतनी दुर्दशा क्यों थी? इसके अनेक कारण हैं जिनमें ज़मींदारी व्यवस्था, महाजनी व्यवस्था, जातिवाद, सामंती शोषण प्रमुख माने जाते हैं। हो सकता है यह धारणा और तर्क गलत लगते हों, लेकिन यह तो सच्चाई है कि भारतीय प्रवासियों ने योरोप और अमेरिका में अपना विशेष स्थान बनाया है और उसके कारण भी दिखायी देते हैं।

भारतीय सरकार और सत्ता प्रतिष्ठानों का रवैया प्रवासियों के प्रति सदा ही विचित्र रहा है। प्रारम्भ में यह स्थापित किया गया था कि प्रवासी देश के प्रति वफ़ादार नहीं हैं। वे 'ब्रेन ड्रेन' का कारण हैं। पढ़ते-लिखते देश में हैं और अपनी सेवाएँ विदेश में देते हैं। भारत के धन और साधन विदेशी समाजों के हित में बर्बाद हो रहे हैं। एक ज़माना वह था जब अखबार प्रवासियों की यह छवि प्रस्तुत करते नहीं थकते थे। इस छवि को तोड़ने के लिए कुछ प्रवासियों ने प्रयास किये। जैसे शिकागो से प्रोफ़ेसर चौधरी मुहम्मद नईम अलीगढ़ मुस्लिम विश्वविद्यालय आ गये थे। वे या उनकी तरह जो भी लोग लौटकर भारत आये थे, उनकी नियति यही है कि विदेशों में काम करते रहें, और वे लौट गये। हम सबको पता था कि प्रवासी भारतीय भारत में काम क्यों नहीं कर सके। पर हमने उन कारणों की चर्चा करने तथा अपनी कार्य-शैली को बदलने का प्रयास नहीं किया।

प्रवासियों के प्रति 'विश्वासघात' वाला यह नज़रिया उस समय कुछ नये ढंग से देखा जाने लगा जब बड़ी संख्या में भारतीय पेशेवर खाड़ी और अरब देशों में जाने लगे तथा वहाँ से बड़े पैमाने पर विदेशी मुद्रा प्राप्त होने लगी। अब इस बात की चर्चा होने लगी कि प्रवासी भारतीय अर्थव्यवस्था में क्या योगदान दे रहे हैं।

कुछ सालों बाद कंप्यूटर सॉफ्टवेयर क्रांति में भारतीय प्रतिभा ने कमाल दिखाया तथा दूसरे क्षेत्रों में भी प्रवासी अपना योगदान दर्ज कराने लगे, तब सत्ता प्रतिष्ठानों ने उन्हें संसाधन के रूप में स्वीकार किया और यह बात होने लगी कि भारतीय अर्थव्यवस्था के विकास में प्रवासियों का बड़ा योगदान हो सकता है। भूमण्डलीकरण और बाज़ारवाद के दबाव तथा उदार आर्थिक नीतियों के चलते यह धारणा और अधिक पक्की हो गयी।

आज भारत की सरकार तथा सत्ता प्रतिष्ठान प्रवासियों को गरीब परिवार के धनवान सदस्यों का दर्जा दे रहे हैं। जिस प्रकार गरीब परिवार अपने धनवान प्रवासी रिश्तेदारों से घर के बेरोज़गार युवक को अमेरिका बुला लेने या कुछ हज़ार डॉलर से पुश्तैनी घर की मरम्मत करा देने या कुछ बीघा खेत खरीद लेने की आशा करते

हैं, उसी तरह भारतीय समाज प्रवासी भारतीय समुदाय से आशाएँ लगाकर बैठ गया है। प्रवासियों को यह बताया जा रहा है कि देखो, तुम देश के लिए यह कर सकते हो। बाकी जो तुम करते हो, वह तुम्हारा काम है। उससे हमें कोई लेना-देना नहीं है। क्या प्रवासी उन्हें दी गयी इस भूमिका से प्रसन्न हैं या क्या वे इसे पर्याप्त मानते हैं? यह जानने और समझने का प्रयास लगभग नहीं किया गया है।

भारत सरकार और सत्ता प्रतिष्ठानों ने प्रवासी भारतीयजनों के लिए जो विशेष भूमिका निर्धारित की है, उससे आगे बढ़कर प्रवासी भारतीय समाज में अपनी भूमिका निभाना चाहते हैं। उदाहरण के लिए बुलंदशहर जिले के अनूपशहर कस्बे के वासी सैमसिंह चालीस साल बाद अमेरिका से लौटकर अपने गाँव आ गये हैं, जहाँ उन्होंने लड़कियों का एक अनूठा स्कूल खोला है। सैमसिंह का केवल उदाहरण दे रहा हूँ। उनके जैसे तमाम प्रवासी हैं जो भारतीय समाज के विकास में बहुत सक्रिय हैं। मुख्य बात यह है कि भारतीय समाज के विकास में प्रवासियों की भूमिका को केवल गरीब परिवार के धनवान रिश्तेदारों तक सीमित नहीं करना चाहिए। प्रवासी भारतीय आज अपने समाज में गुणात्मक भागीदारी की माँग कर रहे हैं। वे केवल भारत सरकार और उद्योग तथा व्यापार जगत तक सीमित नहीं रहना चाहते। वे उन अंचलों तक जाना चाहते हैं जहाँ उनकी जड़ें हैं। वे देश में अपनी भागीदारी को केवल एक पैसा लगाने वाले मुनाफाखोर के रूप में नहीं देखते, पर एक ऐसे समुदाय के रूप में देखते हैं जो हर स्तर पर देश के प्रति प्रतिबद्ध है। आमतौर पर प्रवासी सभाएँ या महोत्सव या सम्मेलन केवल आर्थिक मुद्दों तक आकर समाप्त हो जाते हैं, उन्हें आगे नहीं बढ़ने दिया जाता। इस रवैये में बुनियादी परिवर्तन करने की पहल इस विशेषांक का एक उद्देश्य है। प्रवासियों को उनकी जड़ों और अंचलों के निकट लाने का कार्य साहित्य और संस्कृति ही कर सकती है। भाषा के आधार पर गहरा और सार्थक रिश्ता भी अंचलों में बनता तथा फलता-फूलता है। आज प्रवासी जिस तरह की पहचान और जिस भूमिका की माँग कर रहे हैं, वह केवल सरकारी स्तर पर पूरी नहीं हो सकती। सरकारें तो आती-जाती रहती हैं। नीतियाँ तो बनती-बदलती रहती हैं, लेकिन धरती के रिश्ते नहीं टूटते। प्रवासी इसी प्रकार के सुदृढ़ और दूरगामी संबंधों को स्थापित करना चाहते हैं। उनके साहित्य में भारतीय समाज और सामान्य-जन के लिए जो तड़प और बेचैनी है, उसे समझने की आवश्यकता है।

आज हिन्दी साहित्य में दलित-विमर्श और नारी-विमर्श की चर्चा के साथ-साथ प्रवासी-विमर्श के मुद्दे उठाना भी आवश्यक है। आज से सत्तर साल पहले महात्मा गाँधी ने प्रवासी-विमर्श के महत्त्व को पहचाना था तथा उनकी प्रेरणा से बनारसीदास चतुर्वेदी के सम्पादन में *विशाल भारत* का एक विशेषांक अक्टूबर, 1986 में प्रकाशित किया गया था, जिसमें प्रवास को समग्रता से समझने और प्रस्तुत करने का प्रयत्न

किया गया था। आज यह आवश्यक है कि बदलते हुए संदर्भ में मुद्दों पर पुनः विचार किया जाये और उसे सार्थकता तथा प्रासंगिकता दी जाये।

हिन्दी के कुछ आलोचक प्रवासी साहित्य पर स्तरहीनता का बेबुनियाद आरोप लगाते हैं। देखने और समझने की बात यह है कि आज हिन्दी में जो कुछ लिखा जा रहा है, क्या वह स्तरीय है? इसी तरह यह देखा जाना चाहिए कि क्या प्रवासी लेखन शत-प्रतिशत स्तरहीन है? यदि हम देश में लिखे गये स्तरहीन साहित्य को छोड़कर स्तरीय रचनाओं को उठाते हैं तो प्रवासी साहित्य से यह आशा कैसे कर सकते हैं कि वह सौ फीसदी स्तरीय हो? इसमें संदेह नहीं कि बड़ी संख्या में प्रवासी लेखक बहुत सार्थक, महत्त्वपूर्ण और स्तरीय लेखन कर रहे हैं। क्या हमने इस प्रवासी साहित्य को कभी पाठ्यक्रमों में सम्मिलित करने की बात सोची है? क्या इस प्रवासी साहित्य पर हिन्दी के बड़े आलोचकों (अपवादों को छोड़ दें) ने कलम उठायी है?

यह लगातार अनुभव किया जा रहा है कि हिन्दी साहित्य का 'कैनवस' छोटा है। उस पर उत्तर भारत के मध्यम वर्ग का वर्चस्व है। उससे जीवन की विविधताएँ परिलक्षित नहीं होतीं। शोध के लिए विषय नहीं मिलते और एक विषय पर चार-पाँच थीसिस लिख दिये जाते हैं। क्या प्रवासी साहित्य के प्रति सकारात्मक रवैया हमें इन समस्याओं से उबारने में सहायक सिद्ध नहीं होगा? प्रवासी साहित्य का अध्ययन हमें न केवल नये और अपरिचित समाजों तक ले जायेगा, बल्कि प्रवास के इतिहास और समाजशास्त्र से भी हम वाकिफ़ होंगे। आज हिन्दी में कितने लोग यह जानते हैं कि स्विट्ज़रलैण्ड में भी हिन्दी लिखी, बोली और समझी जाती है? प्रवासी साहित्य का अध्ययन हमारे पाठकों के लिए विश्व इतिहास की नयी खिड़कियाँ भी खोलेगा और यह विश्वास जगायेगा कि भारतीय न केवल अपनी पहचान बनाये रखने में सक्षम हैं, बल्कि वे अजनबी देश में कठिन चुनौतियों का सामना करते हुए सफल होते हैं। इस तरह प्रवासी साहित्य का अध्ययन-अध्यापन और शोध आज हमारी बहुत बड़ी आवश्यकता है—यह हमारे लिए विश्व के अन्य देशों, समाजों, संस्कृतियों तक पहुँचने की कुंजी है।

जहाँ तक इस अंक की बात है इसे एक मिला-जुला प्रयास माना जाना चाहिए। *वर्तमान साहित्य* के सम्पादक प्रो. कुंवरपाल सिंह और डॉ. नमिता सिंह ने इस विषय के महत्त्व को पहचाना और मुझे अंक सम्पादित करने का मौका दिया, जिसके लिए मैं उनका आभारी हूँ। डॉ. कमल किशोर गोयनका, जो प्रवासी साहित्य पर लगातार और महत्त्वपूर्ण कार्य करने के लिए भी जाने जाते हैं, ने बहुत सक्रिय और महत्त्वपूर्ण सहयोग दिया है। समय के अभाव के कारण उनके द्वारा सुझाए गये कुछ काम पूरे नहीं हो सके, जिसका हमें खेद है। पर निश्चित रूप से यह केवल शुरुआत है। श्री कन्हैयालाल नंदन और श्री हिमांशु जोशी ने अंक में महत्त्वपूर्ण योगदान दिया है।

इसके अतिरिक्त हमने कुछ और विद्वानों जैसे प्रो. पुष्पिता और डॉ. अनिल जोशी की पुस्तकों से भी चयनित सामग्री का उपयोग किया है, जिसके लिए हम उनके अत्यंत आभारी हैं। प्रयास यही रहा है कि कई तरह की सीमाओं को तोड़कर एक भरपूर अंक निकाला जाये।

टेलीफ़ोन, इंटरनेट आदि सुविधाओं के होते हुए भी लेखकों से विदेशों में संपर्क करना कुछ कठिन था। चूँकि हमारा प्रयास इस महाविशेषांक को एक संदर्भ ग्रंथ बनाना भी था, इसलिए हमने दूसरे स्रोतों से भी सामग्री लेने के प्रयास जारी रखे। इस प्रक्रिया में कुछ औपचारिकताएँ जिस प्रकार पूरी की जानी थीं, वैसी संभवतः नहीं हो सकीं। पर हमें विश्वास था और है कि हमारे प्रयासों में सभी शामिल हैं और सबका समर्थन, सहयोग हमारे साथ है। हमने जहाँ से भी सामग्री का चयन किया है, उसका पूरा उल्लेख किया है।

दरअसल प्रवासी साहित्य का समग्र इतिहास लिखने की आवश्यकता है। आशा है इस काम को संस्थान और पत्रिकाएँ आगे बढ़ाने का प्रयास करेंगी।

एकला चलो रे... के सिद्धान्त पर इस संपूर्ण, आयोजन की पूर्णता संभव न थी। लेखकीय एवं रचनात्मक सहयोग के साथ-साथ मानसिक संबल और प्रोत्साहन जिन-जिन लोगों ने दिया, हम उन सबके आभारी हैं। पांडुलिपि तैयार करने, सामग्री संयोजित एवं संकलित करने में अजमल सईद, हैदर अली, संजीव कुमार झा, प्रियंका भारद्वाज, शैलेंद्र सिंह नेगी एवं अनुराग वत्स ने सहयोग दिया है।

प्रवासी साहित्य महाविशेषांक विलंब से निकल रहा है। प्रमुख कारण यह है कि काम बढ़ता चला गया और निर्णय लिया गया कि जितना संभव है, इसे उतना परिपूर्ण बनाया जाये। धीरे-धीरे इसने एक संदर्भ ग्रंथ का रूप ले लिया। बिना किसी बड़े संस्थान की सहायता और सीमित साधनों के कारण इसमें कुछ और देर लगी। हमें खेद है कि पाठकों को असुविधा हुई। यह जनवरी-फरवरी का अंक है। शेष सामग्री मई और जून के अंकों में दी जायेगी।

अन्त में फिर एक बार उन सबके प्रति आभार व्यक्त करना चाहता हूँ जिन्होंने इस विशेषांक को आकार देने में सहयोग दिया है।

❑❑❑

‘राजपाल एण्ड सन्ज़’ की स्थापना एक शताब्दी पूर्व 1912 में लाहौर में हुई। आरंभिक दिनों में अधिकतर धार्मिक, सामाजिक और देश-प्रेम की पुस्तकें ही प्रकाशित होती थीं। हिन्दी के अतिरिक्त अंग्रेज़ी, उर्दू और पंजाबी भाषा में भी पुस्तकें प्रकाशित की जाती थीं।

1947 में भारत-विभाजन के बाद ‘राजपाल एण्ड सन्ज़’ को नए सिरे से दिल्ली में स्थापित किया गया। और साहित्यिक पुस्तकों के प्रकाशन का आरम्भ हुआ । दिनकर, महादेवी वर्मा, बच्चन, अज्ञेय, शिवानी, आचार्य चतुरसेन, विष्णु प्रभाकर, राजेन्द्र यादव, मोहन राकेश, रांगेय राघव, कमलेश्वर और अन्य साहित्यिक सितारे यहाँ से प्रकाशित हुए। ‘राजपाल एण्ड सन्ज़’ से प्रकाशित ‘मधुशाला’, ‘कुरुक्षेत्र’, ‘मानस का हंस’, ‘आवारा मसीहा’, ‘कितने पाकिस्तान’, ‘आषाढ़ का एक दिन’ जैसी पुस्तकें हिन्दी साहित्य की ‘क्लासिक’ पुस्तकें मानी जाती हैं और आज भी लोकप्रियता के शिखर पर हैं। भारत के राष्ट्रपतियों और प्रधानमंत्रियों की पुस्तकें प्रकाशित करने का गौरव भी ‘राजपाल एण्ड सन्ज़’ को प्राप्त है। नोबेल पुरस्कार सम्मानित अर्थशास्त्री डॉ. अमर्त्य सेन की सभी पुस्तकों के हिन्दी अनुवाद यहाँ से प्रकाशित हैं। अंतरराष्ट्रीय चर्चित पुस्तकों के अनुवाद, विश्वविख्यात कोशकार डॉ. हरदेव बाहरी द्वारा संपादित ‘राजपाल’ शब्दकोशों की श्रृंखला और किशोरों के लिए सैकड़ों पुस्तकें ‘राजपाल एण्ड सन्ज़’ से प्रकाशित हुई हैं।

पाठकों के स्वस्थ और सुरुचिपूर्ण मनोरंजन और ज्ञानवर्धन के लिए समर्पित ‘राजपाल एण्ड सन्ज़’ से हिन्दी और अंग्रेज़ी में पुस्तकें प्रकाशित होती हैं जो सभी बड़े पुस्तक-विक्रेताओं के यहां उपलब्ध हैं।

राजपाल एण्ड सन्ज़

1590 मदरसा रोड, कश्मीरी गेट, दिल्ली-6, फोन: 011-23869812, 23865483

email: sales@rajpalpublishing.com, facebook: facebook.com/rajpalandsons

website: www.rajpalpublishing.com

असग़र वजाहत की अन्य चर्चित पुस्तकें

बाक़र गंज के सैयद

भारत जैसे बहुसांस्कृतिक राष्ट्र में अनेक अस्मिताएँ हैं। कौमी तराने 'सारे जहाँ से अच्छा' में इकबाल ने लिखा था - 'ऐ आब-ए-रूद-ए-गंगा! वो दिन है याद तुझको। उतरा तेरे किनारे, जब कारवाँ हमारा।' असग़र वजाहत ऐसे ही एक कारवाँ की तलाश में जुटे हैं जो कभी हिन्दुस्तान में आया था और यहाँ की गंगा-जमनी तहज़ीब में विलीन हो गया। *बाकरगंज के सैयद* इस तलाश का आख्यान है। इसे इतिहास कहें या यात्रा वर्णन ? उपन्यास कहें या संस्मरण ? कथा रिपोर्ताज कहें या ऐतिहासिक रिपोर्ताज ? वजाहत इस अनोखी यात्रा में पाठकों को अवध के भूले-बिसरे गाँवों में ले जाते हैं और रास्ता भटक न जाएँ इसके लिए इतिहास की किताबों का सहारा लेते बढ़ते हैं। इतिहास और उर्दू-फारसी के गहरे ज्ञान से यह रचना सम्भव हुई है और असग़र वजाहत इसे जिस निर्मल-पारदर्शी गद्य में पाठकों के लिए प्रस्तुत करते हैं वह बड़े कथाकार का ही कौशल है। हिन्दी में अपनी तरह की यह पहली रचना है जो इतिहास और साहित्य का सृजनात्मक मिश्रण करती है। यह मिश्रण कभी जड़ों की तलाश में भटकने की बेचैन यात्रा जैसा है तो कभी इतिहास की अनजानी-अनदेखी लहरों पर सवार होने का सुख देने वाला है। सच तो यह है कि किस्सागोई जैसी भाषा में असग़र वजाहत अनदेखे को दिखाने का दुर्लभ काम करते हैं।

ISBN: 978-93-5064-371-6

असग़र वजाहत की अन्य चर्चित पुस्तकें

सबसे सस्ता गोश्त

सभी तरह की साहित्यिक विधाओं में नाटक को सबसे रमणीय कहा गया है क्योंकि यही एक विधा है जिसमें संगीत, कविता, अभिनय और कथा का रस एक साथ मिलता है। नुक्कड़ नाटक इस से भी और अधिक जनधर्मी रास्ता है जो साहित्य व कला को सीधे जनता तक पहुँचाता है। असग़र वजाहत ऐसे लेखक हैं जो मानते हैं कि दुनिया को बेहतर बनाने के लिए साहित्य की महत्त्वपूर्ण भूमिका होती है। इसके लिए वे कहानी - उपन्यास और निबन्ध ही नहीं लिखते अपितु नाटक भी रचते हैं। *गोडसे@गाँधी.कॉम* और *जिस लाहौर नईं वेख्या...* उनके प्रसिद्ध पूर्णकालिक नाटक हैं। उन्होंने अनेक नुक्कड़ नाटक भी लिखे हैं जो सभागारों के साथ-साथ गली-चौराहों पर खेले गए और खूब लोकप्रिय हुए। इस संग्रह में 'सबसे सस्ता गोश्त', 'वोट बटोरे अंधा' और 'पूरा प्यार' जैसे बहुचर्चित-लोकप्रिय नाटक हैं। असग़र वजाहत इस किताब में इन नाटकों के लिखे जाने की कहानी भी बताते हैं। भ्रष्टाचार और साम्प्रदायिकता जैसी समस्याएँ आज भी मौजूद हैं, ऐसी समस्याओं से टकरा रहे इन नाटकों का किताब में एक साथ आ जाना रंगमंच और साहित्य की दुनिया में नयी हलचल पैदा करेगा।

ISBN: 978-93-5064-372-3

असग़र वजाहत की अन्य चर्चित पुस्तकें

मेरी प्रिय कहानियाँ

असग़र वजाहत हिन्दी कहानीकारों की भीड़ में शामिल एक दोपाया नहीं, बल्कि मुक़म्मल शख़्सियत हैं। कहानी, उपन्यास, नाटक, सिनेमा, पेंटिंग तक अपने पंख फैलाये वह सिर्फ इन्सानी फितरत की बात सोचते हैं और उसे रचना में रूपांतरित करते रहते हैं। असग़र की इसी रचनात्मक बेचैनी से निकली हैं ये कहानियाँ। 'मेरी प्रिय कहानियाँ' के लिए असग़र ने इन्हें खुद चुना है और साथ में अपनी कथा यात्रा की एक विस्तृत भूमिका भी खुद कलमबंद की है।

ISBN: 978-93-5064-091-3